3訂版

使用者側弁護士からみた
標準
中小企業のモデル就業規則策定マニュアル

弁護士
岡崎教行［著］

日本法令®

はじめに

就業規則は、会社で従業員が働くに当たっての基本的なルール、従業員の労働条件を定めたものであり、いわば会社の憲法ともいわれる極めて重要なものであることは周知のとおりです。

しかし、大企業では、就業規則がそれなりに整備されているという印象を受けるものの、中小企業に関していうと、就業規則そのものがなかったり、就業規則はあるけれども、どこかのインターネットからダウンロードして、そのまま使っていたりする例、あるいは、厚生労働省の公表しているモデル就業規則をそのまま使っている例、就業規則に関する書籍に掲載されている例をそのままコピー＆ペーストして使っている例が多いように見受けられます。

そのために、思わぬところで就業規則の定めが足かせとなってしまい、適切な処置ができないという結果になってしまったり、いざ、労使紛争となった場合に不利な状況に立たされてしまったりということも、これまで幾度となく経験してきました。

これまでも就業規則に関する文献は多数刊行されており、諸先輩方の英知が詰まった良書ばかりですが、筆者らが、今回、本書を刊行しようと考えた背景には、それら良書の多くは、主として一定規模以上の大企業をターゲットとしたものであり、日本における企業の99.8％を占めるといわれている中小企業にターゲットを絞った書籍は、必ずしも多くないのではないかと考えたためです。

中小企業では、大企業とは異なり、福利厚生、休職の取扱い等様々な点で制約があるのが実情だと思います。それにもかかわらず、特に意識もせずに大企業並みの労働条件を定めた就業規則を制定している例がたくさんあります。これらの危険性を指摘するとともに、中小企業の実情に即した就業規則例をお示しできればと考えています。

したがって、本書では、そのターゲットとする読者層を、中小企業の経営者、中小企業のサポートを行う士業（とりわけ、社会保険労務士、司法書士、税理士、中小企業診断士、行政書士など）に設定し、あまり奇をてらわない、ごく普通のリスクを回避するための就業規則の文例をお示しすることを意識して執筆しました。

上記のようなコンセプトから、本書では、労働法における基本的な法解釈についてはできる限り省き、就業規則を策定するに当たり、どういった文言を使うべきか、どういった定めを最低限しておくべきかという点を意識し、就業規則本体、賃金規程（年俸制を除く）については、逐条解説を行い、どうしてこのような文言を使っているのか、どうしてこのような定めをしているのかをできる限り、平易に解説するよう努めています。

しかし、就業規則の内容については、企業の文化、経営者の考え方、企業の業態等によって千差万別であり、一定程度の雛形を作成することは可能ですが、全て統一するということはできません。本書をベースとして参考にしていただき企業特有の考えなどを盛り込むなどして、各中小企業の実情に合った就業規則の策定に役立てていただければ、この上ない喜びです。

最後に、本書の執筆を提案してくださった日本法令の田中紀子さんには、筆者らの個人的な事情で本書の刊行が大幅に遅れただけでなく、編集、校正に当たっても大変お世話になりました。厚く御礼を申し上げる次第です。

改訂版はじめに

本書を刊行してから約４年が経過し、その間、労働行政は大きな転換期を迎えました。その１つとして、いわゆる働き方改革関連法が成立し、平成 31 年４月から、時間外労働の上限規制（中小企業は令和２年４月から）、年次有給休暇の確実な取得、勤務間インターバル制度の導入の努力義務、労働時間の把握、フレックスタイム制度の拡充、高度プロフェッショナル制度の導入がスタートし、令和２年４月から（中小企業は令和３年４月から）、雇用形態に関わらない公正な待遇の確保、いわゆる同一労働同一賃金がスタートします。また、副業・兼業も推進する動きとなっています。

いわば、これまでの労働政策、労働環境にパラダイムシフトが起きていると言える状況にあります。

このような社会情勢の中で、就業規則においても、法改正に合わせて変更をしなければならない、追加をしなければならないという項目が多く出てきました。

そのため、改訂版では、主として働き方改革関連法を踏まえた条項を中心として加筆し、また、育児・介護休業等に関しても大きな改正がありましたので、それを踏まえて育児・介護休業規程を全面的に刷新しました。

改訂版の策定に当たっては、当職が、日本法令で担当をさせていただいている「労務トラブル対応文書研究会」に参加していただいている社会保険労務士の先生方からもたくさんの貴重なご意見をいただき、そこでの議論、意見も多数、参考にさせていただきました。

改訂版発行に当たっては、時にはくじけそうなときもありましたが、日本法令の田中紀子さんの厳しいながらも優しい叱咤激励のおかげで、何とか世に出すことができました。

とりわけ、中小企業の経営者、中小企業のサポートを行う士業の先生方のお役に立てる一冊になれば、この上ない喜びでございます。

3訂版　はじめに

本書の改訂版を刊行してから約２年６カ月が経過し、その間に、全世界でコロナ禍というこれまで経験したことのない事態に見舞われ、日本では初めての緊急事態宣言の発出等が行われました。これらは、企業の運営にも大きな影響を与え、緊急事態宣言に伴い、政府からはテレワークが推奨され、多くの企業がテレワークを実施しました。これを機にテレワークの法的諸問題が本格的に検討されることとなり、多くの企業が、テレワーク規程を策定するに至りました。そのため、今回の改訂ではテレワーク規程を新設し、掲載をしました。

また、公益通報者保護法の改正もあり、内部通報に関する定めのところにその解説も追記しました。

さらに、育児介護休業法が改正され、新たな育児休業が創設されるなどもしておりますので、育児介護休業規程も一新しております。

加えて、今回の改訂では、基本給の減額についての一例、降格に伴う基本給の減額についての一例を掲載しました。これはどうしてかと申しますと、企業から相談を受けていると、基本給の減額について誤解をしている方々が多いと感じるからです。従前もこの点の解説は掲載していましたが、具体的な規定例まで掲載していませんでしたので、今回、具体的な規定例をお示ししました。

労働関係法規は、随時新たな改正がなされ、それらをフォローするのも大変ではありますが、３訂版でも、できる限り、わかりやすく解説をするように努めました。

３訂版では、珍しく？当職の原稿が遅れるということはなく、予定どおり発行できたのではないかと思います。是非ともお手に取っていただき、就業規則の策定にあたってのマニュアル、バイブルとして読者の方々の机の一角に置いていただければ幸いです。

目　次

【法律の略語一覧】（五十音順）

・育児休業、介護休業等育児又は家族介護を行う労働者の福祉に関する法律…育介法、育児介護休業法
・行政手続における特定の個人を識別するための番号の利用等に関する法律…マイナンバー法
・高年齢者の雇用の安定等に関する法律…高年法
・個人情報の保護に関する法律…個人情報保護法
・雇用の分野における男女の均等な機会及び待遇の確保等に関する法律…均等法
・雇用の分野における男女の均等な機会及び待遇の確保等に関する法律施行規則…均等法規則
・短時間労働者及び有期雇用労働者の雇用管理の改善等に関する法律…パート・有期法
・短時間労働者の雇用管理の改善等に関する法律…パートタイム労働法
・中小企業退職金共済法…中退共法
・働き方改革を推進するための関係法律の整備に関する法律…働き方改革関連法
・労働安全衛生法…安衛法
・労働安全衛生規則…安衛則
・労働基準法…労基法
・労働基準法施行規則…労基則
・労働契約法…労契法
・労働施策の総合的な推進並びに労働者の雇用の安定及び職業生活の充実等に関する法律…労働総合施策推進法
・労働者災害補償保険法…労災保険法

序章 就業規則に関する基本事項

第1　就業規則の作成義務

第１章以下で、就業規則の各文言をどのようにするかについてみていきますが、その前に、就業規則に関する法規制、就業規則策定の手続について、基本的なところを見ていきます。

1　就業規則の作成および届出が義務付けられる使用者

労基法 89 条は、「常時 10 人以上の労働者を使用する使用者」に、「就業規則を作成し、行政官庁に届け出なければならない」と規定し、刑事罰（30 万円以下の罰金）を科しています（労基法 120 条 1 号）。そこで、「常時 10 人以上の労働者を使用する使用者」とは、具体的にどのような使用者なのかを簡単に説明していきます。

2　常時 10 人以上の労働者

（1）常時とは？

「常時」とは、常態としてという意味であり、雇用契約を締結している従業員が常時９人ではあるけれども、繁忙期に２人程度を新たに雇い入れ、一時的に 10 人を超える場合には、「常時 10 人以上」には該当しません。逆に、雇用契約を締結している従業員が、常時 10 人であるが、退職等により、一時的に９人になったとしても、この場合は、「常時 10 人以上」に該当することになります。

（2）労働者の範囲は？

労働者については、雇用形態の如何を問うものではなく、使用者と雇用契約を締結している者全てを含みますので、正社員だけでなく、契約社員、パートタイマーも含まれます。例えば、正社員が５人、契約社員が４人、パートタイマーが１人であった場合には、合計10人ですので、就業規則の作成および届出が義務付けられることになります。

なお、受け入れている派遣労働者は、この労働者の数には入りませんので、例えば、正社員が5人の事業場で派遣社員を6人受け入れている場合には、就業規則の作成および届出は義務付けられないということになります。

(3) 10人以上は使用者ごとか、事業場ごとか

10人以上かどうかは、使用者全体としてみるものではなく、事業場単位でカウントされることになります。

したがって、A事業場には7名の正社員、B事業場には5人の正社員がいる会社では、事業場ごとに見た場合、いずれも常時10人以上とはいえないので、就業規則の作成および届出が義務付けられていないということになります。

また、A事業場には12人の正社員、B事業場には5人の正社員がいる会社では、A事業場については、就業規則の作成および届出が義務付けられることになりますが、B事業場については、義務付けられないということになります。

なお、事業場とは、工場、鉱山、事務所、店舗等の如く一定の場所において相関連する組織のもとに業として継続的に行われる作業の一体をいい、したがって、一の事業場であるか否かは、主として場所的観念によって決定すべきもので、同一場所にあるものは原則として一の事業場とし、場所的に分散しているものは原則として別個の事業場とする、ただし、同一場所にあっても、著しく労働の態様を異にする部門が存する場合に、その部門が主たる部門との関連において従事労働者、労務管理等が明確に区別され、かつ、主たる部門と切り離して適用を定めることによって労働基準法がより適切に運用できる場合には、その部門を一の独立の事業場とする、また、場所的に分散しているものであっても、出張所、支所等で、規模が著しく小さく、組織的関連ないし事務能力等を勘案して一の事

業場という程度の独立性がないものについては、直近上位の機構と一括して一の事業場として取り扱うとされています（昭和 22 年 9 月 13 日基発 17 号、昭和 23 年 3 月 31 日基発 511 号、昭和 33 年 2 月 13 日基発 90 号、昭和 63 年 3 月 14 日基発 150 号、平成 11 年 3 月 31 日基発 168 号、昭和 47 年 9 月 18 日発基 91 号参照）。

3　就業規則の作成の必要性

上述のとおり、「常時 10 人以上の労働者を使用する使用者」は、就業規則を作成し、行政官庁（労働基準監督署長宛）に届け出ることが義務とされていますが、それに該当しない使用者は、就業規則を作成する必要はないのでしょうか。

もちろん、法律上、就業規則を作成する義務はありませんが、その場合には、従業員の労働条件を個別の雇用契約書等で定めない限り、労働条件は明確とはなりません（実務上、極めて詳細に労働条件を記載している雇用契約書を見ることはほとんどない）。

使用者として、従業員の労働条件を明確にしておくべきことは論を俟たず、将来、法的な紛争が起きたときに、労働条件が具体的に決まっていない、曖昧であるということが紛争を余計に拡大し、思わぬ大きなリスクを招来し、また、労務管理がなっていない会社であるとの印象を裁判所や労働局等の第三者機関に持たれてしまうことになってしまいます。

また、従業員との個別の雇用契約で労働条件を設定している場合には、労働条件を変更する際に従業員から個別に同意を得なければなりませんが、就業規則の場合には、一定の条件はありますが、従業員から必ずしも同意を取らなくても、就業規則の変更によって労働条件を変更することが可能です。

したがって、従業員の労働条件を明確に定めておくという意味からも、「常時 10 人以上の労働者を使用する使用者」でない場合であっても、就業規則を定めておくべきでしょう。

第2　作成の手順

次に、就業規則を作成するに当たっての手順としては、①使用者において、必要事項を記載した就業規則を作成する（労基法 89 条）、②当該事業場に従業員の過半数で組織する労働組合がある場合はその労働組合から、ない場合には従業員の過半数を代表する者から就業規則についての意見を聴取する（労基法 90 条）、③就業規則に過半数労働組合または過半数代表者の意見を記載した書面を添付して、事業場を管轄する労働基準監督署長宛に届出を行う（労基法 89 条）、④就業規則を常時各作業場の見やすい場所に掲示するなどして従業員に周知する（労基法 106 条 1 項）、ということになります。

以下、それぞれの手順について、補足的に説明をします。

1　就業規則の作成

（1）記載事項

就業規則の記載事項には、絶対的必要記載事項、相対的必要記載事項、任意的記載事項の３つがあります。これらのうち、絶対的記載事項および相対的記載事項の２つについては、就業規則に記載することが義務付けられています（労基法 89 条）。

絶対的必要記載事項とは、必ず就業規則に記載しなければならない事項のことをいい、具体的には、「始業・終業時刻、休憩、休日、休暇、交替制の場合の就業時転換に関する事項」（同条 1 号）、「賃金の決定、計算および支払い方法、賃金の締切および支払いの時期ならびに昇給に関する事項」（同条２号）、「退職に関する事項（解雇事由を含む）」（同条３号）となっています。

相対的必要記載事項とは、制度を採用するか否かは使用者の自由であるが、制度として採用する場合には必ず就業規則に記載しなければならない事項のことをいい、具体的には、退職手当に関する事項（同条３号の２）、臨時の賃金・最低賃金額等に関する事項（同条４号）、労働者の負担となる食費、作業用品、社宅費等に関する事項（同条５号）、安全衛生に関する事項（同条６号）、職業訓練に関する事項（同条７号）、災害補償および業務外の傷病扶助に関する事項（同条８号）、表彰・制裁に関する事項（同条９号）、事業場の労働者の全てに適用される定めに関する事項（同条 10 号）となっています。

任意的記載事項とは、絶対的必要記載事項、相対的記載事項以外の事項であり、就業規則に記載するか否かが使用者の自由に委ねられている事項のことをいいます。

（2）別規程の作成

実務上、「従業員の賃金に関する事項については、賃金規程に定めるものとする」「育児・介護休業等の取扱いについては、育児・介護休業規程に定めるものとする」などと、いわゆる委任規定を設け、別規程として作成されているものが多くあります。

従来は、賃金、退職手当、安全衛生、災害補償、業務外の傷病扶助についてだけが別規程としてよいとされていましたが、平成 10 年の労働基準法改正により撤廃され、今では、どのような事項でも別規程とすることが可能です。

ただ、注意が必要なのは、別規程に委任した「賃金規程」や「育児・介護休業規程」も「就業規則」の一部であり、「就業規則」と別物ではないという点です。したがって、後述のとおり、これらも労働基準監督署に届け出る必要があります。

2　意見聴取

使用者は、就業規則を作成した後、当該事業場に過半数労働組合がある場合にはその労働組合、過半数労働組合がない場合には過半数代表者の意見を聴かなければなりません（労基法 90 条 1 項）。

（1）過半数の母数

「過半数」とは、当該事業場で働く全ての労働者数の過半数とされていますので、正社員だけでなく契約社員、パートタイマーも労働者に含まれます。

例えば、パートタイマー就業規則を作成または変更する際であっても、労基法上の意見聴取の対象は、パートタイマーの過半数代表者ではなく、全従業員の過半数代表者となります（パートタイム労働法では努力義務として、パートタイマーの過半数代表者から意見を聴取することが定められているに過ぎない）。

（2）過半数代表者の適格性

就業規則の意見聴取の対象となる過半数労働者については、①労基法 41 条 2 号に規定する監督もしくは管理の地位にある者でないこと、②労基法に規定する協定等をする者を選出することを明らかにして実施される投票、挙手等の方法による手続により選出された者であること、が必要です（労基則 6 条の 2 第 1 項）。

実務上、中小企業の場合には、過半数を組織する労働組合はほとんどありませんので、過半数代表者を選任しなければなりませんが、過半数代表者の選出手続をしっかりとやられている使用者がどれだけあるのか疑問であるというのが、日頃感じるところです。

よく聞かれるのが、中小企業の社長からある従業員に過半数代表者になってほしいと依頼した上、それ以上は何もせずに、ただ、三六協定や就業規則に対する意見書に署名捺印してほしいと依頼し、その意見書を労働基準監督署長宛に届け出るという扱いですが、これでは適式に過半数代表者が選出されたとはいえません。

適式に選出されたとはいえない過半数代表者が記載した意見は無効であり、就業規則作成あるいは改訂における過半数代表者からの意見聴取をしていないという扱いになり、罰則（30 万円以下の罰金）

の対象となります（労基法120条1号）。

なお、過半数代表者が適式に選出されたとはいえないことになると、労使協定も適式に締結されていないということになってしまい、例えば三六協定では、違法に時間外労働、休日労働をさせたとして罰則の対象となり、変形労働制や事業場外のみなしを労使協定で導入している場合には、それが否定され、未払賃金が発生してしまうという事態も想定されます。

平成29年6月5日の労働政策審議会の「時間外労働の上限規制等について（建議）」の記載、また国会の附帯決議を踏まえ、今回の労基法施行規則の改正においては、過半数代表者の選任手続を定める労基則6条の2第1項2号で、過半数代表者について、「使用者の意向に基づき選出されたものではないこと」が要求される旨が明記されました。また、労基則6条の2第4項では、新たに「使用者は、過半数代表者が法に規定する協定等に関する事務を円滑に遂行することができるよう必要な配慮を行わなければならない」という条項も追加されました。具体的には、「過半数代表者が労働者の意見集約等を行うにあたって必要となる事務機器（イントラネットや社内メールを含む）や事務スペースの提供を行うこと」とされています。

中小企業においては、今一度、過半数代表者の選出について現状を把握し、必要があれば、選出手続を適式な形に見直すことを推奨します。

（3）意見の内容

労基法上、過半数代表者からの意見を聴取することだけが義務付けられており、過半数代表者に賛成してもらう、あるいは、同意してもらうことは必要とはされておりません。

（4）書　　式

過半数代表者から意見を聴取する際の書式例は、右のとおりです。

3　労働基準監督署長への届出

（1）届出手続

使用者は、遅滞なく、就業規則に過半数労働組合または過半数代表者の意見を記載した書面を添付して、当該事業場を管轄する労働基準監督署長宛に届け出なければなりません（労基法89条1項、90条2項、労基則49条1項）。

そして、届け出る就業規則については、書面ではなく、一定の要件を備えた電子媒体（CD-ROM等）でも可能とされていますが（平

意見書例

> **意 見 書**
>
> 令和○年○月○日
>
> 株式会社○○○○
> 代表取締役　○○○○　殿
>
> ○○事業場過半数代表者
> ○　○　○　○　㊞
>
> 令和●年●月●日付をもって意見を求められた就業規則について、以下のとおり、意見を提出します。
>
> 1　○○○○…
> （以下省略）
>
> 以　　上

成25年4月4日基発0404第1号)、届出の際に添付する過半数労働組合または過半数代表者の意見を記載した書面については、書面でなければならず（労基法90条2項)、かつ、代表する者の署名または記名が必要とされています（労基則49条2項)。

もっとも、厚生労働省の電子申請・届出システムを利用することで電子ファイルにより届出を行うことも可能とされています（この場合は、過半数労働組合または過半数代表者の意見を記載した書面については、電子化したもので可能)。

なお、まれに、賃金規程を含むその他諸規程については労働基準監督署長宛に届け出る必要はないのではないかとのご質問を受けることもありますが、上述のとおり、就業規則から委任を受けた賃金規程その他諸規程についても就業規則の一部ですので、労働基準監督署長宛に届け出なければなりません。

(2) 書式例

使用者が就業規則を労働基準監督署長宛に届出する場合の書式例は、右のとおりです。

4 周　　知

使用者は、就業規則を常時各作業場の見やすい場所に掲示し、または備え付け、あるいは就業規則を交付することのいずれかの方法によって行わなければならないとされています（労基法106条1項)。

具体的には、①常時各作業場の見やすい場所へ掲示し、または備え付けること、②書面を労働者に交付すること、③磁気テープ、磁気ディスクその他これらに準ずる物に記録し、かつ、作業場に労働者が当該記録の内容を常時確認できる機器を設置することのいずれかとされています（労基則52条の2）。

就業規則（変更）届例

就業規則（変更）届
令和○年○月○日
○○労働基準監督署長　殿
事業場の所在地　○県○市○町○丁目○番○号 事業場の名称　○○○○株式会社○○支店 使用者の名称　○○○○株式会社 代表取締役　○　○　○　○
添付のとおり、弊社の就業規則を制定（変更）しましたので、過半数代表者の意見書を添付の上、届出いたします。
以　　上

ここで、留意が必要なのは、①の「各作業場」です。「事業場」ではなく、「作業場」とされている点です。ここで、「作業場」とは、事業場内において密接な関連のもとに作業の行われている個々の現場をいい、主として建物別等によって判定するとされています（昭和23年4月5日基発535号）。例えば、1つの事業場に建物が2つあった場合には、建物ごとに就業規則を掲示などする必要があります。

第1章

就業規則本則

01　目　　的

参考条文

（目的）

第１条　この就業規則（以下、「本規則」という）は、会社の従業員の服務規律および就業に関する事項その他の労働条件について定めたものである。

２　本規則に定めのない事項については、労働基準法その他の法令の定めによる。

策定に当たっての留意点

1　目　　的

就業規則は、事業場内の従業員が遵守すべき服務規律や就業に関する事項、労働条件等を定め、従業員に周知し、その遵守を促すために作成するものであるため、その目的を端的に示す必要があります。

就業規則の目的として、従業員だけではなく会社に対してもその遵守義務を認めるかのような記載をする例が多く見受けられますが、就業規則はあくまで従業員の労働条件を定めることが目的ですので、会社に対して遵守義務を課す必要はありません。また、会社の理念や会社と労働者の信頼・協力関係を示す例もありますが、特に抽象的な文言（「会社の社会的使命」「相互の信頼に基づいて」など）は多義的であり、紛争となった際にあらぬ引用をされ、誤解を招く可能性があるため、避けたほうがよいでしょう。

2　法令等の関係

必ずしも就業規則に従業員の就業に関する全ての事項を定めることができるわけではないため、就業規則に定めがない事項については、労基法等関係法令の定めによるとの記載をしておいたほうがよいでしょう。

なお、労働安全衛生法や育児・介護休業法などには、努力義務の定めがあり、上記記載をすることによって労働者に対してその遵守を約束したと解される余地があるとして、否定的な見解もありますが、法令で定められている努力義務にしても、就業規則でそれを否定することはできないことから、上記記載に問題はないものと考えます。

02 適用範囲・定義

参考条文

（適用範囲・定義）

第2条　本規則は、従業員に適用する。

2　本規則でいう「従業員」とは、本規則第5条の手続きを経て採用され、期限の定めのない労働契約を締結した者をいう。

3　有期契約従業員（契約社員およびパートタイマー）の就業に関する事項については、別に定めるところによる。

→参照規定　契約社員就業規則（360ページ）、パートタイマー就業規則（386ページ）

策定に当たっての留意点

1　適用範囲の明示

労基法89条は、「常時十人以上の労働者を使用する使用者」に対して就業規則の作成義務を定めており、就業規則の適用範囲を限定していないことから、企業は、正社員に限らず、契約社員やパートタイマーなどの非正規社員を含めた全労働者に関して就業規則を定めなければなりません。

そのため、就業規則上でその適用範囲を明示しない場合、正社員だけでなく非正規社員にも当該就業規則が適用される余地があり、中には、非正規社員に適用すべきではない定め（例えば、休職など）もあることから、適用範囲を明らかにしておく必要があります。中には、「本規則は、従業員に適用する」とだけ規定し、「従業員」が具体的に何を意味するのか明記していない例も見受けられます。そうなると、全ての「従業員」に適用されることにもなりかねません。

適用範囲を明示する際には、「社員」「従業員」という言葉がどのような雇用形態の労働者を示すものか、上記参考条文２項のように、明確に記載すべきです。

2　非正規社員への適用の仕方

規則によっては、非正規社員への適用について「特別の定めがない限りこの規則を準用する」などのように、原則的には正社員の就業規則を非正規社員にも適用するように記載する例や、「その性質に反しない限りにおいてこの規則を準用する」とする例もありますが、これでは適用範囲が曖昧となり、非正規社員への適用の拡張をめぐって疑義が生ずるおそれがありますので、非正規社員にも適用される条文を具体的に漏れなく明示するか、あるいは、非正規社員については別途規則を定めたほうがよいでしょう。

03 従業員の遵守義務

参考条文

（従業員の遵守義務）

第３条 従業員は、本規則およびその他の諸規程を遵守し、誠実にその義務を履行し、事業の発展に努めなければならない。

策定に当たっての留意点

従業員が就業規則に定める事項を遵守しなければならないのは当然のことですが（労基法２条）、それ以外の会社のルールも遵守しなければならないことを明示したものです。

04 労働条件の変更

参考条文

（労働条件の変更）

第4条　本規則に定める服務規律および就業に関する事項その他の労働条件については、法令の制定もしくは改廃、または経営上の必要性等により変更することがある。

策定に当たっての留意点

労基法89条、90条により就業規則の変更手続が定められ、労契法10条も就業規則の変更による労働条件の不利益変更を定めていることからも、使用者が一方的に就業規則を変更することが可能であることは明らかですが、使用者に就業規則を変更する権限があることを明確に定めておかないと、後日、使用者には就業規則を変更する権限はなかった（使用者は就業規則を変更することは予定していなかった）と主張されるおそれもありますので、念のため、定めておくべきでしょう。

01　採用基準

参考条文

（採用基準）

第５条　会社は、採用を希望する者の中から、選考試験に合格し、所定の手続きを経た者を従業員として採用する。

策定に当たっての留意点

1　そもそも採用について就業規則で定める必要があるのか

会社が誰を採用するのか、どのような基準で採用をするのかは原則として会社の自由とされています。そして、採用に関しては、就業規則の絶対的必要記載事項でも相対的必要記載事項でもありません。したがって、本来、就業規則で、採用に関する定めをする必要はありません。もっとも、多くの会社が、採用に関する定めをしているのが現状です。これは、公正な採用手続を行う姿勢を内外に示すことによって会社イメージの向上を図ることができるからであるなどといわれていますが、インターネット社会において、ホームページが充実している現代においては、もはやその意味は失われていると言っても過言ではないでしょう。多くの会社が未だ採用に関して定めているのは、おそらく、採用に関して定めても特に有害なことはないこと、多くの就業規則の雛形が採用に関して定めているという理由に基づくものと思われます。

2　採用基準を明記しない

しかし、ごくまれに、採用選考の透明性確保の観点から、採用基準を就業規則に明記する例もありますが、無用な紛争を誘発するだけであり、控えるべきでしょう。

会社には、不合格者に対して不採用となった理由を開示する義務はありません（慶應義塾大学附属病院事件・東京高判昭 50.12.22 労判 243.43）が、採用基準を就業規則に明記した場合、何らかの形で不合格者が就業規則を入手するようなことがあると、自分は基準を満たしているはずだとして不採用は違法である等々の主張を招き、無用な紛争を引き起こす原因となり得ます。

02 採用時の提出書類

参考条文

（採用時の提出書類）

第６条　会社に採用された者は、採用に際してあるいはそれ以前に、以下の書類を会社に提出しなければならない。ただし、会社は以下の書類の一部の提出を免除することがある。

①　履歴書
②　卒業証明書および成績証明書
③　前雇用者からの離職証明書
④　住民票記載事項証明書
⑤　個人番号カード、通知カードまたは個人番号が記載された住民票の写しもしくは住民票記載事項証明書（個人番号カードまたは通知カードについては提示の場合は原本の提示、送付の場合は写しの送付による）
⑥　入社誓約書
⑦　身元保証書
⑧　通勤経路に関する届出書
⑨　その他、会社が指定する書類

２　従業員は、前項で提出した書類の記載事項等に変更があった場合には、２週間以内に文書で会社に届けなければならない。

策定に当たっての留意点

1　住民票記載事項証明書

これは、年齢、現住所を確認するために徴求する書類です。まれに、採用時の提出書類として、「住民票」と記載されている就業規則を見ることがありますが、住民票には本籍が記載される可能性があり、本籍は就職に当たって必要がないものですので、住所と世帯主が記載されている「住民票記載事項の証明書」を提出させるべきであるとされています（平成11年3月31日付基発168号）。

また、会社としても従業員の本籍などの不要な情報を有しているということ自体が1つのリスク（漏洩の可能性など）となりますので、従業員が誤って本籍の記載された「住民票」を提出してきた場合には、「住民票記載事項証明書」に差し替えるように指示をしたほうがよいでしょう。

2　個人番号（マイナンバー）

マイナンバー法に対応する観点から、採用時の提出書類として、マイナンバー法上の本人確認のために必要となる個人番号カード、通知カードまたは個人番号が記載された住民票の写しもしくは住民票記載事項証明書の提示または送付を受けることを記載しています。

3　入社誓約書

「入社誓約書」とは、その名のとおり、従業員が入社に当たって会社に誓約する事項を記したものですが、そこには何を定めればよいのでしょうか。

理論的に考えた場合には、まず、就業規則その他の諸規程の内容を確認したこと、それら諸規程を遵守し、誠実に勤務することが必要となります。その他に、在職時の機密保持なども定めることもありますが、具体的に何を誓約させるかについては、会社の文化、代表取締役の思い、業種により様々となります。

4　身元保証書

「身元保証」とは、会社と保証人との間で、従業員の行為によって生じた企業の損害を保証人が賠償する旨を定めるものです。実務上は、損害填補の意味もありますが、従業員による不正防止の抑制に主眼があります。

身元保証については、身元保証に関する法律によって、期間、更新、通知義務についての定めがありますので、それに従った形で運用をする必要があります。

民法改正（保証）に伴い、令和２年４月以降入社の者の身元保証を取る場合には、極度額の定めが必要となる点には、留意してください。なお、極度額の上限は特に定められておりません。

身元保証書を徴求するに当たっての留意点としては、少なくとも①身元保証人を複数とすること（例外的に１名も可とする)、②身元保証人の意思を確認する（印鑑証明書等を添付させる）ことは、徹底しておいたほうがよいでしょう。

入社誓約書例

○○株式会社
代表取締役　○○○○殿

入社誓約書

私は、貴社の従業員として入社するに当たり、貴社就業規則の内容を確認するとともに、以下の事項を遵守し履行することを誓約いたします。

1　貴社の就業規則および諸規程を遵守し誠実に勤務します。

2　貴社に提出した履歴書や採用時の提出書類に記載された事項に偽りがあることが判明したときは、採用を取り消されても異議を述べません。

3　貴社の信用および名誉の保持に努め、これを汚すような行為をいたしません。

4　貴社の営業上の秘密に属する事項について、第三者に一切漏洩いたしません。また、在職中に職務に関連して入手した文書、名刺、資料は、貴社の許可なく社外に持ち出さず、適切に管理するとともに、退職時には返還することを約束いたします。

令和○年○月○日

住所
氏名　　　　　　　　　　㊞

身元保証書例

○○株式会社　御中

身元保証書

今般、貴社に採用されました○○○○の身元は私たちが保証いたします。同人において、採用から５年間のうちに、故意または過失により貴社に損害を与えた場合には、私たち保証人において連帯して全損害（ただし、○○万円以下とします）を賠償し、貴社に一切のご迷惑をおかけしないことを約束いたします。

以上のとおり、身元保証をいたします。

なお、採用から５年が経過した場合には、私どもは改めて、５年間の身元保証書を貴社に差し入れることにも同意します。

令和○年○月○日

住所　　○県○市○町○丁目○番○号
氏名　　○○△△
本人との関係

住所　　○県○市○町○丁目○番○号
氏名　　□□○○
本人との関係

03 試用期間

参考条文

（試用期間）

第7条　新たに採用された従業員については、入社日から6ヵ月間を試用期間とする。ただし、従業員としての適格性を判定するために必要と認める場合、3ヵ月を限度として試用期間を延長することがある。

2　試用期間中または試用期間満了時に、従業員として適格がないと認められたときは本採用しない。

3　本採用された従業員の試用期間は勤続年数に通算する。

→ 参照規定　第23条（解雇事由、83ページ）

策定に当たっての留意点

1　試用期間の長さ

「試用期間」とは、いわば従業員としての適格性を判断するためのテスト期間です。試用期間を設けるかどうかは会社の判断によりますが、設ける場合には就業規則に定めておく必要があります。多くの会社では試用期間を定めていますが、その期間については、法的な規制がないことから、1ヵ月であったり、3ヵ月であったり6ヵ月であったりと会社によってまちまちです。試用期間がテスト期間であることを考えると、入社して1ヵ月では新入社員の人となりを見ることはほぼ不可能と言えることから短すぎ、また、新入社員研修が1～2ヵ月あり、その後に、実務につき、OJTを実施するという企業も多いことから考えると、3ヵ月でも短いのではないかというのが実感です。そのため、試用期間については、「6ヵ月」とするのが望ましいのではないかと考えます。

なお、試用期間はテスト期間ですので、長期間にわたることは望ましくなく、裁判例でも、「見習い期間２ヵ月、試用期間１年間」という定めについて、期間が長すぎるとして無効としたものがあります（ブラザー工業事件・名古屋地判昭 59.3.23 労判 439.64）。

2　試用期間の延長

試用期間の延長については、就業規則に定めがなくても延長をすることができるとする裁判例（中田建材事件・東京地判平 12.3.22 労判 792.141）もありますが、試用期間の定めは従業員の労働条件や身分に影響を与える事項であり、従業員に不利益をもたらすものですので、使用者が何らの根拠もなく一方的に試用期間を延長することはできないというのが、一般的な考え方です。訴訟となった場合に余計な争点を作らないという観点からも、試用期間の延長については定めておくべきです。

そして、具体的な定め方ですが、延長期間については３ヵ月程度が妥当と考えます。延長事由については、まれに「従業員としての適格性に疑義が生じた場合」など、延長する事由を限定している例が見受けられますが、延長する事由を具体的に定めてしまうと、使用者は当該規程に拘束されてしまい、柔軟な対応をとりにくくなってしまうことから、「従業員としての適格性を判定するために必要と認める場合」などと抽象的に定めておくべきと考えます。

3　本採用拒否

会社と従業員との間には、試用期間中であっても労働契約は成立していますので、本採用拒否は、解雇に当たります。したがって、本採用拒否については、試用期間の条項の中で本採用拒否を定めておくだけでなく、解雇事由を定める条項の中でも、定めておいたほうが明確になりますが、定めなかったからといって問題があるわけではありません。

そして、具体的な定め方ですが、まれに、「試用期間満了時に、従業員として適格がないと認められたときは本採用しない」としている例が見受けられますが、このように規定してしまうと、試用期間中の本採用拒否は認められないと解釈する余地を残してしまうことから、疑義のないように「試用期間中または試用期間満了時に、従業員として適格がないと認められたときは本採用しない」と定めておくべきでしょう。また、同様の趣旨で、解雇事由についても、「試用期間満了時に従業員として不適格と認められたとき」とするのではなく、「試用期間中または試用期間満了時に従業員として不適格と認められたとき」とするべきでしょう（83ページ参照）。

4　通算期間

会社によっては、退職金の算定に当たって勤続年数を勘案することがあり、その場合に、本採用後を勤続年数とするのか、試用期間中も勤続年数に加えるのか、疑義が生じることも考えられます。

退職金の算定について、試用期間中も勤続年数に加えなければならないという法的な規制はありませんが、多くは本採用された場合に試用期間も勤続年数に通算する取扱いをしています。この場合、具体的には、「本採用された従業員の試用期間は勤続年数に通算する」と定めておけばよいでしょう。

5　試用期間の短縮など

まれに、「会社が特に認めたときは、試用期間の期間を短縮し、または設けないことがある」としている例が見受けられます。

試用期間を設けない、あるいは試用期間の期間を短縮することは従業員にとって有利な取扱いであり、就業規則に定めておかなくても、個別の合意で行うことが可能です。好みの問題ではありますが、「就業規則はシンプル、かつわかりやすく」という観点からは、試用期間の短縮などをわざわざ就業規則で定めておくまでの必要はないと考えます。

01　出　張

参考条文

（出張）

第8条　会社は、業務上の必要に基づき、従業員に出張（海外含む）を命ずることがある。

策定に当たっての留意点

1　就業規則に定める必要性

「出張」とは、一時的もしくは臨時的に勤務場所を変更することをいい、勤務場所を相当長期間変更する「配転」とは異なります。

出張については、業務命令権の範囲内としてわざわざ就業規則に定めておく必要はないと考える余地もありますが、出張であっても、海外に数ヵ月間滞在する必要があるなどの場合には、従業員に相当程度の不利益を与えることになりますので、会社が命令することができることを明確にしておくためにも、根拠規定として、就業規則に定めておいたほうがよいと考えます。

2　海外出張がある旨を明示しておく

現代社会では、大企業はもちろんですが、中小企業においても海外出張が頻繁に行われています。とりわけ海外出張については、上述のとおり従業員に相当程度の不利益を与えることから、あらかじめ、就業規則に海外出張もあり得る旨を明記しておいたほうが、従業員とのトラブルを減らすことができると思います。

02　配転・出向

参考条文

（配転・出向）

第９条　会社は、業務上の必要に基づき、従業員に配転または出向を命ずることがある。

策定に当たっての留意点

1　就業規則に定める必要性

配転にしても出向にしても、会社が従業員に対して命令をする以上は、その根拠が必要となりますので、就業規則に定めておく必要があります。これがない場合には、会社が一方的に配転、出向を命ずることはできないということになります。

2　配転には勤務地の変更と職務の変更があることに留意する

配置転換には、勤務地が変更となる場合と職務が変更となる場合の２つがありますが、まれに、「会社は、業務上の必要に基づき、従業員に勤務地の変更を命ずることがある」という類の規定が見受けられます。この場合には、勤務地の変更についてわざわざ規定していながら、職務の変更については規定していないとして、使用者による一方的な職務の変更はなし得ないという誤解を招く可能性があります。そうであれば、「配転を命ずることがある」とするか、あるいは、「配転（勤務地の変更、職務の変更）を命ずることがある」と定めておくべきでしょう。

3　出向規程を設けるべきか

大企業の場合には、関連会社への出向等、頻繁に人事交流があるため、出向規程を設けているところが多数であると思います。ただ、中小企業の場合には、出向があまりないのが実際ですので、わざわざ出向規程を定めておく必要はなく、出向先企業との間での出向契約書に基づき、都度、処遇を決定するというのでも構わないと思います。

なお、出向規程を定める場合には、①出向先企業の範囲、②出向に当たっての手続き、③出向期間、④出向中の労働条件、⑤復帰時の手続き、⑥復帰後の労働条件を定めておく必要があるでしょう。

コロナ禍で仕事が激減したことにより、他社への出向で雇用を確保するという動きもあり、雇用を維持する観点からの出向については、一定の要件のもと、助成金も支給されることになっています。出向規程を定める場合には、厚生労働省が公表している『在籍型出向　基本がわかる　ハンドブック』を参考に策定するとよいでしょう。

出向規程例

出向規程

（目的）

第1条　この規程は、就業規則第○条に定める出向の取扱いを定めるものである。

（出向条件の明示）

第2条　会社が出向を命じるときは、その目的、出向先の内容、労働条件その他の必要事項を出向者に明示する。

（出向者の所属）

第３条　出向者の所属は原則として人事部とする。

（出向者の身分）

第４条　出向者は、出向期間中は就業規則第○条に基づき、休職扱いとなる。

（出向期間）

第５条　出向期間は原則として○年以内とする。ただし、会社または出向先の業務の都合により、その期間を延長または短縮することがある。

２　出向者の出向期間は、勤続年数に通算する。

（労働時間、休憩時間、休日、休暇）

第６条　出向者の労働時間、休憩時間、休日、休暇その他の労働条件は、特に定めた事項以外は出向先の就業規則の定めによる。

（年次有給休暇等）

第７条　出向期間中の年次有給休暇、特別休暇は、出向先の定めるところによる。ただし、出向先における年次有給休暇、特別休暇の日数が会社の基準を下回るときは、会社の基準による日数、休暇を認める。

（給与・賞与）

第８条　出向者の給与および賞与は会社の就業規則を適用し、会社が支給する。

（社会保険等）

第９条　出向者の健康保険、厚生年金保険、雇用保険、労災保険は出向先との出向契約により定める。

（人事評価）

第10条　出向者の人事考課、昇格・降格、昇給・降給等は、出向先における勤務成績および評価等を踏まえ、会社が行う。

(表彰・懲戒)

第11条　出向先において表彰または懲戒に該当する行為があった場合には、懲戒解雇、諭旨解雇を除き、出向先の就業規則の定めにより出向先が取り扱う。ただし、出向先と会社が協議の上、会社の就業規則の定めにより会社も取り扱うことがある。

(退職・解雇)

第12条　出向者が出向期間中に退職または解雇となるときは、復職を命じた上で、会社の就業規則に基づき退職または解雇となる。

(出向解除)

第13条　会社は、いつでも出向者の出向を解除することができる。

出向契約書例①(企業と企業とで基本契約の趣旨で締結するバージョン)

出向契約書

○○株式会社（以下、「甲」という）と△△株式会社（以下、「乙」という）は、甲の従業員が乙に出向するにあたっての取扱いについて、以下のとおり契約する。

(出向期間)

第1条　出向期間は、原則として3年とする。ただし、業務上の必要に基づき延長・短縮することが必要な場合には、双方で協議して延長・短縮することがある。

(労働条件)

第2条　出向中の従業員の労働時間・休憩時間・休日・休暇に関する取扱いについては、原則として乙の就業規則を適用する。

（賃金）

第３条　出向中の従業員の給与および賞与は、甲の就業規則の規程を適用し甲が支給する。

（社会保険）

第４条　出向中の従業員の健康保険・厚生年金保険・雇用保険は甲の被保険者資格を継続し、労災保険については乙で加入する。

（費用の負担）

第５条　甲が出向中の従業員に支払った賃金および社会保険料の事業主負担分については、乙が全額を負担し、後日、甲に支払う。

（情報の提供）

第６条　乙は、出向中の従業員の勤怠および勤務状況を毎月○日までに甲に通知する。

（表彰および制裁）

第７条　出向中の従業員の表彰および懲戒は、乙の就業規則に基づいて乙が行うことができる。

（協議）

第８条　本契約に定めのない事項および疑義が生じた場合は、甲乙協議の上、決定する。

令和○年○月○日

甲　○○株式会社
代表取締役　○○○○　㊞

乙　△△株式会社
代表取締役　○○○○　㊞

出向契約書例②（企業と企業とで出向の都度締結するバージョン）

出向契約書

○○株式会社（以下、「甲」という）と△△株式会社（以下、「乙」という）は、甲の従業員□□（以下、「丙」という）が乙に出向するに当たっての取扱いについて、以下のとおり契約する。

（出向期間）

第１条　出向期間は、令和○年○月○日乃至同○年○月○日とする。ただし、業務上の必要に基づき延長・短縮することが必要な場合には、双方で協議して延長・短縮することがある。

（労働条件）

第２条　出向中の丙の労働時間・休憩時間・休日・休暇に関する取扱いについては、原則として乙の就業規則を適用する。

（賃金）

第３条　出向中の丙の給与および賞与は、甲の就業規則の規程を適用し甲が支給する。

（社会保険）

第４条　出向中の丙の健康保険・厚生年金保険・雇用保険は甲の被保険者資格を継続し、労災保険については乙で加入する。

（費用の負担）

第５条　甲が出向中の丙に支払った賃金および社会保険料の事業主負担分については、乙が全額を負担し、後日、甲に支払う。

（情報の提供）

第６条　乙は、出向中の丙の勤怠および勤務状況を毎月○日までに甲に通知する。

（表彰および制裁）

第７条　出向中の丙の表彰および懲戒は、乙の就業規則に基づいて乙が行うことができる。

（協議）

第８条　本契約に定めのない事項および疑義が生じた場合は、甲乙協議の上、決定する。

令和○年○月○日

甲　○○株式会社
代表取締役　○○○○　㊞

乙　△△株式会社
代表取締役　○○○○　㊞

03　降　格

参考条文

（降格）

第10条　会社は、従業員の勤務成績が不良であるなどの職務不適格の事由がある場合には、役職の引下げ、資格等級の引下げなどの降格を命じることがある。

策定に当たっての留意点

1　概念の整理（降職と降格）

実務に携わっていると、降職と降格の違いを意識されていない方が多いと感じるので、まず、これらの概念の整理をします。

「降職」とは、職位の引下げのことをいいます。「職位」とは、企業組織内における地位（役職を含めた職務遂行上の地位）をいいます。例えば、部長であるとか、課長であるとか、係長であるとかが、これに該当します。なお、反対概念は昇進になります。

「降格」とは、職能資格制度上の資格の引下げをいいます。「職能資格制度」とは、労働者の職務遂行能力を体系化して格付け（資格化）し、賃金をその資格に基づき決定する制度のことをいいます。なお、反対概念は昇格になります。

職能資格制度においては、職務遂行能力は勤続によって蓄積されていく性質のものであって、一度蓄積した能力が低下するということは想定されていないという点に留意する必要があります。

なお、最近では、職務の価値に応じて等級（グレード）を決定し、これに基づいて給与を設定する職務等級制度を導入している会社もありますが、下位の等級に位置付けられている職務に担当を変更す

〈職能資格制度における制度設計例〉

階層	資格等級	職位	等級定義
上級職	9等級	部長	会社の経営方針に基づき、経営目標達成のための策を決定し、業績を出せる能力を有する
	8等級	部長、副部長	
	7等級	副部長	会社の経営方針に基づき、経営目標達成のための策を企画・立案でき、業績を出せる能力を有する
中級職	6等級	課長	経営目標を理解し、部下をまとめ、課せられた目標を部下に任せながら指導・管理できる能力を有する
	5等級	課長、係長	
	4等級	主任、係長	部下をまとめ、課せられた目標を部下に任せながら指導・管理できる能力を有する
一般職	3等級	一般社員	複雑な定型業務を正確に遂行する能力を有する
	2等級	一般社員	一定定型業務を正確に遂行する能力を有する
	1等級	一般社員	指示に従い、難易度の低い補助および単純定型業務を的確にこなす能力を有する

ることは、厳密には降格という概念には当たりません（あくまで配置転換）。

2　職能資格制度を導入しているのかを確認する

中小企業のご相談に与かっていると、職能資格制度を導入している会社はあまり多くないというのが実感です。それにもかかわらず、降格のところには「資格等級の引下げ」が定められている例が多くあります。就業規則は、現状の会社の制度をもとに作成するべきことは当然のことですから、職能資格制度を導入していないのであれば、「資格等級の引下げ」という表現は避けるべきでしょう。

3　降職および降格の両方ができるように規定する

まれに、「会社は、従業員の勤務成績が不良であるなどの職務不適格の事由がある場合には、役職または資格等級の引下げを命じることがある」という趣旨の定めをしている就業規則が見受けられますが、この場合には、日本語としては、役職あるいは資格等級の引下げのどちらかしかできないということになってしまいます。実務上、役職を引き下げるとともに資格等級も引き下げるということも多くありますので、それに対応できるように文言を工夫する必要があるでしょう。

4　降格に伴う賃金の変更

役職手当を設けている会社において、役職の引下げである降職をする場合には、賃金規程の内容如何にもよりますが、多くの場合、役職と役職手当の関連性が明確になっているため、役職手当を外す、あるいは降職後の役職に従った役職手当の支給をするということに法的な問題は、あまりありません。

他方、職能資格制度や職務等級制度においては、降格に伴う賃金の変更について必ずしも賃金規程において明確に記載されていないことが見受けられるので、賃金を変更するのであれば、明確に定める必要があります。この点については、賃金規程において具体的に解説します（276ページ参照）。

01　休　職

参考条文

（休職）

第 11 条　会社は、従業員（試用期間中の者は除く）が次の各号の一に該当するときは、休職を命ずる。

① 業務外の疾病により欠勤が連続して３ヵ月（欠勤中の休日も含む）に達し、引き続き療養を要するとき

② 公職に就任し、会社業務に専任できないとき

③ 出向を命じられたとき

④ 前各号のほか、会社が特に必要と認めたとき

2　前項１号の欠勤は、欠勤の中断期間が１ヵ月未満の場合は、前後の欠勤期間を通算し、連続しているものとして扱う。

→ 参照規定　契約社員就業規則（360 ページ）

策定に当たっての留意点

1　適用対象者

「休職」とは、ある従業員について労務に従事させることが不能または不適当な事由が生じた場合に、使用者がその従業員に対し、労働契約関係そのものは維持させながら、労務への従事を免除することまたは禁止することです。休職については、労基法 89 条が規定する就業規則の必要的記載事項とはなっていないため、会社が休職制度を設けるかどうかは任意です。ただし、休職制度を設ける場合には労働者の権利義務に関わる事項ですので就業規則で定める必要があります。

労働契約は、労働者が労務を提供し、それに対して使用者が賃金

を支払うという契約ですので、労働者が労務を提供できないということになれば、契約解消（解雇）になるのが原則ですが、休職制度は、労働者が一時的に労務を提供できない場合であっても、人材を社内に留めて復職後も活用しようという点に主眼がありますので、長期雇用を前提とした制度ということになります。

したがって、休職制度を定める場合には正社員のみを対象とすべきであり、契約社員やパートタイマーは適用対象から外すべきと考えます。また、試用期間中の者は、正社員としての適格性判定期間ですので、休職の対象者から除外しておくべきでしょう。

2　休職の種類

休職には、私傷病休職、起訴休職、留学休職、組合専従休職、公務就任休職等の種類がありますが、ここでは、起訴休職、組合専従休職について定める必要があるのかを検討します。

就業規則に関する書籍には、休職の１類型として起訴休職を定めているものもありますが、筆者としては、起訴休職を定めることには消極的な意見をもっています。

その理由ですが、１つ目は、就業規則に定めをしたからといって起訴休職が全て有効とされるわけではなく（学説・裁判例は一致して、従業員が起訴されたことのみをもっては起訴休職にはできないとしています）、無効とされた場合に休職期間中の賃金全額を支払わなければならないこと、２つ目は、起訴休職の定めは、起訴の結果を待って有罪であれば懲戒処分の対象とすること、すなわち、有罪となるまでは懲戒処分を猶予する意味をもちますので、判決確定前に懲戒処分をすることができないと解されるおそれがあるためです。

組合専従休職については、一定規模の労働組合が社内にある場合には就業規則に定めることもあるでしょうが、そうではない企業についてはそもそも必要のない制度ですし、新たに労働組合が結成され、労働組合から組合専従休職を求められた場合に、労使交渉上、当該就業規則の定めを理由として、「会社だって組合専従休職を予定しているのだから、認めるべきだ」と言われてしまうおそれがあります。したがって、労働組合がないあるいは組織率が高くない会社において、組合専従休職を定める必要はないと考えます。

3　私傷病による欠勤の期間

私傷病休職では、多くの場合、その前段階として欠勤を要件としています。その期間をどの程度にするかという問題ですが、３ヵ月あるいは６ヵ月としている会社が多いと感じています。そもそも休職制度自体、定めなければならないものではありませんので、会社の規模によっては、３ヵ月よりも短い期間（例えば１ヵ月）とすることも合理的な理由があると考えます。

また、私傷病休職を命じるための欠勤の期間を定める場合に、「欠勤が連続して３ヵ月」と定められていることが多いと思いますが、欠勤期間中の休日の取扱いには注意が必要です。

つまり、所定労働日だけで３ヵ月が必要なのか、それとも休日も含めて３ヵ月で足りるのか、どちらか明確にしておくということです。というのも、これらが明確でない場合、私傷病休職の開始時点が不明確となり、当然その満了日も不明確となってしまい、休職期間満了による退職としたところ、まだ休職期間が残っていたということにもなりかねないからです。

さらに、実務上、欠勤したり出勤したりという形で、連続的ではなく、断続的に欠勤が続くことがあります。その場合に、「連続」的な欠勤でないと休職を命じられないということになると、行ったり来たりの繰返しになってしまいますので、第２項では、断続的な場合であっても欠勤の中断期間が１ヵ月未満の場合は、前後を通算し、連続しているものとして扱う旨を明記しています。

02　休職期間

参考条文

（休職期間）

第12条　前条による休職期間は、次のとおりとする。

①　前条第1号の事由によるもの

勤続満1年未満の者	3ヵ月
勤続満1年以上5年未満の者	6ヵ月
勤続満5年以上の者	12ヵ月

②　前条第2号から第4号の事由によるもの
　会社が必要と認めた期間

2　会社が特に必要と認めた場合は、前項の期間を延長することがある。

➜ 参照規定　第11条（休職、55ページ）

策定に当たっての留意点

1　私傷病休職の期間

私傷病休職を定めるに当たって、どの程度の期間とするべきかという問題がありますが、法律上、私傷病休職を定めなければならないという義務はありませんので、特に基準というものはありません。

期間については各社各様であり、勤続年数に従わず、一律の期間を定める例もありますし、そうではなく、勤続年数によって期間を変える例もあります。

傾向としては、金融業では会社によっては2年、3年と長期の定めをしていることもありますが、一般的には、最長6ヵ月から12ヵ月と定めているのが多いような気がします。また、健康保険の傷病手当金の受給が最大1年6ヵ月であることから、欠勤期間と休職期間を合計して最大1年6ヵ月としている例も見受けられます。

もっとも、中小企業においては、休職期間中であっても社会保険料がかかる等の理由からか、最長3ヵ月程度としているところも見受けられます。もちろん、最長3ヵ月であっても法的に問題はありません。

2　期間の延長についての定め

私傷病休職の場合、労働者が休職期間満了直前になって主治医による復職可能との診断書を提出することがあります。会社としては、休職事由が消滅しているかを判断しなければなりませんが、時間的に休職期間満了日にその判断が間に合わないというケースがあります。その場合、休職期間を2週間あるいは1ヵ月程度延長して、その間に休職事由が消滅しているかを検討し判断する必要があります。したがって、休職期間を延長できる旨の定めは入れておく必要があります。

また、会社が従業員との合意をもって休職期間を延長することとした場合であっても、休職期間の延長に関する定めがないことを理由として、就業規則を下回る合意は無効であると、後日主張される可能性もあり（私見では、当該主張には理由がないと考えている）、無駄な論点を増やしてしまう事態にもなりかねません。

03 休職期間中の取扱い

参考条文

（休職期間中の取扱い）

第13条　休職期間中は原則として無給とする。ただし、第11条第1項第3号の場合はこの限りでない。

2　休職期間は原則として勤続年数に算入しない。ただし、第11条第1項第3号の場合はこの限りでない。

→参照規定　第11条（休職、55ページ）、第12条（休職期間、58ページ）

策定に当たっての留意点

1　給与の取扱い

休職期間中の取扱いとして、定めておくべき事項の1つは給与です。休職期間中の給与の支給の有無について、法律上の制約はありませんが、多くの会社では、休職期間中は給与を支給しないと定めています。支給しないということであれば、従業員に誤解を与えないよう、その旨を必ず就業規則に記載しておくべきでしょう。

また、例外的に、休職期間中であっても給与を支給する場合があります。具体的には、関連会社等への出向による休職が考えられますが、出向先が出向者に給与を支給する場合には出向元では給与を支給しないと定めておいてもよいのですが、出向元が出向者に給与を支給する場合には、給与を支給することを明記しておくべきでしょう。

さらに、実務上多くはありませんが、休職期間中であっても給与を支給する会社においては、具体的にどの程度の給与を支給するのかも明示しておく必要があります。

2　勤続年数の取扱い

休職期間中の取扱いとして、定めておくべき事項のもう1つは、勤続年数の取扱いです。退職金規程がある会社の中には、退職金の支給額を勤続年数と連動させている会社も多くあります。その場合に、休職期間を勤続年数に含めるのかどうかという問題が出てきます。この点について、特段の法規制はなく、自由ではありますが、多くの会社は、「休職期間は勤続年数としてカウントしない」と規定しています。したがって、勤続年数としてカウントしないのであれば、その旨を明確に規定しておく必要があります。

04　復　職

参考条文

（復職）

第14条　休職期間満了までに休職事由が消滅したときは、従業員は速やかにその旨を会社に通知し、復職願を提出しなければならない。ただし、第11条第1項第3号の場合はこの限りではない。また、休職の事由が私傷病による場合には医師の診断書（費用は従業員負担）を復職願に添付しなければならない。この場合、会社が必要と認めたときは、会社の指定する医師による診察を命じることがある。

2　会社は、休職期間満了時までに休職事由が消滅したものと認めた場合には、原則として原職に復職させる。ただし、必要に応じて、原職と異なる職務に配置することがある。

3　休職を命じられた者が、休職期間満了よりも前に復職した場合、復職後半年を経ないで再び当該休職事由と同一ないし類似の事由により欠勤したときは、直ちに休職を命じる。この場合、休職期間は復職前の休職期間と通算する。

→参照規定　第11条（休職、55ページ）～第13条（休職期間中の取扱い、60ページ）

策定に当たっての留意点

1　復職の手続き

復職に当たって一番問題となるのが、私傷病休職からの復職です。その場合の手続きについて、明確に定めておく必要があります。

基本的には、「会社所定の復職願を提出させる」という例がほとんどですが、私傷病の場合には、休職事由が消滅したかどうかの判断材料として、医師の診断書を提出させるのが一般的です。細かいところではありますが、医師の診断書の費用を従業員が負担するのか、会社が負担するのか、という点についてもしばしば問題となるので、明記しておいたほうがよいでしょう。

また、復職判断に当たっては、医師からの診断書を踏まえて、会社でも産業医もしくは指定医の受診を命令し、その診断結果を踏まえて対応する必要があります。しばしば、産業医もしくは指定医による受診を命令しようと思っても、根拠となる規定がないということもありますので、産業医もしくは指定医への受診命令を規定しておく必要があります。

2　復職に当たっての配置先

これまで多くの裁判例が明示しているとおり、休職事由が消滅したと言えるためには、原則として、原職に復帰して業務に従事できる程度に回復したと言えなければなりません。したがって、復職に当たっての配置先についても、原則として原職ということになるのが一般です。ただし、片山組事件判決（最1小判平10．4．9労判1736.15）以後、多くの裁判例が、休職期間満了時に従前の業務に復帰できる状態ではないもののより軽易な業務には就くことができ、そのような業務での復職を希望する者に対しては、使用者は現実に配置可能な業務の有無を検討する義務があると判断するようになったことが影響し、業務上の必要、復職する従業員への配慮の観点から、復帰直後は原職ではなく他部署に配置する、という例も多くありますので、そのための根拠規定として、原職以外への配置についても明記しておくほうが無用な混乱を招かないと考えます。

3　休職期間の通算

一昔前の私傷病休職は、骨折である等の肉体的な疾患によるものが多かったため、再発するということがあまりありませんでした。

しかし、今日の私傷病休職の多くがうつ病や適応障害等の精神疾患であり、かなりの確率で再発するというのが、実務において実感するところです。休職期間の通算は、精神疾患に対応したものであり、仮に通算規定がなかった場合には、精神疾患に罹患して休職した後復職し、間もなく再発したとして再び休職する、ということを延々と繰り返してしまうということになりかねません。

そのため、私傷病休職については、今日、通算規定を設けることで、再発による休職と復職の繰返しに歯止めをかける企業が多くなっています。復職からどの程度経過するまでを通算のための期間とするかは企業によって様々ですが、実務的な感覚としては、6ヵ月程度が一つの目安ではないかと思います。

05　私傷病休職の利用回数

参考条文

（私傷病休職の利用回数）

第15条　第11条第1項第1号の事由による休職は、前条第3項の場合（再休職）を除き、同一ないし類似の傷病について1回限りとする。

→参照規定　第11条（休職、55ページ）～第14条（復職、62ページ）

策定に当たっての留意点

1　休職の利用回数を定める

適応障害やうつ病等の精神疾患の場合に治ゆをしたとしても、再発をすることが多いというのが実態ですが、そのために、同一傷病で休職と復職を繰り返す例も少なくありません。したがって、会社としては、同一の傷病を理由とする私傷病休職の利用回数について、上限を決めるのか、上限を決めないのかを決める必要があります。私傷病休職期間中にも賃金を支給するとしている会社にとっては大きな問題です。会社の風土、歴史、文化等を踏まえ、利用回数を定めるか否かを検討してください。

2　類似の傷病も利用制限に含める

企業の中には、同一傷病による私傷病休職の利用回数を制限してはいるものの、類似の傷病を対象としていないところもあります。昨今の医師の診断書を見ていると、症状は類似しているものの、「うつ状態」「うつ病」「適応障害」「躁うつ病」等の病名（中には病名と言えるのか疑わしいものもあるが）が付されていることが多いと思います。同一傷病の場合のみに限定していると、例えば、１回目の私傷病休職の休職事由は「うつ状態」であり、２回目の私傷病休職の休職事由が「うつ病」であるという場合に、厳密には同一の傷病とは言えないのではないかという点が議論になってしまい、余計な争点を作り出してしまうことになります（場合によっては、それをもって敗訴となってしまう可能性もある）。したがって、同一の傷病だけでなく、類似の傷病も利用回数の制限の対象として定めておく必要があるでしょう。

06　休職期間満了による退職

参考条文

（休職期間満了による退職）

第16条　第11条第1項第1号または第4号により休職を命じられた者が休職期間満了時に復職できないときは、休職期間満了の日をもって退職とする。

→参照規定　第11条（休職、55ページ）～第15条（私傷病休職の利用回数、68ページ）、第17条（退職、65ページ）

策定に当たっての留意点

1　解雇か退職か

休職期間満了時に当該労働者が復職できない場合、従業員身分をはく奪することになりますが、その方法としては、解雇か退職しかありません。解雇の場合は、解雇手続（解雇予告手当の支払い等）を実施しなければならないこと等から、多くの会社では、退職としているものと思います。個人的にも、退職としておいたほうが無難だと考えています。

2　「会社が特に必要と認めたとき」も対象としておく

休職期間満了による退職が考えられるのは、私傷病休職（11条1号）のほかに、「会社が特に必要と認めたとき」（11条4号）です。この場合にも、休職期間満了によって法的効果としてどうなるのかを定めておく必要がありますが、この点が抜けている会社も多くあります（上記の例で言うと11条4号が抜けている場合がある）。したがって、この点留意が必要です。

01 退　　職

参考条文

（退職）

第17条　従業員が、次の各号の一に該当するときは退職とする。

①　死亡したとき

②　退職を願い出て承認されたとき

③　退職を願い出て２週間を経過したとき

④　定年に達したとき

⑤　休職期間が満了しても復職できないとき

⑥　会社に連絡なく欠勤して２週間が経過し、会社が所在を知らないとき

策定に当たっての留意点

1　退職事由

従業員が退職をする場合としては、一定の事象が発生したときに当然に退職の効力が発生するものと、意思表示により退職の効力が発生するものとがありますので、それらについて個別に定めておく必要があります。

2　定　　年

定年については、厳密に言うと定年退職と定年解雇とがありますが、解雇としてしまうと解雇予告手当支払いの問題等がありますので、多くの会社では、定年は当然退職とし、退職事由として定めています。

3　休職期間満了

休職期間満了についても、定年と同様に、厳密には「休職期間満了による解雇」と「休職期間満了による当然退職」とがありますが、解雇としてしまうと解雇予告手当の問題等もありますので、多くの会社では、休職期間満了は当然退職とし、退職事由として定めています。

4　退職の意思表示

従業員が退職の意思を表示し、会社がそれを承諾すれば退職の合意が成立します。その場合について定めています（2号）。また、従業員は、民法627条1項により2週間前に予告することによりいつでも退職することができるとされていますので（辞職）、その旨も定めています（3号）。

5　所在不明

まれに従業員が突如いなくなるということがあります。この場合に備えて、所在不明となって一定期間が経過したときには当然に退職とする定めを入れておく必要があります。この定めがないと、従業員が所在不明となった場合、会社としては従業員を解雇とせざるを得ませんが、解雇はその意思表示が従業員に到達しないと効力が発生しませんので、所在不明の場合には解雇の意思表示が到達しないため解雇の効力が発生しないという事態になってしまいます。

この場合には、裁判所に公示送達の手続きを取る必要がありますが、これもそれなりに手間がかかりますので、多くの場合は、従業員が所在不明となって一定期間経過した後には当然退職とする定めが置かれています。

この当然退職となるまでの期間について、法令上の定めはありませんが、多くの会社では14日、もしくは20日経過（あるいは1ヵ月経過）したら当然退職となるように定めているかと思います。

なお、この退職条項に関して、近時、裁判例が出ており、行方不明の場合の退職条項については、従業員に対して通常の手段によって出勤の督促や懲戒解雇の意思表示をすることができない場合、すなわち、従業員が欠勤を継続し、通常の手段によっては出勤を命じたり、解雇の意思表示をしたりすることが不可能となった場合に備えて、そのような事態が14日以上継続したことを停止条件として退職を合意したものとし、当該条項が適用できるのは、従業員が所在不明となり、かつ、会社が当該従業員に対して出勤命令や解雇等の通知や意思表示をする通常の手段がまったくなくなったときを指すと判断しました（O・S・I事件・東京地判令2.2.4）。

つまり、会社として、従業員の所在を探す努力をしなければ、当該条項の適用はできないということになります。

02 定年退職および再雇用

参考条文

（定年退職および再雇用）

第 18 条　従業員の定年は満 60 歳とし、定年に達した日の属する月の末日をもって当然退職とする。

2　定年退職する従業員が定年退職後の再雇用を希望する場合は、定年の時点で、解雇事由または退職事由に該当する場合を除き、再雇用し、原則として 65 歳まで、雇用を更新する。ただし、労使協定の継続雇用の対象者基準のいずれかを満たさない者については、下表の左欄に掲げる区分に応じ、それぞれ同表右欄に掲げる年齢を更新の上限とする。

昭和 28 年４月２日から昭和 30 年４月１日までの間に生まれた者	61 歳
昭和 30 年４月２日から昭和 32 年４月１日までの間に生まれた者	62 歳
昭和 32 年４月２日から昭和 34 年４月１日までの間に生まれた者	63 歳
昭和 34 年４月２日から昭和 36 年４月１日までの間に生まれた者	64 歳

3　定年後に再雇用を希望する従業員は、定年退職の３ヵ月前までに、所定の様式により再雇用の申出をしなければならない。

4　再雇用の対象者については、雇用期間１年の有期雇用契約で再雇用する。
5　会社は、①契約期間満了時の業務量、②勤務成績、勤務態度、③本人の能力、④健康状態、⑤会社の経営状況等を勘案し、再雇用後の契約更新の有無を判断する。
6　定年退職後再雇用者の賃金、就業時間、休憩、休日、休暇等の労働条件については、同人の能力、担当職務、勤務形態等を踏まえ、契約の都度、個別に決定する。

策定に当たっての留意点

1　定年退職日

定年退職に関する定めとして、巷間見受けられるのが、「従業員の定年は60歳とする」というものです。しかし、これだけでは、具体的にいつ、定年退職となるのかが明らかにはなっていません。したがって、いつ定年退職となるのかを明記しなければなりません。

定年退職の時点としては、「60歳に達した日」とする例もあれば、参考条文のとおり、「60歳に達した日の属する月の末日」とする例もありますし、「60歳に達した日の属する年度末（3月31日）」とする例もあり、企業の裁量で決定をすることができます。

2　再雇用基準の経過措置適用

経過措置の適用に当たっては、厚生労働省の示しているモデル規定（「高年齢者雇用安定法Q&A」Q-2）を利用されている会社も多いと思います。モデル規定は、具体的には、右のように定められています。

しかし、これでは、具体的に、定年退職になった従業員が何歳以降に経過措置を適用できるのかが、よくわかりません（例えば、平成27年度に定年退職となった従業員については、62歳になって

労使協定例

再雇用制度の対象となる高年齢者
に係る基準に関する労使協定

◆◆株式会社と過半数代表者は、高年齢者の再雇用の対象者基準に関して、次のとおり協定する。

（再雇用制度の対象者に係る基準）

第１条　就業規則第 18 条第２項に定める基準は、以下のとおりであり、以下の基準を１つでも満たさない者については、就業規則第 18 条第２項の表の右欄に掲げる年齢を更新の上限とする。

①　定年退職前３年間に懲戒処分を受けたことがない者
②　再雇用後に懲戒処分を受けたことがない者
③　定年退職前３年間および再雇用後の出勤率がいずれも 90 パーセント以上の者
④　定年退職前３年間の勤務評定が平均以上である者
⑤　直近の健康診断において業務遂行に問題がないと認められた者

（中略）

令和○年○月○日
○○株式会社　　代表取締役　　○○○○　㊞
過半数代表者　　○○○○　㊞

（注）事業所の労働者の過半数で組織する労働組合がある事業所にあっては、労働組合と協定してください。

ようやく経過措置の適用ができたのですが、厚生労働省のモデル規定だと、平成 27 年度に定年退職となったということで、61 歳で

〈厚生労働省のモデル規定〉

次の表の左欄に掲げる期間における当該基準の適用については、同表の左欄に掲げる区分に応じ、それぞれ右欄に掲げる年齢以上の者を対象に行うものとする。

平成25年4月1日から平成28年3月31日まで	61歳
平成28年4月1日から平成31年3月31日まで	62歳
平成31年4月1日から平成34年3月31日まで	63歳
平成34年4月1日から平成37年3月31日まで	64歳

経過措置の適用ができるとの誤解を招いてしまう可能性が高く、実際、混乱をしている企業も相当数あると思われる)。

そのため、従業員にも理解しやすいように、参考条文では、生年月日をもって、経過措置の適用年齢を明示するという方法によっています。

3　再雇用を希望する従業員の手続き

会社としては、再雇用者をどこに配置するか等を事前に検討する必要がありますので、定年退職日直前に再雇用の希望を出されても困ります。そのため、会社としては、従業員に再雇用を希望するか否かの希望を最低でも定年退職することとなる日の１ヵ月前、余裕をもって３ヵ月前までに提出させるという手続きについても定めを置いておいたほうがよいでしょう。

4　定年退職後再雇用の雇用期間

これについては、多くの会社では雇用期間を１年としているようですが、半年でも構いません。雇用期間についても明記をして定めておくべきです。個人ごとに異なった期間で再雇用するということであれば、「雇用期間１年以内の有期雇用契約で再雇用する」としておけばよいでしょう。

5　雇止め

参考条文では、５項において、定年退職後再雇用者についても雇止めをすることがあり得る旨を規定しています。仮に、雇止めがあり得る旨の明記がないと、法的な紛争となった際に、会社は65歳まで、あるいは経過措置年齢まで雇止めを予定していなかったと誤解されて主張される可能性があります。したがって、経過措置適用年齢前であっても、事情によっては雇止めもあり得ることを規定しておいたほうがよいでしょう。

6　労働条件

定年退職後再雇用に当たっての労働条件については、就業規則等への詳細な記載はせずに、「個別契約において定める」という形にしたほうがよいでしょう。また、契約の更新に際して、労働条件を変更することがある旨も記載しておいたほうがよいでしょう。

7　労使協定

労使協定を定める場合に一番重要なのは、基準です。平成16年の高年齢者等雇用安定法改正によって、65歳までの雇用が原則義務化され､労使協定の基準は再雇用時を念頭に置いたものでしたが、平成24年の同法改正によって経過措置が適用となり、それによって、労使協定の基準は雇用更新時の基準に変容しました。

かつて、再雇用者の基準として「過去３年間の評価が通常以上である者」というのがありましたが、会社によっては、定年退職後は評価制度の適用がなく評価自体していないということもあります。しかし、上記基準をそのまま使うとすると、そもそも、定年退職後は評価制度自体がないので、基準自体が論理矛盾を引き起こしてしまうというおそれがあります。そのため、再雇用の基準が更新の基準に変容したことを踏まえて、基準を再検討する必要があるでしょう。

8　70歳までの就業機会の確保（努力義務）

高年齢者雇用安定法が改正され、令和３年４月１日から、事業主に対して、70歳までの就業確保についての努力義務が課されています。

すなわち、65歳までの雇用確保に加え、65歳から70歳までの就業機会を確保するため、高年齢者就業確保措置として、以下のいずれかの措置を講ずる努力義務が事業主に課されています。

①　70歳までの定年引上げ
②　定年制の廃止
③　70歳までの継続雇用制度（再雇用制度・勤務延長制度）の導入（特殊関係事業主に加えて、他の事業主によるものを含む）
④　70歳まで継続的に業務委託契約を締結する制度の導入
⑤　70歳まで継続的に以下の事業に従事できる制度の導入
　a　事業主が自ら実施する社会貢献事業
　b　事業主が委託、出資（資金提供）等する団体が行う社会貢献事業

詳細については、厚生労働省が公表している『高年齢者雇用安定法改正の概要』、『高年齢者雇用安定法Q&A（高年齢者就業確保措置関係）』をご参照ください。

03 退職願

参考条文

（退職願）

第 19 条　従業員が自己の都合により退職しようとするときは、少なくとも 30 日前までに退職願を提出しなければならない。

→ 参照規定　第 17 条（退職、62 ページ）

策定に当たっての留意点

1　辞職との違い

多くの就業規則では、上記のような定めを設けていると思います。その理由としては、急な退職によって業務の引継ぎ等ができなくなり会社にとって損害が生じる可能性があるという点にあると思います。

他方で、辞職の意思表示の場合には、民法 627 条 1 項の定めに従い、２週間の経過によって退職という効果が生じることから、このような規定は辞職を制限するもので無効とされるのではないかと懸念を持たれる方もいるかもしれません。

しかし、本条は、あくまで合意退職に向けての退職の申込みを時期的に制限するという趣旨のものであって、辞職を制限するということで直ちに無効とされるわけではないと考えます。

ただ、従業員の退職の意思が強固で、会社の承認に関係なく退職すると言っている場合には、辞職の意思表示に該当すると評価することができますので、２週間経過の時点で退職という効果が発生してしまうという点には、留意する必要があります。

2　年俸制の場合

外資系企業の場合に、退職願は退職予定日の３ヵ月前までに提出しなければならないとする規定が見受けられることがあります。これは、民法627条３項が、「６箇月以上の期間によって報酬を定めた場合には、前項の解約の申入れは、３箇月前にしなければならない」と定めていることに対応したものだと思います。

このように、民法によれば、年俸制の適用対象である従業員であれば、退職願の提出のタイミングを３ヵ月前までとすることが可能となっています。

04 業務引継ぎ

参考条文

（業務引継ぎ）

第20条　従業員は、退職する場合、会社の指示に従い速やかに業務を引き継がなければならない。

策定に当たっての留意点

1　規定の必要性

従業員が退職する場合、退職日までの期間は会社において就労をする義務があることから、会社としては引継ぎの業務命令をすればよく、わざわざ就業規則に定めをする必要はないとも考えられますが、事前に従業員に周知をしておくという観点からは、定めをしておいたほうがよいでしょう。

2　解雇の場合については定めなくてもよいのか

多くの就業規則においては、退職する場合だけでなく、解雇の場合にも業務引継ぎを定めていることが多いと思います。

ただ、解雇となった場合には、後日に法的な紛争が発生する蓋然性が高く、当該従業員を就労させることによって、後日の法的紛争に備えていろいろな情報が持ち出されてしまうというリスクも想定されます。

そのため、解雇の場合には、解雇予告手当を支払って即時解雇とし、業務引継ぎなどは期待せずに、業務命令もしないという対応をとることが多いと思います。

したがって、解雇の場合には、「業務の引継ぎをしなければならない」という義務は設定しないのが現実に沿っているのではないかと考えます。仮に定めがなかったとしても、引継ぎが必要だという場合には、業務命令という形でも対応することができますので、特段の支障はないと思います。

05 金品の返還

参考条文

（金品の返還）

第21条　従業員は、解雇あるいは退職となった際には、身分証明書、名刺、社章、健康保険被保険者証、その他会社から貸与されたものを速やかに会社に返還しなければならない。

策定に当たっての留意点

1　規定の必要性

従業員が解雇あるいは退職となる場合、会社から貸与したもの（身分証明書、名刺、社章など）を回収する必要があります。

性質上、従業員の身分がなくなった場合に貸与物を返還するというのは当然なことですが、従業員に認識させるためにも、金品を返還しなければならない旨を定めておいたほうがよいでしょう。

2　解雇の場合も定める

従業員としての身分がなくなる際の業務引継ぎについては、解雇の場合には行わせないほうがよいと記載しましたが、金品の返還については全く別問題ですので、解雇の場合であっても貸与物を返還しなければならない旨を定めておいたほうがよいでしょう。

06 守秘義務

参考条文

（守秘義務）

第 22 条　従業員は、解雇あるいは退職となった後も、在職中に知り得た業務上の秘密を他に漏らしてはならない。

→参照規定　第 35 条（秘密保持義務、117 ページ）

策定に当たっての留意点

1　規定の必要性

従業員が在職中に守秘義務を負うことについては当然に定めるべき事項ですが、従業員が解雇された、あるいは退職した場合であっても、在職中に知り得た業務上の秘密を漏らさないことを就業規則に定めて、労働契約の内容としておくべきであると考えます。

ただ、「業務上の秘密」と言っても、具体的に何が業務上の秘密であるのかが明確にされていないと実効性がないことから、在職中の守秘義務を定めた条項で「業務上の秘密」について、定義をしています（117 ページ参照）。

07 解雇事由

参考条文

（解雇事由）

第23条　従業員が次の各号の一に該当するときは解雇する。

① 精神または身体の故障によって、業務の遂行に堪えないと認めたとき
② 業務遂行能力、勤務成績が劣り、または業務に怠慢で向上の見込みがないと認めたとき
③ 試用期間中または試用期間満了時に従業員として不適格と認められたとき
④ 第81条の懲戒事由に該当するとき
⑤ 事業の廃止・縮小、その他、会社の経営上やむを得ない事由があるとき
⑥ その他、前各号に準ずるやむを得ない事由があるとき

→ 参照規定　第7条（試用期間、41ページ）、第81条（懲戒事由、244ページ）

策定に当たっての留意点

1　勤務成績不良等について

勤務成績が不良である場合を解雇事由として定めるのは当然のことですが、その場合の定め方が問題となります。まれに見受けられるのが、「勤務状況が著しく不良」であるとか、「勤務成績が著しく不良」など、「著しく」という表現を用いている例です。

しかし、「著しく」が具体的にどの程度を指すのかは明らかではないことから、解雇事由該当性のところで無用な争点を作らないた

めにも、「著しく」という形容詞は取るべきでしょう。その他、「過度に」などの表現も控えたほうがよいと思います。

2　試用期間中の解雇について

試用期間中の解雇については、試用期間のところで定めをしており（41ページ参照）、わざわざ解雇事由のところでも定める必要はないとも考えられます。そのため、解雇事由のところでは試用期間中の解雇について定めを設けなくてもよいとは思います。

ただ、定める場合に注意が必要なのは、「試用期間満了時に従業員として不適格と認められたとき」と定めてしまうと、試用期間の中途で不適格性が発覚した場合に、満了時まで待たなければならないという誤解を招くこともありますので、「試用期間中もしくは試用期間満了時に」としたほうがよいでしょう。

3　懲戒事由について

「懲戒事由に該当したとき」を解雇事由の１つとして定めている就業規則が多いかと思いますが、まれに、「第○条の懲戒解雇事由または諭旨解雇事由に該当するとき」という定め方をしている例をみます。この場合には、懲戒解雇や諭旨解雇ができるほどの非違行為がなければ普通解雇もできないということになってしまいます。

懲戒解雇や諭旨解雇にまでは該当しない懲戒事由でも、それが繰り返された場合には普通解雇ができるように、また、実務上は、勤務成績不良等と懲戒事由該当を併せて普通解雇とすることもありますので、それにも対応できるように、ただ単に、「懲戒事由に該当するとき」と定めておいたほうがよいでしょう。

4　包括条項

包括条項は、解雇事由に遺漏がないように、また、予期しない解雇事由の発生に備えるという観点等からも、必ず入れておくべき条項でしょう。包括条項が明記されていない就業規則を見ることはほとんどありませんが、念のため指摘をしておきます。

08 解雇予告

参考条文

（解雇予告）

第 24 条　従業員を解雇するときは、30 日前に予告するか、または平均賃金の 30 日分の予告手当を支払う。ただし、次の各号の一に該当する場合についてはこの限りでない。

①　試用期間中の従業員で雇入れ後 14 日以内に解雇するとき

②　従業員本人の責に帰すべき事由により解雇する場合で、行政官庁の認定を受けたとき

③　天災事変その他やむを得ない事由のため事業の継続が不可能となった場合で、行政官庁の認定を受けたとき

2　前項の予告期間は、平均賃金を支払った日数だけ短縮する。

策定に当たっての留意点

1　除外事由と適用除外者

解雇予告義務の適用が例外的に除外される場合には、①除外事由に該当するとき（上述の２号と３号）と、②適用除外者に該当するとき（上述の１号）の２つがあります。

これらについては、法律（労基法 20 条・21 条）に記載されていることであるので、わざわざ就業規則に規定しなくても構わないとも思いますが、記載がないということで適用除外等にはならないと誤解されてしまうおそれもありますので、念のため、記載しています。

2　予告期間の短縮

予告期間の短縮についても、法律に記載されているところであるので、わざわざ就業規則に明示しなくても構わないとも思いますが、**1**と同様の趣旨から、念のため、記載しています。

09　解雇制限

参考条文

（解雇制限）

第25条　前条の定めにかかわらず、次の各号の一に該当する場合は解雇しない。

①　従業員が業務上負傷し、または、疾病に罹患し療養のため休業する期間およびその後30日間。ただし、労働基準法第81条の規定により打切補償を支払ったときはこの限りでない。

②　産前産後の女性従業員が第61条の規定により休業する期間およびその後30日間。

2　天災事変その他やむを得ない事由により事業の継続が不可能になった場合で行政官庁の認定を受けたときは、前項の規定は適用しない。

策定に当たっての留意点

1　解雇制限

解雇制限については、法律に定められている事項であることから、わざわざ、就業規則に明示しなくても構わないと思いますが、従業員への周知等の観点から、念のため記載しています。

2　天災事変等による事業の不継続

これについても、法律に定められている事項ですので、わざわざ就業規則に明示しなくても構わないと思いますが、**1**と同様の趣旨から、念のため、記載しています。

01 服務の原則・服務規律

参考条文

（服務の原則・服務規律）

第 26 条　従業員は、職務を誠実に遂行するとともに、会社の規則、業務上の指示・命令に従い、職場秩序の維持・向上に努めなければならない。

2　従業員は、以下の事項を遵守しなければならない。

①　正当な理由なく遅刻、早退または欠勤しないこと

②　勤務時間中は、上司の指示・命令に従い、報告を怠らず、同僚と協調して職務に励むこと

③　勤務に関する手続きその他の届出を怠ったり、偽ったりしないこと

④　勤務時間中は、職務に専念し、正当な理由なく職場を離れたり、私用電話、私用メールや業務に関係のないインターネットの閲覧等の私事の用務を行ったり、他の従業員に私用の用務を依頼したりしないこと

⑤　時間を遵守し、業務の確実・迅速な処理に努めること

⑥　自らの職務の権限範囲を越える行為はしないこと

⑦　故意に業務能率を低下させ、または他の従業員の業務を妨害しないこと

⑧　酒気を帯びて勤務しないこと

⑨　会社内で賭博、暴行その他職場秩序を乱す行為をしないこと

⑩　業務に関し私利を図り、または会社の金品を私用に供したりしないこと

⑪　品位を乱し、会社や従業員の名誉を傷つけるような行

為をしないこと
⑫　会社の許可なく、業務以外の目的で、会社の施設、車両、機械、器具、工作物その他の物を使用し、または持ち出さないこと
⑬　会社の許可なく、会社の施設内において、組合活動、政治活動、宗教活動など、業務に関係しない活動は行わないこと
⑭　会社の許可なく、会社の業務の範囲に属する事項について、著作・講演などをしないこと
⑮　その他、会社が定める諸規則、会社の通達および通知事項を遵守すること

…運送業の就業規則に付加する場合の規定例…

3　自動車運転者は前項に定める事項のほか、特に次の事項についても、これを遵守しなければならない。
①　交通法規その他の関係法令を遵守するとともに、体調を整え、交通事故の防止等に努めること
②　出発前には日常点検表により点検確認の上、上司に届け出ること
③　車両は大切に取り扱うとともに、燃料は合理的に使用し、その節約に努めること
④　顧客の荷物は、細心の注意を払い取り扱うこと
⑤　常に親切、丁寧、正確を旨としてサービスに万全を図ること

策定に当たっての留意点

1　相対的必要記載事項

「服務規律」とは、会社の事業活動の中で従業員が遵守しなければならない就業、施設管理および企業秩序に関する行動ルールですので、その性質上、就業規則に必ず定めておくべきものです。また、「服務規律」は、「当該事業場の労働者の全てに適用される定め」に該当することから、相対的必要記載事項となります。

2　何を定めるか

就業規則で定める具体的な事項は漏れがないようにしなければなりませんが、服務規律で定めるべき事項としては、①就業に関する事項、②施設管理に関する事項、③業務外活動に関する事項に大別されます。

多くの就業規則に関する書籍においても、ほぼ必要となる事項は網羅されていますので、それらも参考にして、会社独自の定めも追加するのがよいでしょう。

参考までに、運送業の場合における、自動車運転手についての特別の定めの一例を掲載しています。

02 副業・兼業

参考条文

(副業・兼業)

第 27 条　従業員は、会社の許可なく、社外の業務に従事し、または自ら事業を行ってはならない。

策定に当たっての留意点

1　副業・兼業の基本的な考え方

労働者は、生活全般について、使用者の支配に属するものではありません。労働契約によっては、就業時間中の労務提供を義務付けられているだけであり、勤務終了後の私的な時間については労働者の自由であるので、副業・兼業を禁止する規定があったとしても、その合理性が問題となります。

これまでの裁判例では、従業員の兼業の許否について労務提供上の支障や企業秩序への影響を考慮した上での会社の承諾にかからしめる旨の規定は不当とは言い難いとされています（東京地決昭 57. 11. 19. 小川建設事件労判 397. 30）。

したがって、副業・兼業を会社の許可制とすることに問題はありません。

2　副業・兼業の促進

近時、国は、副業・兼業を促進する方向性を打ち出しています。すなわち、副業・兼業を原則として容認するべきだという立場に立っています。そして、厚生労働省のモデル就業規則（令和３年４月版）では、以下のとおり定められています。また、副業・兼業の促進に関するガイドラインも厚生労働省から公表されています。

> **（副業・兼業）**
> **第68条**　労働者は、勤務時間外において、他の会社等の業務に従事することができる。
> **2**　会社は、労働者からの前項の業務に従事する旨の申出に基づき、当該労働者が当該業務に従事することにより次の各号のいずれかに該当する場合には、これを禁止又は制限することができる。
> ①　労務提供上の支障がある場合
> ②　企業秘密が漏洩する場合
> ③　会社の名誉や信用を損なう行為や、信頼関係を破壊する行為がある場合
> ④　競業により、企業の利益を害する場合

今般のコロナ禍もあり、副業・兼業を推し進める企業が増えてきました。ただ、よくよく見てみると、従業員が、就業時間外に、フリーランスや起業などの形態で働くことを認めているのがほとんどです。別の企業に労働者として勤務するということは禁止している企業が多いのが実感です。

その理由の1つは、労基法38条「労働時間は、事業場を異にする場合においても、労働時間に関する規定の適用については通算する」と定められており、通達が、「事業場を異にする場合」とは、「事業主を異にする場合をも含みます」（昭和23年5月14日基発第769号）としているためです。厚生労働省の公表している「副業・兼業の促進に関するガイドライン」Q&A等に、労働時間の通算に関して、副業・兼業の場合にどうなるかが書かれていますが、その内容も必ずしも明確ではなく、使用者として、副業・兼業を許した

場合、残業代を請求されてしまうのではないかというリスクを抱えてまで副業・兼業を認めるということまではしないというのが現時点での一般的なスタンスだと思います。

筆者も、個人的な見解としては、兼業・副業を原則認めるというのではなく、就業規則上、許可制とし、あとは運用でカバーするべきだと考えます。

3　厚生労働省のモデル就業規則を前提とした場合の定め方の留意点

副業・兼業を原則として認めるという場合には、厚生労働省モデル就業規則を参考に規定を策定するということになるかと思いますが、その場合の留意点は以下のとおりです。

(1)　許可と届出の違いを意識する

許可の場合は、使用者の許可があって初めて副業・兼業が認められるのに対して、届出の場合は、届け出れば副業・兼業が認められるという点に留意する必要があります。

(2)　禁止または制限事由の定め方

厚生労働省のモデル就業規則では、「労務提供上の支障がある場合」とありますが、これだと、実際に「労務提供上の支障がある場合」に禁止または制限できるということになりますが、実務上では、実際にそのような支障が発生するかどうかはわからないけれども、そのような蓋然性が高いので禁止または制限したいという場面が出てくることが想定されます。そのため、例えば「労務提供上の支障が生ずるおそれがある場合」など、「おそれがある場合」に広げておくべきでしょう。

03 セクシュアルハラスメントの禁止

参考条文

（セクシュアルハラスメントの禁止）

第28条　従業員は、他の従業員の性的指向または性自認にかかわらず、他の従業員に対して、次の行為をしてはならない。

① 性的な事実関係を質問すること

② 必要なく身体に触ること

③ 性的な内容の情報を意図的に流布すること

④ 容姿あるいは身体的な特徴に関する発言や質問をすること

⑤ 職務上の地位を利用して、交際や性的な関係を強要すること

⑥ 性的指向または性自認に関する侮辱的言動、差別的言動を行うこと

⑦ その他前各号に準じる性的な言動をすること

2　前項に掲げる行為をした従業員に対しては、第81条の定めるところにより、懲戒処分を行う。

→参照規定　第81条（懲戒事由、244ページ）

策定に当たっての留意点

1　セクシュアルハラスメント該当行為の明示

セクシュアルハラスメント（以下、「セクハラ」という）に関しては、「他の従業員の意に反する性的な言動を行ってはならない」と抽象的に定めをしている例を見ることがありますが、「事業主が職場に

おける性的な言動に起因する問題に関して雇用管理上講ずべき措置に関する指針」（平成18年厚生労働省告示615号。以下、「セクハラ指針」という）が、職場におけるセクハラの「内容」についても定めなければならないとしており、他方で、職場におけるセクハラに該当する言動を全て列挙することは現実的ではありません。そこで、いくつか代表的な具体例を掲げ、最後に、「その他前各号に準じる性的な言動」として包括条項を定めておくのがよいと考えます。

また、平成29年1月からは、LGBT（性的少数者（レズビアン、ゲイ、バイセクシャル、トランスジェンダー））に関わる差別的言動もセクハラとして取り扱われることになっていますので、セクハラ該当行為の1つとして例示しています。

2　セクハラが懲戒処分の対象となる旨の定め

セクハラ指針が、職場におけるセクハラに係る性的な言動を行った者に対する懲戒について、就業規則その他の規則で定めることで従業員に周知すべきとしていることから、セクハラが懲戒処分の対象となる旨の定めを入れておく必要があるでしょう。

ただ、厚生労働省が、「改正男女雇用機会均等法等質疑応答集」（平成19年4月18日雇児発0418001号）で、セクハラについての懲戒規定を定める場合には、懲戒事由となるセクハラに係る性的な言動およびそれに対応する制裁の種類を明確にしなければならないとしていることから、性的な言動を類型化し、それに対応する懲戒処分の種類を明記している就業規則例もあります（例えば、性的な事実関係を質問したときは譴責とする、必要なく身体に触ったときは譴責とする、職務上の地位を利用して、交際や性的な関係を強要したときは出勤停止とする、など）。

しかし、セクハラにも様々な態様なり程度があり、また、懲戒処分の程度についても、個別の事情に基づき、個別に判断せざるを得ないのが実情であること等からすれば、あらかじめセクハラに係る性的な言動に対応する懲戒の種類を明確にすることは困難であり、現実的ではないと考えます。そのため、参考条文では、「前項に掲げる行為をした従業員に対しては、第81条の定めるところにより、懲戒処分を行う」としています。

ただ、一切目安を周知しないというのも適切ではないので、就業規則ではなく、社内用のパンフレット、研修テキスト等には、懲戒の種類について、目安を載せて従業員に周知するという対応がよいかと思います。

04　パワーハラスメントの禁止

参考条文

（パワーハラスメントの禁止）

第29条　従業員は、職務上の地位や人間関係などの職場内の優位性を背景に、業務の適正な範囲を超えて、精神的・身体的苦痛を与えるまたは職場環境を悪化させる次の行為をしてはならない。

①　暴行、暴言、脅迫、名誉を毀損する行為

②　業務に必要のないことを命令したり、明らかに遂行不可能なことを命令する行為

③　業務上の合理性なく、能力や経験とかけ離れた程度の低い仕事を命じることや仕事を与えないこと

④　私的なことに過度に立ち入ること

⑤　その他前各号に準じる言動をすること

2　前項に掲げる行為をした従業員に対しては、第81条の定めるところにより、懲戒処分を行う。

→参照規定　第81条（懲戒事由、244ページ）

策定に当たっての留意点

1　パワーハラスメントの禁止を規定で定める必要性

そもそも、パワーハラスメント（以下、「パワハラ」という）については、セクハラと異なり、定義自体が確立されているものではないので、就業規則に定める必要はないのではないかという意見もありましたが、パワハラが社会的な問題となっていることにも鑑みると、会社としてパワハラを防止するためにも、就業規則で定めを

置いておくべきというのが、従来の考えでした。

その後、令和元年5月29日、労働施策総合推進法が改正され、事業主に対して、パワハラ防止のための雇用管理上の措置義務（相談体制の整備等）が新設されましたので、就業規則で定める必要があることとされました。

具体的には、パワーハラスメントの内容、そして、パワーハラスメントを行った者に対しては、厳正に対処する旨の方針および対処の内容（懲戒処分に処すること）を就業規則等で定める必要があることとされました。

2　パワハラ該当行為の明示

パワハラについては、上記労働施策総合推進法改正を受けて制定された「事業主が職場における優越的な関係を背景とした言動に起因する問題に関して雇用管理上講ずべき措置等についての指針」（令和2年1月15日厚生労働省告示第5号）の内容に沿った定めを置くのが無難だと考えます。

3　パワハラが懲戒処分の対象となる旨の定め

パワハラについても、セクハラと同様、懲戒処分の対象となる旨を定めるべきです。

また、パワハラ行為と懲戒処分の種類の対応については、セクハラのところでも記載したとおり、個別の対応付けをするのではなく、「前項に掲げる行為をした従業員に対しては、第81条の定めるところにより、懲戒処分を行う」としたほうが、妥当な懲戒処分を行うことができると思います。

4　パワーハラスメント対策導入マニュアル

厚生労働省は、平成27年5月15日、「パワーハラスメント対策導入マニュアル」を策定し、公表しました。その後、随時改定されており、現在は、第4版が最新のものとなっています（令和元年

10月8日)。この中にも規定例が掲載されているので、参考になると思います。

05 マタニティハラスメント等の禁止

参考条文

（マタニティハラスメント等の禁止）

第30条　従業員は、次の行為をしてはならない。

①　女性従業員による産前産後休業その他の妊娠または出産に関する制度または措置の利用に関して就業環境を害する言動

②　女性労働者が妊娠したこと、出産したことその他の妊娠または出産に関して就業環境を害する言動

③　育児休業その他の育児に関する制度または措置の利用に関して就業環境を害する言動

④　介護休業その他の介護に関する制度または措置の利用に関して就業環境を害する言動

2　前項に掲げる行為をした従業員に対しては、第81条の定めるところにより、懲戒処分を行う。

→参照規定　第81条（懲戒事由、244ページ）

策定に当たっての留意点

1　マタニティハラスメント等の該当行為の明示

マタニティハラスメント（以下、「マタハラ」という）の類型としては、正確には、妊娠・出産等に関するハラスメントと育児休業等に関するハラスメントとがあります。

妊娠・出産等に関するハラスメントには、上司または同僚から行われる次のものがあるとされています。なお、業務分担や安全配慮等の観点から、客観的にみて、業務上の必要性に基づく言動による

ものについては、職場における妊娠、出産等に関するハラスメントには該当しないとされています。

① その雇用する女性労働者の労働基準法65条1項の規定による休業その他の妊娠または出産に関する制度または措置の利用に関する言動により就業環境が害されるもの（制度等の利用への嫌がらせ型）

② その雇用する女性労働者が妊娠したこと、出産したことその他の妊娠または出産に関する言動により就業環境が害されるもの（状態への嫌がらせ型）

育児休業等に関するハラスメントは、上司または同僚から行われる、その雇用する労働者に対する制度等の利用に関する言動により就業環境が害されるものとされています。

介護休業等に関するハラスメントも、上司または同僚から行われる、その雇用する労働者に対する制度等の利用に関する言動により就業環境が害されるものをいいます。

就業規則に定めるに当たっては、この類型を押さえておく必要があります。

2　マタハラ等の防止措置義務

平成29年1月1日から施行されている育児介護休業法および男女雇用機会均等法では、事業主に対して、マタハラ等の防止措置義務が課されています。

そして、その防止措置の内容の1つとして、事業主の方針の明確化およびその周知･啓発が求められており、具体的な内容としては、以下の2つが挙げられています。

① 職場における妊娠、出産等に関するハラスメントの内容および妊娠、出産等に関する否定的な言動が職場における妊娠、出産等に関するハラスメントの発生の原因や背景となり得ること、職場における妊娠、出産等に関するハラスメントがあってはならない旨の方針並びに制度等の利用ができる旨を明確化し、管理・監督

者を含む労働者に周知・啓発することです。その中では、事業主の方針等を明確化し、労働者に周知・啓発していると認められる例として、就業規則その他の職場における服務規律等を定めた文書において、事業主の方針および制度等の利用ができる旨について規定し、当該規定と併せて、ハラスメントの内容およびハラスメントの背景等を労働者に周知・啓発することが挙げられています。

② 職場における妊娠、出産等に関するハラスメントに係る言動を行った者については、厳正に対処する旨の方針および対処の内容を就業規則その他の職場における服務規律等を定めた文書に規定し、管理・監督者を含む労働者に周知・啓発することです。その中では、対処方針を定め、労働者に周知・啓発していると認められる例として、就業規則その他の職場における服務規律等を定めた文書において、職場における妊娠、出産等に関するハラスメントに係る言動を行った者に対する懲戒規定を設け、その内容を労働者に周知・啓発することが挙げられています。

したがって、マタニティハラスメント等についても、その内容、懲戒処分になり得ることを就業規則に定めておくべきです。

06 所持品検査

参考条文

（所持品検査）

第31条　従業員は、日常携帯品以外の私物を事業場内に持ち込んではならない。

2　会社は、職場規律の確保のためなど業務上の必要に基づき、従業員に対して、所持品検査を求めることがある。従業員は、正当な理由なく、これを拒んではならない。

策定に当たっての留意点

1　私物（日常携帯品を除く）の持込み禁止の定めの必要性

従業員は、会社との労働契約によって労務提供義務を負うことになりますが、労務提供とは関係のない私物を事業場に持ち込むことを認めるのは、労務管理上適切ではありません。もっとも、事業場で数時間にわたり業務に従事する以上、日常携帯品の持込みまでを制約するのは行き過ぎです。したがって、日常携帯品の持込みは認める必要がありますが、それ以外の私物を持込み禁止とすることで、従業員のプライバシー保護への合理的な期待を可能な限り排除しておいたほうがよいでしょう。

2　所持品検査を行う場面などを具体的に特定しない

まれに、所持品検査を行う時期を「出勤時または退勤時に限る」と限定していたり、所持品検査を行う理由を「社員が私物を持ち込みまたは会社の物品を持ち出そうとする蓋然性が高い場合」と限定していたりする定めを見ることがあります。

しかし、このように限定をしてしまうと、規定した内容とは別の状況で所持品検査を実施しなければならない場合に、所持品検査を実施することができなくなってしまうということになりかねません。そのため、所持品検査を行う場面等を限定せず、「職場規律の確保のためなど業務上の必要に基づき」として幅広く所持品検査を実施できるようにしておくべきでしょう。

3　正当な理由なく拒否できない旨の定め

当然のことですが、従業員は会社の所持品検査という業務命令には従わなければならないことを周知するためにも、正当な理由なく拒否できない旨を定めておいたほうがよいでしょう。

07 貸与パソコンの私用禁止・モニタリング

参考条文

（貸与パソコンの私用禁止）

第32条　従業員は、会社貸与のパソコンを業務遂行以外の目的で利用してはならない。

（モニタリング）

第33条　会社は、業務上の必要等に応じて、会社貸与のパソコンで従業員が送受信した電子メール、従業員がインターネットで閲覧したページ、その他のデータ等を閲覧することができる。

２　従業員は、閲覧に必要なパスワードを開示する等、会社による閲覧に協力しなければならない。

策定に当たっての留意点

１　貸与パソコンの私用禁止を定める必要性

モニタリングを実施するに当たっては、会社の貸与パソコン上にある各種データ等について、従業員のプライバシー保護への合理的な期待を可能な限り排除しておく必要があることから、就業規則には、会社の貸与パソコンの私的使用を明確に禁止する旨の条項を定めておくべきだと考えます。

２　モニタリングを実施することがある旨の定めをしておく必要性

会社の貸与パソコン上にある各種データ等について、従業員のプライバシー保護への合理的な期待を可能な限り排除しておくためにも、会社がモニタリングをすることがあることを明示しておく必要があると考えます。

3　モニタリングについて定める内容

個人情報保護委員会が定める「『個人情報の保護に関する法律についてのガイドライン』及び『個人データの漏えい等の事案が発生した場合等の対応について』に関するQ&A」（平成29年2月16日（令和3年6月30日更新）。以下、「Q&A」といいます）では、会社が従業員のモニタリングを実施する上では、①モニタリングの目的、すなわち、取得する個人情報の利用目的をあらかじめ特定し、社内規程に定めるとともに、従業員に明示すること、②モニタリングの実施に関する責任者とその権限を定めること、③モニタリングを実施する場合には、あらかじめモニタリングの実施について定めた社内規程案を策定するものとし、事前に社内に徹底すること、④モニタリングの実施状況については、適正に行われているか監査または確認を行うことに留意し、これらを定める場合には、労働組合等に通知し、必要に応じて協議し、従業員に周知するのが望ましいとされていますが、あくまで「望ましい」というレベルに過ぎません。

会社がモニタリングを行う場合としては、従業員による会社の貸与パソコンの私的利用の有無の調査、情報漏洩の有無の調査などには限られず、従業員による不正行為が疑われた場合の裏付け資料の調査など、様々な場面が想定されます。

したがって、モニタリングの目的を具体的に特定してしまうと特定した目的以外ではモニタリングができないということになってしまいますので、目的は具体的には記載せず、「業務上の必要等に応じて」としたほうがよいと考えます。

4　モニタリングに協力しなければならない旨の定め

多くの会社では、パソコンを立ち上げるためにIDとパスワードを入力してログインするよう設定していると思われますが、パスワードを従業員が変更し、それを会社に届け出ていないこともあります。その場合には、会社がモニタリングを実施するに当たってパスワードが必要となるため、従業員に対して、モニタリングに当たって必要な協力を義務付ける定めをしておく必要があると考えます。

5　モニタリングで取得する情報の範囲、モニタリング実施者、モニタリング可能時刻等の定め

「電子メールのモニタリングは、送受信記録あるいはこれにメールの件名を加えた範囲」でしかできないとか、「モニタリングは、IT 部長のみが実施できる」とか、「モニタリングは就業時間内のみとする」などと、モニタリングの実施方法等を制限する定めを見ることがありますが、例えば、IT 部長が長期で海外出張に行っている時にモニタリングをしなければならない事態が生じることも想定できるので、基本的には、モニタリングで取得する情報の範囲、モニタリング実施者、モニタリング可能時刻等については、モニタリングの実施を制限するような内容の定めはしないほうがよいと考えます。

☞ **参考** Q&A（抜粋）

（従業者の監督）

Q４－６　従業者に対する監督の一環として、個人データを取り扱う従業者を対象とするビデオやオンライン等による監視（モニタリング）を実施する際の留意点について教えてください。

A４－６　個人データの取扱いに関する従業者の監督、その他安全管理措置の一環として従業者を対象とするビデオ及びオンラインによるモニタリングを実施する場合は、次のような点に留意することが考えられます。なお、モニタリングに関して、個人情報の取扱いに係る重要事項等を定めるときは、あらかじめ労働組合等に通知し必要に応じて協議を行うことが望ましく、また、その重要事項等を定めたときは、従業者に周知することが望ましいと考えられます。

○　モニタリングの目的をあらかじめ特定した上で、社内規程等に定め、従業者に明示すること

○　モニタリングの実施に関する責任者及びその権限を定めること

○　あらかじめモニタリングの実施に関するルールを策定し、その内容を運用者に徹底すること

○　モニタリングがあらかじめ定めたルールに従って適正に行われているか、確認を行うこと

08　内部通報制度

参考条文

（内部通報制度）

第34条　会社は、従業員等からの法令違反行為等に関する相談または通報を受け付ける窓口（以下、「通報窓口」という）をコンプライアンス部に設置する。

2　通報窓口の利用方法は、電話・FAX・文書送付・電子メール・面会とする。

3　会社の従業員等（契約社員、パートタイマー、アルバイト、派遣社員を含む）は、会社内部における法令違反行為等を知ったときは、直ちに通報窓口に相談ないし通報しなければならない。

なお、通報窓口は、退職者および会社の取引先の社員も利用することができる。

4　通報された事項に関する調査は、コンプライアンス部が行う。

コンプライアンス部は調査責任者を任命し、調査責任者は調査事項に応じて調査チームを設置することができる。

5　各部署は、通報された内容の事実関係調査に当たって協力を求められた場合には、調査チームに協力しなければならない。

6　調査の結果、法令違反行為等が明らかになった場合には、会社は速やかに是正措置および再発防止措置を講じなければならない。

7　調査の結果、法令違反行為等が明らかになった場合には、会社は当該行為に関与した者に対し、就業規則に従い、処分を科すことができる。

8　会社は、通報者等（通報窓口の利用者）が相談または通報したことを理由として、通報者等に対して解雇その他いかなる不利益取扱いも行ってはならない。

また、会社は、通報者等が相談または通報したことを理由として、通報者等の職場環境が悪化することのないように、適切な措置をとらなければならない。さらに、通報者等に対して不利益取扱いや嫌がらせ等を行った者（通報者等の上司、同僚等を含む）がいた場合には、就業規則に従って処分を科すことができる。

9　会社および本規程に定める業務に携わる者は、通報された内容および調査で得られた個人情報を開示してはならない。会社は、正当な理由なく個人情報を開示した者に対し、就業規則に従い、処分を科すことができる。

10　通報者等は、虚偽の通報や他人を誹謗中傷する通報その他の不正の目的の通報を行ってはならない。会社は、そのような通報を行った者に対し、就業規則に従い、処分を科すことができる。

11　窓口担当者に限らず、相談または通報を受けた者（通報者等の管理者、同僚等を含む）は、本規程に準じて誠実に対応するよう努めなければならない。

策定に当たっての留意点

1　就業規則に定めるべきか

内部通報に関する規定を就業規則に定めるべきかという点ですが、内部通報については、内部通報の方法、内部通報をしたことによる解雇、その他の不利益取扱いを受けることはないこと、不当な目的での内部告発は保護されず懲戒処分の対象となること等、職場の秩序や従業員の権利に関わる内容となりますので、就業規則に（必ずしも就業規則本則ではなく個別規程で定めても可）定めておくべきであると考えます。

また、公益通報者保護法の一部を改正する法律（令和２年法律第51号）により、事業者に対し、新たに、公益通報対応業務従事者を定める義務（改正後の法律11条１項）および内部の労働者等からの公益通報に適切に対応する体制の整備その他の必要な措置をとる義務（改正後の法律11条２項）を課しており、後者については、「公益通報者保護法第11条第１項及び第２項の規定に基づき事業者がとるべき措置に関して、その適切かつ有効な実施を図るために必要な指針」（令和３年８月20日内閣府告示第118号）が、内部規程を策定することを求めていることからも、就業規則に定めておくべきであると考えます。

2　具体的に定めるべき事項

内部通報制度を就業規則に定める場合、主として盛り込むべき事項は、①内部通報窓口の機関名、②内部通報の方法、③内部通報の義務、④内部通報者に対する解雇その他の不利益取扱いの禁止、⑤内部通報者に係る情報の秘密保持、⑥不正の目的による内部告発の禁止、⑦従業員の調査協力義務等があります。

①　内部通報窓口の機関名

内部通報制度を設けるに当たっては、当然のことながら窓口がどこであるかを定める必要があります。通報窓口を社内に設置するか、社外の弁護士事務所あるいは社会保険労務士事務所とするかは一長一短であり、各社の実情に応じて、決定すればよいと考えます。

②　内部通報の方法

内部通報の方法ですが、電子メールはもちろん、口頭、面談、書面その他の方法を広く認めることが好ましいとは思いますが、安易な通報を抑制するという観点から、あらかじめ内部通報のための所定の書式を作成し、「それによる通報に限る」とすることも可能であると考えます。また、「匿名の場合には受け付けない」ということも可能であると考えます。

ただ、内部通報制度を設ける趣旨は、いきなり外部への内部告発となることを防ぎ、可能な限り企業内で解決することによってリスクを軽減するという点にあることからすれば、安易な通報を抑制するという点を重視するのではなく、可能な限り、内部告発の情報を入手できる環境を整えたほうが、企業の不正行為を改める契機となり、損害発生を防止するのに有益ではないかと考えます。

したがって、所定の書式を利用して内部告発すること、実名で内部告発することを推奨することは構わないと思いますが、仮にそうでなかったからといって、内部告発として扱わないという定めはしないほうがよいと考えます。

③　内部通報の義務

従業員に内部通報を義務付けることについては賛否両論ありますが、労働契約においては、その人的・継続的な性格に由来しての信頼関係が要請され、信義誠実の原則が妥当するという観点から、法令に違反する行為の存在を知った従業員には、それを放置することによって使用者に重大な損害を与える可能性があり得ることから、通報義務を課すべきと考えます。ただ、この義務を肯定したからといって、その違反に対して懲戒処分を課すということは避けるべきです。

④　内部通報者に対する解雇その他の不利益取扱いの禁止

内部通報制度の根幹をなすのが、内部通報者に対する解雇その他の不利益取扱いの禁止ですから、その旨を定めることは必須です。

⑤ 内部通報者に係る情報の秘密保持

内部通報者に関する情報が漏れてしまえば、従業員が安心して内部告発することができなくなってしまいますので、その旨を定めることは必須です。

⑥ 不正の目的による内部告発の禁止

公益通報者保護法10条は、「公益通報をする者は、他人の正当な利益または公共の利益を害することのないよう努めなければならない」と定めており、企業としても、従業員が不当な目的をもって法律を逸脱するような誹謗中傷をしないように注意喚起する必要があります。そして、そのような不当な目的をもってなされた内部告発に対しては企業としても毅然とした対応をする必要がありますので、懲戒処分も辞さない旨を定めておくべきです。

⑦ 従業員の調査協力義務

従業員に対して調査への協力を義務付けることが可能かという点については見解が分かれるところですが、他の労働者の就業規則違反行為（職場離脱、就業時間中の原水爆禁止の署名を求めたり、原水爆禁止運動の資金調達のために販売するハンカチの作成を依頼したり、これを販売したりした行為など）の調査に当たり、労働者はその調査に協力する義務があるかが争われた富士重工業事件（最3小判昭52.12.13労判287.7以下）で、最高裁判所は、「企業が右のように企業秩序違反事件について調査をすることができるということから直ちに、労働者が、これに対応して、いつ、いかなる場合にも、当然に、企業の行う右調査に協力すべき義務を負っているものと解することはできない。けだし、労働者は、労働契約を締結して企業に雇用されることによって、企業に対し、労務提供義務を負うとともに、これに付随して、企業秩序順守義務その他の義務を負うが、企業の一般的な支配に服するものということはできないからである。そして、右の観点に立って考えれば、当該労働者が他の労働者に対する指導、監督ないし企業秩序の維持などを職責とする者であって、右調査に協力することがその職務の内容となっている場合には、右調査に協力することは労働契約上の基本的義務である労務提供義務の履行そのものであるから、右調査に協力すべき義務を負うものといわなければならないが、右以外の場合には、調査対象である違反行為の性質、内容、当該労働者の右違反行為見聞の機会と職務執行との関連性、より適切な調査方法の有無等の諸般の事情から総合的に判断して、右調査に協力することが労務提供義務を履行する上で必要かつ合理的であると認められない限り、右調査協力義務を負うことはないと解するのが、相当である」としています。

したがって、「他の労働者に対する指導、監督ないし企業秩序の維持などを職責とする者」には、会社が行う調査に協力する義務を肯定でき、それ以外の労働者であっても、「調査に協力することが労務提供義務を履行する上で必要かつ合理的」であれば、調査に協力する義務を肯定できます。

そこで、内部通報に関する定めにおいても、従業員の調査協力義務は記載しておくべきと考えます。

ただ、調査義務に違反した場合の懲戒処分については慎重に取り扱う必要があります。

⑧　調査結果の通知

上記改正法によれば、調査結果を通報者に通知しないという制度をとることも可能です。

では、どちらがよいかという点ですが、コンプライアンス違反は千差万別であり、その内容によっては、通報者に調査結果をフィードバックすることが妥当でない場合もあり得るところです。

そのため、規定を定める上では、通報者に通知することを義務化する規定とはせずに、個別案件ごとに、通報者に調査結果をフィードバックするのが適切か否か、フィードバックの方法（違反者の氏名を出さずに全社員にコンプライアンス違反行為のみを周知するなど）を検討できるよう、柔軟な対応ができるようにしておいたほうがよいと考えます。ですから、調査結果の通知を義務付ける規定は定めないほうがよいと考えます。

01 秘密保持義務

参考条文

（秘密保持義務）

第35条　従業員は、在職中において、職務遂行過程において知り得た以下の業務上の秘密を他に漏らしてはならない。

①　製品の技術や設計、製品の企画、製品の開発に関する事項

②　製品の販売、顧客情報に関する事項

③　人事管理、財務に関する事項

④　その他、会社が業務上秘密としている一切の事項

策定に当たっての留意点

1　規定の必要性

労働契約の付随的義務として、従業員は秘密保持義務を負うと解されてはいますが、その趣旨を明確にするためにも、秘密保持に関する条項は定めておくべきでしょう。

2　秘密の内容

多くの就業規則においては、「業務上の秘密を漏らしてはならない」などと規定されており、具体的に何が業務上の秘密に該当するのかが、明確に規定されていないのではないでしょうか。

しかし、従業員にとって秘密保持義務の対象である業務上の秘密が何かがわからないのでは、実効性がありません。他方で、秘密保持義務の対象とする情報全てを就業規則に記載するというのも現実

的ではありません。

そのため、就業規則においては、業務上の秘密に該当するいくつかの情報を例示的に列挙し、より詳細な情報については、別途、誓約書等に落とし込んで、従業員に提出させるというのが現実的な対応かと思います。

秘密保持誓約書例

株式会社○○　　　　　　　　　　　　　　　　令和○年○月○日
代表取締役　○○○○殿

秘密保持に関する誓約書

1　私は、会社の業務に関連する全ての書類、ノート、その他これらに類する資料（写しを含む）を全て会社の所有物として所持し、会社の要請があれば、いつでも返還いたします。

2　私は、貴社就業規則第○条に従い、業務上の機密は、在職中はもちろん退職後といえども一切漏洩または使用いたしません。

3　私は、以下の情報が業務上の機密に該当することを認識しています。
（1）会社の製品に関わる技術上のノウハウとして価値ある情報
（2）会社の行った研究、開発（第三者との共同研究、開発を含む）に関する情報

（3）研究開発計画書、研究開発記録、実験記録、研究開発レポート、その他重要な技術資料に関する方法
（4）未公開（または未公告）の特許（実用新案）関係書類に関わる情報
（5）顧客の氏名、住所、取引実績等の顧客に関する情報
（6）仕入れ、販売その他会社が行った取引に関する情報
（7）営業計画、取引計画等会社の将来の営業に関する情報
（8）重要なる取引契約または覚書に関わる情報
（9）その他重要な営業上の資料に関わる情報
（10）各種会議の内容に関する情報
（11）企業計画に関する情報
（12）会社の関係する訴訟または行政処分もしくは申請に関する情報
（13）人事に関する重要な情報
（14）従業員等の個人情報
（15）未発表の経理関係帳票、資金関係についての重要な書類および税務申告関係書類に関わる情報
（16）監査に関する重要な書類に関わる情報
（17）その他経営に関する重要な資料に関わる情報

以上誓約いたします。

氏名　○○○○　㊞

01　出退勤

参考条文

（出退勤）

第36条　従業員は、出退社の際、所定の場所においてタイムカードに記録し、出勤時刻および退勤時刻を記録しなければならない。

策定に当たっての留意点

1　規定の必要性

今日の会社の多くが、従業員の勤怠管理をタイムカードで実施しています。そのため、出退勤時刻を会社が把握するために、従業員に対して、タイムカードに記録し、出勤および退勤の時刻を記録させることを遵守させる必要があります。

したがって、就業規則で、タイムカードへの記録によって出勤および退勤の時刻を記録させることを義務づける必要があります。

2　「タイムカードの打刻時刻＝始業時刻、終業時刻」ではない

「始業および終業時にタイムカードに記録し、始業および終業時刻を記録しなければならない」という趣旨の定めをみることもありますが、タイムカードは、出勤時および退勤時に記録するものであり、タイムカードに打刻された時刻が当然に始業時刻および終業時刻に該当するものではありません。それにもかかわらず、このような趣旨の定めをすることは、あたかもタイムカードに打刻された時刻が始業時刻および終業時刻であると誤解されてしまう可能性があるので避けたほうがよいでしょう。

3　労働時間の状況の把握義務

労働安全衛生法が改正され、平成 31 年 4 月 1 日から、事業主は、労働者の労働時間の状況を把握しなければならないことになりました。その対象となる労働者は高度プロフェッショナル制度の対象者以外、全員であり、裁量労働制適用者、管理監督者もその対象です。原則として、タイムカードによる記録、パソコンのログイン・ログオフの記録など客観的な方法による把握が求められています。

☞ 参考　基発 0329 第 2 号平成 31 年 3 月 29 日（抜粋）

〈労働時間の状況の把握（新安衛法第 66 条の 8 の 3 並びに新安衛則第 52 条の 7 の 3 第 1 項及び第 2 項関係）〉

問 9　「労働時間の状況」として、事業者は、どのようなことを把握すればよいか。

答 9　新安衛法第 66 条の 8 の 3 に規定する労働時間の状況の把握とは、労働者の健康確保措置を適切に実施する観点から、労働者がいかなる時間帯にどの程度の時間、労務を提供し得る状態にあったかを把握するものである。

事業者が労働時間の状況を把握する方法としては、原則として、タイムカード、パーソナルコンピュータ等の電子計算機の使用時間（ログインからログアウトまでの時間）の記録、事業者（事業者から労働時間の状況を管理する権限を委譲された者を含む。）の現認等の客観的な記録により、労働者の労働日ごとの出退勤時刻や入退室時刻の記録等を把握しなければならない。

なお、労働時間の状況の把握は、労働基準法施行規則（昭和 22 年厚生省令第 23 号）第 54 条第 1 項第 5 号に掲げる賃金台帳に記入した労働時間数をもって、それに代えることができるものである。

ただし、労基法第 41 条各号に掲げる者（以下「管理監督者等」という。）並びに労基法第 38 条の 2 に規定する事業場外労働のみなし労働時間制が適用される労働者（以下「事業場外労働のみなし労働時間制の適用者」という。）並びに労基法第 38 条の 3 第 1 項及び第 38 条の 4 第 1 項に規定する業務に従事する労働者（以下「裁量労働制の適用者」という。）については、この限りではない。

02　遅刻、早退および欠勤

参考条文

（遅刻、早退および欠勤）

第 37 条　従業員が遅刻、早退、もしくは欠勤をし、または、就業時間中に私用で就業場所を離れるときは、事前に会社に申請し、承認を受けなければならない。ただし、やむを得ない事由により事前に申請できない場合は、事後、速やかに届け出て、承認を得なければならない。

2　従業員は、傷病のために、遅刻、早退、もしくは欠勤をし、または就業時間中に就業場所を離れる場合は、会社の求めに応じて、医師の診断書（費用は従業員負担）を提出しなければならない。

3　第１項の場合、不就労分に対応する賃金は支給しない。

策定に当たっての留意点

1　手続き

まれに、就業規則上、「遅刻、早退、欠勤、職場離脱にあたっては、事前に会社に届け出なければならない」として、届出のみを要求している例があります。しかし、届出さえすればよいというものではなく、会社の承認を得るべき事項ですので、事前に申請の上、会社の承認を得る必要があることは定めておくべきでしょう。

2　診断書の提出

傷病による場合には、会社として、その事実を確認できるように、医師の診断書を要求できる根拠となる規定を定めておく必要があります。

また、その費用を従業員に負担させるのであれば、その旨も明らかにしておくべきでしょう。

3　不就労控除

賃金の不就労控除については、賃金規程で定めている例が多いと思いますが、念のために、就業規則でも記載しておくことに問題はありません。

01 損害賠償

参考条文

（損害賠償）

第38条　従業員が、故意または過失により、会社に損害を与えた場合には、会社にその損害を賠償しなければならない。

策定に当たっての留意点

1　「故意または重過失」とはしない

従業員が会社に損害を与えた場合の損害賠償については、就業規則に明記されている例は多いのですが、多くの就業規則では、「故意または重過失により」として、単なる過失の場合には損害を負担させないとされています。

しかし、債務不履行なり不法行為なり、従業員に責任が発生するのは、故意または過失の場合であり、わざわざ、故意または重過失に限る必要はありません。

したがって、従業員が損害賠償を負う場合については、民法の原則どおり、「故意または過失」により会社に損害を与えた場合と定めておくべきでしょう。

2　損害賠償の減免について

就業規則の多くが、「損害賠償を減免する」という趣旨の規定を設けていると思います。これは、多くの裁判例を踏まえて、賠償させられる従業員に配慮したものだと思いますが、それをわざわざ就業規則に定めておくのは疑問です。あくまで、会社が個別の事情に鑑みて減免をすればよいことであり、わざわざ減免を規定として定めておく必要はありません。もっとも、従業員に安心して勤務してもらいたい、損害賠償は減免されるということを周知したいということであれば､規定に定めるというのも一つの判断だと思いますが、その場合には、「会社は、事情に応じて損害賠償額を減免することがある」という程度にとどめておくのがよろしいかと思います。

01　所定労働時間

参考条文

（所定労働時間）

第39条　所定労働時間は、次のとおりとする。

始業時刻　午前9時00分

終業時刻　午後6時00分

2　業務の都合、その他やむを得ない事情により、会社は、始終業時刻を繰り上げ、または繰り下げることがある。この場合、前日までに会社は従業員に通知する。

策定に当たっての留意点

1　規定の必要性

就業規則では、1日の「始業及び終業の時刻」を定めなければならないとされていることから（労基法89条1号）、これらを就業規則で定める必要があります。

まれに1日の労働時間は8時間とするとだけ定められていて、始終業時刻について定めがないというケースを見ることもありますが、それは不適法ということになります。

また、業界によっては、1日の労働時間が前日あるいは当日にならないとわからないため、所定労働時間を定めることができないという例もあるようですが、だからと言って始終業時刻を定めなくてもよいということにはなりません。そのような場合、所定労働時間を短く定めて、必要な場合には時間外労働（法内または法外）で対応するということも一つのアイデアではないでしょうか。

2　始終業時刻の繰上げ、繰下げについて

会社の業務上の都合によって、始終業時刻を繰り上げたり、または繰り下げたりする必要がある場合があります。会社が一方的な命令として、始終業時刻を変更できるための根拠規定として、始終業時刻の繰上げ、繰下げの定めを置いておく必要があります。

仮に、これがない場合には、始終業時刻の繰上げ、繰下げを一方的に行うことができず、従業員の同意が必要となります。従業員が同意しない場合には、時間外労働による割増賃金の問題が出てくることになります。

01　1ヵ月単位の変形労働時間制

参考条文

〈年間休日カレンダー方式〉

（1ヵ月単位の変形労働時間制）

第40条　○○部に所属する従業員の労働時間については、毎月1日を起算日とする1ヵ月単位の変形労働時間制とし、1ヵ月を平均して1週間40時間以内とする。

2　各日の始業時刻は午前9時00分、終業時刻は午後6時00分、休憩時間は正午から午後1時00分までとする。

（休日）

第41条　休日は前条の1ヵ月につき最低9日（ただし、1ヵ月の暦日数が28日の場合は8日とする）とし、暦年ごとに作成する年間休日カレンダーのとおりとする。

2　毎週日曜日および第2・第4土曜日は休日とする。

3　年間休日カレンダーは毎年12月中に各従業員に明示する。

〈月間シフト表形式〉

（1ヵ月単位の変形労働時間制）

第40条　○○部に所属する従業員の労働時間は、毎月1日を起算日とする1ヵ月単位の変形労働時間制とし、1ヵ月を平均して1週間40時間以内とする。

2　各勤務シフトにおける各日の始業時刻と終業時刻および休憩時間は以下のとおりとする。

シフト名	始業	終業	休憩時間
Aシフト	午前 8時00分	午後 5時00分	午前11時30分〜 午後0時30分
Bシフト	午前 9時30分	午後 6時30分	午後0時30分〜 午後1時30分
Cシフト	午前 11時00分	午後 8時00分	午後1時00分〜 午後2時00分

3　各従業員の勤務シフトと休日の割振りは、グループごとに毎起算日の1週間前までに決定して月間勤務シフト表を従業員に示す。

(休日)

第41条　休日は前条の1ヵ月につき最低9日（ただし、1ヵ月の暦日数が28日の場合は8日とする）とし、同条の月間勤務シフト表のとおりとする。ただし、毎週日曜日は必ず休日とする。

策定に当たっての留意点

1　変形労働時間制を導入する趣旨の確認

「変形労働時間制」とは、一定期間を単位として、その期間内の所定労働時間を平均して法定労働時間数以内であることを条件に、1日および1週の法定労働時間を超える労働を認める制度です。これによって、業務の繁閑に応じて労働時間を効率的かつ合理的に配分することが可能となり、総労働時間の短縮も可能となるといわれています。他方で、労働時間が日や週によって変動することは労働者にとって生活のリズムを乱すこともあり得ることから、労基法は一定の要件を定め、それを満たす場合にのみ変形労働時間制の適用を認めています。

そして、労基法は、①1ヵ月以内を単位期間とする変形労働時間制（労基法32条の2）、②1年以内を単位期間とする変形労働時間制（労基法32条の4）、③1週間単位の変形労働時間制（労基法32条の5）を認めています。ここでは、1ヵ月単位の変形労働時間制について説明します。

2　就業規則での定め方

1ヵ月単位の変形労働時間制を導入するに当たっては、就業規則または労使協定で一定の事項について定めをする必要がありますが、多くの企業では、就業規則であれば企業が一方的に策定できるため、労使協定ではなく、就業規則で定めています。

そして、1ヵ月単位の変形労働時間制を採用するに当たっては、①変形労働時間制を採用する旨の定め、②労働日、労働時間の特定、③変形期間の所定労働時間、④変形期間の起算日を定める必要があります。

②については、具体的には、変形期間における各日、各週の労働時間をあらかじめ具体的に定めておく必要があり、各日の労働時間は単に「労働時間は1日8時間とする」という定め方ではなく、始業および終業の時刻を具体的に定める必要があります。

③については、変形期間の労働時間を平均して1週間の労働時間が法定労働時間を超えないこととされているため、変形期間の所定労働時間の合計は、1週間の法定労働時間×変形期間の暦日数（1ヵ月以内）÷7日（1週間）によって計算された範囲内とする必要があります。これを計算すると1ヵ月の労働時間の総枠は以下のとおりとなります。

1ヵ月の暦日数	労働時間の総枠
31日	177.1時間
30日	171.4時間
29日	165.7時間
28日	160.0時間

④については、変形期間の始期を明らかにしておく必要があります。

上記の例では、年間休日カレンダー方式の場合と月間シフト表方式の場合の２通りについて定めています。

なお、就業規則ではなく労使協定で定める場合には、有効期間を３年以内程度とするのが望ましいとされています（平成11年３月31日基発第169号）。

02 1年単位の変形労働時間制

参考条文

（1年単位の変形労働時間制）

第42条　会社は、従業員の全部または一部につき、1年単位の変形労働時間制に関する労使協定を締結した場合には、所定労働時間は対象期間を平均して1週40時間以内とする。

2　1年単位の変形労働時間制の労働日ごとの所定労働時間、始業・終業時刻および休憩時間は以下のとおりとする。なお、年間における休日は別途定める年間カレンダー表によるものとする。

月	所定労働時間	始業時刻	終業時刻	休憩時間
4～11月、1～2月	7時間30分（ただし日曜日は6時間）	午前9時00分	午後5時30分（ただし、日曜日は午後4時）	正午～午後1時00分
12月、3月	8時間30分	午前8時30分	午後6時00分	同上

3　第1項の対象期間は1年間とし、その起算日は毎年4月1日からとする。

労使協定例

1年単位の変形労働時間制に関する労使協定

(勤務時間)

第1条 所定労働時間は、1年単位の変形労働時間制によるものとし、1年を平均して週40時間を超えないものとする。

2 1日の所定労働時間、始業・終業の時刻、休憩時間は、以下のとおりとする。

① 12月、3月

所定労働時間：1日8時間30分（始業時刻：午前8時30分、終業時刻：午後6時00分、休憩時間：正午～午後1時00分）

② ①以外の月

所定労働時間：1日7時間30分（始業時刻：午前9時00分、終業時刻：5時30分、休憩時間：正午～午後1時00分。ただし、日曜日は終業時刻を1時間繰り上げ6時間とする）

(起算日)

第2条 対象期間の起算日は令和○年4月1日とする。

(休日)

第3条 休日は、別紙年間カレンダー表のとおりとする。

(特定期間)

第4条 特定期間は次のとおりとする。

7月4日～7月17日

(適用対象者)

第5条 本協定による変形労働時間制は、製造部に所属する従業員に適用する。

（有効期間）

第６条　本協定の有効期間は起算日から１年間とする。

令和○年○月○日

○○株式会社　　代表取締役　　○○○○㊞

過半数代表者　　○○○○㊞

策定に当たっての留意点

1　変形労働時間制を導入する趣旨の確認

「変形労働時間制」については 128 ページで説明したとおりですが、ここでは、１年単位の変形労働時間制について説明します。１年単位の変形労働時間制は、業務に繁閑のある事業場において、繁忙期に長い労働時間を設定し、かつ、閑散期に短い労働時間を設定することにより効率的に労働時間を配分して年間の総労働時間の短縮を図ることを目的にしたものです。

2　要　　件

１年単位の変形労働時間制を実施するには、労使協定において、①対象労働者の範囲、②対象期間（１ヵ月を超え１年以内の期間に限る）および起算日、③特定期間、④労働日および労働日ごとの労働時間、⑤労使協定の有効期間を定めた上で、労働基準監督署に提出すること、就業規則において、１年単位の変形労働時間制を採用する旨および変形期間中の各日の始業・終業の時刻等を定めることが必要となります。

3　労使協定の定め

①については、1年単位の変形労働時間制により労働させる労働者の範囲を明確にする必要があります。

②については、1年間が最長期間ですので、対象期間が1年以内であれば3ヵ月、4ヵ月、半年などの対象期間を採用することも可能です。

③については、「特定期間」とは対象期間中の特に業務が繁忙な期間をいうことから、対象期間の相当部分を特定期間と定めることはできないとされ、また、対象期間中に特定期間を変更することはできないとされています（平成11年1月29日基発45号）。

④については、対象期間を平均して1週間の労働時間が40時間を超えないように対象期間内の各日、各週の所定労働時間を定めることが必要で、これは対象期間の全期間にわたって定める必要があります。すなわち、対象期間が1年であれば2,085時間（365日×40時間÷7日）という法定労働時間の総枠に収まるようにする必要があります。ただし、対象期間を1ヵ月以上の期間に区分することとした場合には、労使協定では最初の期間における労働日および当該労働日ごとの所定労働時間、並びに当該最初の期間を除く各期間における労働日数および総労働時間を記載すれば足ります。このような場合には、各区分期間が開始する30日前に事業場の過半数組合または過半数代表者の同意を得て、当該区分期間の労働日と各労働日の所定労働時間を書面で定めなければなりません。また、対象期間における労働日数の限度は1年当たり280日、1日の労働時間の限度は10時間、1週間の労働時間の限度は52時間、対象期間における連続して労働させる日数の限度は6日、特定期間における連続して労働させる日数の限度は1週間に1日の休日が確保できる日数（最長12日）となっています。

4　就業規則の定め

労基法89条が、就業規則で始業・終業の時刻および休日を定めることとしていることから、1年単位の変形労働時間制を採用する場合であっても、就業規則で、対象期間における各日の始業・終業時刻と休日を定める必要があります。

03　１週間単位の変形労働時間制

参考条文

（１週間単位の変形労働時間制）

第 43 条　会社は、労使協定により１週間単位の変形労働時間制をとる場合には、従業員の始業・終業時刻および休日は、第 39 条および第 50 条の定めにかかわらず、労使協定に基づき従業員に書面で通知することによる。

→参照規定　第 39 条（所定労働時間、126 ページ）、第 50 条（休日、167 ページ）

労使協定例

１週間単位の変形労働時間制に関する労使協定

（所定労働時間）

第１条　会社は、１週間（月曜日から翌週日曜日）の所定労働時間を 40 時間、１日の所定労働時間の限度を 10 時間として各日の労働時間を定める。

（休日）

第２条　休日は月曜日とする。ただし、業務上の都合により休日を他の日に振り替えることがある。

（勤務時間）

第３条　各従業員の各日の勤務時間は前２条の範囲内で決定し、当該週の開始する前日の日曜日までに週間勤務カレンダーをもって通知する。

2　前項にかかわらず、緊急やむを得ない事情が生じたときは、会社は、前日までに当該従業員に書面をもって通知することにより勤務時間を変更することができる。

令和○年○月○日
○○株式会社　　代表取締役　　○○○○㊞
過半数代表者　　○○○○㊞

策定に当たっての留意点

1　変形労働時間制を導入する趣旨の確認

「変形労働時間制」については128ページで説明したとおりですが、ここでは、1週間単位の変形労働時間制について説明します。

1週間単位の変形労働時間制は、業務の繁閑の激しい零細規模の一部サービス業についてのみ、労使協定に所定の事項を定めることにより利用することができます。

具体的には、常時使用する従業員の数が30人未満の「小売業、旅館、料理店および飲食店」の事業に限られています（労基法32条の5、労基則12条の5）。

2　労使協定の定め

1週間単位の変形労働時間制を採用するためには、労使協定を締結し、労働基準監督署に届け出なければなりません。具体的には、①1週間単位の変形労働時間制をとること、②変形労働時間制をとる1週間の所定労働時間（40時間以下）、③変形労働時間制をとる1週間の起算日とその期間を定める必要があります。

法は、1週間単位の変形労働時間制の下では従業員に対して、厚生労働省令で定めるところにより当該労働をさせる1週間の各日の所定労働時間をあらかじめ従業員に通知しなければならないとしており（労基法 32 条の 5 第 2 号）、労基法施行規則 12 条の 5 第 3 項は、「少なくとも、当該 1 週間の開始する前に書面により行わなければならない」としています。ただし、「緊急でやむを得ない事由がある場合には、使用者は、あらかじめ通知した労働時間を変更しようとする日の前日までに書面により当該労働者に通知することにより、当該あらかじめ通知した労働時間を変更することができる」としています。

また、1 週間単位の変形労働時間制においては、事前通知により労働させることができる 1 日の所定労働時間の上限は 10 時間とされています（昭和 63 年 1 月 1 日基発 1 号・婦発 1 号）。

3　就業規則の定め

1 週間単位の変形労働時間制は、業務の繁閑が激しい場合において、週ごとに各日の所定労働時間を定める制度ですので、就業規則で各日の始業・終業時刻、休憩時間を定める必要はありません。

01 フレックスタイム制①（1ヵ月）

参考条文

（フレックスタイム制）

第44条　労使協定によりフレックスタイム制を適用することとした従業員については、始業および終業時刻を当該従業員の自主的な決定に委ねるものとする。ただし、始業および終業時刻につき従業員の自主的決定に委ねる時間帯（フレキシブルタイム）、必ず勤務しなければならない時間帯（コアタイム）、休憩時間は次のとおりとする。

①　フレキシブルタイム

始業時刻　午前7時00分から午前10時00分まで

終業時刻　午後3時00分から午後7時00分まで

②　コアタイム

午前10時00分から午後3時00分まで

③　休憩時間

午後0時00分から午後1時00分まで

2　会社は、いつでも、フレックスタイム制の適用者について、フレックスタイム制の適用を中止することができる。

労使協定例

フレックスタイム制に関する労使協定

（適用対象者）

第1条　○○部に所属する従業員に対しては、フレックスタイム制を適用する。

（清算期間）

第２条　労働時間の清算期間は、毎月１日から月末までの１ヵ月とする。

（総労働時間）

第３条　清算期間における総労働時間は、１日８時間に当該清算期間における所定労働日数を乗じて得られた時間とする。

（１日の標準労働時間）

第４条　１日の標準労働時間は８時間とする。

（コアタイム）

第５条　従業員が必ず勤務しなければならない時間帯は午前10時00分～午後３時00分までとする。

（フレキシブルタイム）

第６条　始業時刻につき従業員の自主的決定に委ねる時間帯は午前７時00分～午前10時00分とし、終業時刻につき従業員の自主的決定に委ねる時間帯は午後３時00分～午後７時00分とする。

（労働時間の過不足の取扱い）

第７条　フレックスタイム制の対象となる従業員が清算期間における法定労働時間を超えて労働した場合は、時間外割増賃金を支払う。

２　フレックスタイム制の対象となる従業員が清算期間における総労働時間に不足したときは、不足した時間を次の清算期間に法定労働時間の範囲内で繰り越す。

（有効期間）

第８条　本規定の有効期間は令和○年○月○日から同年○月○日までの１年間とする。ただし、有効期間満了の１

ヵ月前までに、当事者のいずれからも更新しない旨の申出がないときは、自動的に更新し、その後も同様とする。

令和○年○月○日
○○株式会社　代表取締役　○○○○㊞
過半数代表者　○○○○㊞

策定に当たっての留意点

1　意　義

「フレックスタイム制」とは、従業員が、一定の清算期間の中で一定時間数労働することを条件として、1日の労働時間を自己の選択するときに開始・終了することができる制度をいいます（労基法32条の3）。

2　就業規則の定め

フレックスタイム制を導入するための要件としては、①就業規則で始業および終業の時刻をその労働者の決定に委ねる旨を定めること、②労使協定で一定事項を定めることです。

したがって、就業規則においては、始業および終業の時刻を労働者の決定に委ねる旨のみを定めることで問題はありません。もっとも、一般的には、「従業員への周知」という観点からも、フレキシブルタイムとコアタイムを具体的に定めているものが多いと思います。なお、コアタイムなしのフレックスタイム制を定めることも可能です。

実務上、フレックスタイム制度を設けたものの、中にはコアタイムに勤務しないなどの従業員が出てくることがあります。この場合に、懲戒処分を行うこともできますが、会社の判断で当該従業員のフレックスタイム制の適用を外すこともできるように、就業規則において、会社の判断でフレックスタイム制の適用をいつでも中止することができる旨を記載しておいたほうがよいでしょう。

3　労使協定の定め

フレックスタイム制を導入するための要件として、一定の事項を労使協定で定める必要がありますが、具体的には、次の6つです。

①　対象となる労働者の範囲
②　清算期間
③　清算期間における起算日
④　清算期間における総労働時間
⑤　標準となる1日の労働時間
⑥　コアタイム、フレキシブルタイムを設ける場合にはその開始および終了時刻

4　時間外労働協定について

フレックスタイム制を採用した場合、時間外労働は1日および1週間単位では判断せず、清算期間における法定労働時間の総枠を超えた時間となります。そのため、時間外労働に関する協定についても、1日の延長時間について協定する必要はなく、清算期間を通算しての延長時間および1年間の延長時間の協定をすれば足りることになります。

具体的には、「延長することができる時間」「1日」欄には、時間を明示せず「－」としておけば足ります。

02 フレックスタイム制②（3ヵ月）

参考条文

（フレックスタイム制）

第44条　労使協定によりフレックスタイム制を適用することとした従業員については、始業および終業時刻を当該従業員の自主的な決定に委ねるものとする。ただし、始業および終業時刻につき従業員の自主的決定に委ねる時間帯（フレキシブルタイム）、必ず勤務しなければならない時間帯（コアタイム）、休憩時間は次のとおりとする。

①　フレキシブルタイム
始業時刻　午前7時00分から午前10時00分まで
終業時刻　午後3時00分から午後7時00分まで

②　コアタイム
午前10時00分から午後3時00分まで

③　休憩時間
午後0時00分から午後1時00分まで

2　会社は、いつでも、フレックスタイム制の適用者について、フレックスタイム制の適用を中止することができる。

策定に当たっての留意点

1　改正法の概要

フレックスタイム制については、労基法の改正により、清算期間の上限が1ヵ月から3ヵ月に延長されました。これまでは、1ヵ月以内の清算期間における実労働時間が、あらかじめ定めた総労働時間を超過した場合には、超過した時間について割増賃金を支払う

労使協定例

フレックスタイム制に関する労使協定

（適用対象者）

第１条　○○部に所属する従業員に対しては、フレックスタイム制を適用する。

（清算期間）

第２条　労働時間の清算期間は、４月、７月、10月、１月の１日から翌々月末日までの３ヵ月間とする。

（総労働時間）

第３条　清算期間における総労働時間は、１日８時間に当該清算期間における所定労働日数を乗じて得られた時間数とする。

総労働時間＝８時間×３ヵ月の所定労働日数

（１日の標準労働時間）

第４条　１日の標準労働時間は８時間とする。

（コアタイム）

第５条　従業員が必ず勤務しなければならない時間帯は、午前10時～午後３時までとする。

（フレキシブルタイム）

第６条　始業時刻につき従業員の自主的決定に委ねる時間帯は、午前７時～午前10時とし、終業時刻につき従業員の自主的決定に委ねる時間帯は、午後３時～午後７時とする。

（労働時間の過不足の取扱い）

第７条　フレックスタイム制の対象となる従業員が清算期間における法定労働時間を超えて労働した場合は、時間外割増賃金を支払う。

2　フレックスタイム制の対象となる従業員が清算期間における総労働時間に不足したときは、不足した時間を次の清算期間に法定労働時間の範囲内で繰り越す。

（有効期間）

第8条　本協定の有効期間は令和○年○月○日から同年○月○日までの1年間とする。ただし、有効期間満了の1カ月前までに、当事者のいずれからも更新しない旨の申出がないときは、自動的に更新し、その後も同様とする。

令和○年○月○日

○○株式会社　代表取締役　○○○○㊞

過半数代表者　○○○○㊞

必要がありました。一方で、実労働時間が総労働時間に達しない場合には、①欠勤扱いとなり、賃金が控除されるか、②仕事を早く終わらせることができる場合でも、欠勤扱いとならないようにするため総労働時間に達するまでは労働しなければならないといった状況もありました。

清算期間を延長することによって、2ヵ月、3ヵ月といった期間の総労働時間の範囲内で労働者の都合に応じた労働時間の調整が可能となります。

2　繁忙月に偏った労働時間とすることはできない

清算期間が1ヵ月を超える場合には、①清算期間における総労働時間が法定労働時間の総枠を超えないこと（清算期間全体の労働時間が、週平均40時間を超えないこと）、に加え、②1ヵ月ごとの労働時間が、週平均50時間を超えないことを満たさなければならず、いずれかを超えた時間は時間外労働となります。

このため、月によって繁閑差が大きい場合にも、繁忙月に過度に偏った労働時間とすることはできないことになります。

3 要　件

1ヵ月以内の清算期間の場合と同様、就業規則等への制定、労使協定の策定は必要ですが、それに加えて、所轄の労働基準監督署長に労使協定の届出をする必要があります。

01 専門業務型裁量労働制

参考条文

（専門業務型裁量労働制）

第45条　専門業務型裁量労働制は、労使協定で定める対象労働者に適用する。

2　前項で適用する労働者（以下、「裁量労働適用者」という）が、所定労働日に勤務した場合には、第39条に定める就業時間にかかわらず、労使協定で定める時間労働したものとみなす。

3　裁量労働適用者の始業・終業時刻は、第39条で定める所定就業時刻を基本とするが、業務遂行の必要に応じ、裁量労働適用者の裁量により具体的な時間配分を決定する。

4　裁量労働適用者の休憩時間は、第48条の定めによるが、裁量労働適用者の裁量により時間変更できるものとする。

5　裁量労働適用者の休日は第50条で定めるところによる。

6　裁量労働適用者が、休日または深夜に労働する場合については、あらかじめ上長の許可を受けなければならない。

7　会社は、いつでも、裁量労働の適用者について、裁量労働の適用を中止することができる。

→参照規定　第39条（所定労働時間、126ページ）、第48条（休憩時間、161ページ）、第50条（休日、167ページ）

労使協定例

専門業務型裁量労働制に関する労使協定

（適用対象者）

第1条　本協定は、次の各号に掲げる従業員（以下、「裁量労働適用者」という）に適用する。

① ○○の業務に従事する従業員

② ○○の業務に従事する従業員

（専門業務型裁量労働制の原則）

第2条　裁量労働適用者の始業・終業時刻は、就業規則第39条の所定労働時間を基本とし、休憩時間についても、就業規則第48条の所定休憩時間を基本とする。ただし、会社は、裁量労働適用者に対して、業務遂行の手段および時間配分の決定等につき具体的な指示をしない。

（1日のみなし労働時間）

第3条　裁量労働適用者が所定労働日に勤務した場合は、就業規則第39条に定める就業時間にかかわらず、1日8時間労働したものとみなす。

（休日、深夜労働）

第4条　裁量労働適用者が休日労働または深夜労働を行う場合には、あらかじめ上長の許可を受けなければならない。

（健康と福祉の確保）

第5条　会社は、裁量労働適用者の健康と福祉を確保するために次の措置を講ずる。
① 在社時間の把握
② 2ヵ月に1回、上長による健康状態についてのヒアリング
2 会社は、前項の結果をとりまとめ、産業医に提出するとともに、産業医の指示があるときは、特別健康診断を実施する。
3 会社は、裁量労働適用者が精神・身体両面の健康に関する相談ができる相談室を人事部内に設置する。

（苦情の処理）

第6条 裁量労働適用者から苦情等があった場合には、次の手続きに従い、対応するものとする。相談を受けた者は、必要に応じ、実態調査を行い、関係部門に報告する。
① 裁量労働相談室を総務部内に設置し、毎週水曜日の10時から17時まで相談を受け付ける。
② 裁量労働相談室で取り扱う苦情は、裁量労働制の運用に関する全般の事項、裁量労働適用者に適用されている評価制度、賃金制度等の処遇一般とする。

（裁量労働適用の中止）

第7条 会社は、必要に応じ、裁量労働適用者について、専門業務型裁量労働制の適用を中止することができる。

（勤務状況等の保存）

第8条 会社は、裁量労働適用者の勤務状況、裁量労働適用者の健康と福祉を確保するために講じた措置、裁量労働適用者からの苦情について講じた措置の記録を、本協

定の有効期間の始期から有効期間満了後３年間を経過するときまで保存する。

（有効期間）
第９条　本協定の有効期間は、令和○年○月○日から同○年○月○日までの３年間とする。

令和○年○月○日
○○株式会社　代表取締役　○○○○㊞
過半数代表者　○○○○㊞

策定に当たっての留意点

1　意　義

専門業務型裁量労働制は、業務の性質上、業務遂行の手段や方法、時間配分等を大幅に労働者の裁量に委ねる必要がある業務として、法令等により定められた19業務の中から、対象となる業務を労使協定で定め、労働者を実際にその業務に就かせた場合、労使協定であらかじめ定めた時間を労働したものとみなす制度です（労基法38条の３）。

2　就業規則で定めるべき事項

まず、当然のことですが、①就業規則において、専門業務型裁量労働制をとることがある旨を定めておく必要があります。

そして、上述のとおり、専門業務型裁量労働制は、始業・終業時刻の定めの例外であることから、勤務した場合には、実際の時間はともかくとして、②労使協定で定める時間労働したものとみなす旨の規定も必要です。

また、専門業務型裁量労働制では、始業・終業時刻というものはないことになりますが、だからといって他の労働者とは全く異なる時間に出勤してよいということにすると、他の労働者が不平・不満等を持つ可能性もあること等から、③「始業・終業時刻は、第○条で定める所定就業時刻を基本とするが」という文言を入れておいたほうがよいと考えます。始終業時刻がないことから、休憩時間についても裁量で時間変更をできる旨も定めています。

専門業務型裁量労働であっても、休日については、他の従業員と同様に適用されることから、他の従業員と同じであることを念のため定めたほうがよいでしょう。

また、専門業務型裁量労働であっても、休日に労働した場合は休日労働、深夜に労働した場合は深夜労働となり割増賃金の対象となりますので、企業としては、裁量労働適用対象者が自由に休日、深夜に勤務できるとするのではなく、休日、深夜の勤務についてはあらかじめの上長の許可が必要である旨を定め、従業員に周知しておく必要があると考えます。

加えて、会社として、裁量労働適用者について、いつでも裁量労働制の適用を中止できる旨の定めをいれておいたほうがよいでしょう。

3　労使協定で定めるべき事項

専門業務型裁量労働制を導入するに当たっては、次ページに掲げる事項について労使協定で定めることが必要となります。

必要事項のうち、健康・福祉を確保するための措置であるとか、苦情処理については、厚生労働省等の雛形を使うのではなく、会社として実際に実施できることを定める必要があると考えます。

① 対象業務
② １日のみなし労働時間
③ 対象業務を遂行する手段および時間配分の決定等に関し、対象業務に従事する労働者に具体的な指示をしないこと
④ 対象業務に従事する労働者の労働時間の状況の把握方法と把握した労働時間の状況に応じて実施する健康・福祉を確保するための措置の具体的内容
⑤ 対象業務に従事する労働者からの苦情の処理のため実施する措置の具体的内容
⑥ 有効期間（３年以内が望ましい）
⑦ 上記④および⑤に関し、把握した労働時間の状況と講じた健康・福祉確保措置および苦情処理措置の記録を協定の有効期間中およびその期間の満了後３年間保存すること

02 企画業務型裁量労働制

参考条文

（企画業務型裁量労働制）

第46条　企画業務型裁量労働制は、本社事業場労使委員会の決議（以下、「決議」という）で定める対象労働者であって決議で定める同意を得た者（以下、「裁量労働従事者」という）に適用する。

2　前項の同意は、書面により行うものとする。

3　裁量労働従事者が、所定労働日に勤務した場合には、第39条に定める就業時間にかかわらず、決議で定める時間労働したものとみなす。

4　裁量労働従事者の始業・終業時刻は、第39条で定める所定就業時刻を基本とするが、業務遂行の必要に応じ、裁量労働従事者の裁量により具体的な時間配分を決定する。

5　裁量労働従事者の休憩時間は、第48条の定めによるが、裁量労働従事者の裁量により時間変更できるものとする。

6　裁量労働従事者の休日は第50条で定めるところによる。

7　裁量労働従事者が、休日または深夜に労働する場合については、あらかじめ上長の許可を受けなければならない。

8　会社は、いつでも、裁量労働従事者について、裁量労働の適用を中止することができる。

→ 参照規定　第39条（所定労働時間、126ページ）、第48条（休憩時間、161ページ）、第50条（休日、167ページ）

策定に当たっての留意点

1　意　　義

企画業務型裁量労働制は、事業の運営に関する事項についての企画、立案、調査および分析の業務であって、業務の性質上、業務遂行の手段や方法、時間配分等を大幅に労働者の裁量に委ねる必要がある業務に従業員を従事させる場合に、労使委員会の決議によりあらかじめ定めた時間働いたものとみなす制度です（労基法38条の4第1項)。

2　就業規則で定めるべき事項

まず、当然のことですが、就業規則において、企画業務型裁量労働制をとることがある旨を定めておく必要があります。

そして、上述のとおり、企画業務型裁量労働制は、始業・終業時刻の定めの例外であることから、勤務した場合には、実際の時間はともかくとして、労使委員会の決議で定める時間労働したものとみなす旨の規定も必要です。

また、企画業務型裁量労働制では、始業・終業時刻というものはないことになりますが、だからと言って、他の労働者とは全く異なる時間に出勤してよいということにすると、他の労働者が不平・不満等を持つ可能性もあること等から、「始業・終業時刻は、第○条で定める所定就業時刻を基本とするが」という文言を入れておいたほうがよいと考えます。始終業時刻がないことから、休憩時間についても裁量で時間変更をできる旨も定めています。

企画業務型裁量労働であっても、休日については、他の従業員と同様に適用されることから、他の従業員と同じであることを念のため定めたほうがよいでしょう。

また、企画業務型裁量労働であっても、休日に労働した場合は休日労働、深夜に労働した場合は深夜労働となり割増賃金の対象となりますので、企業としては、裁量労働従事者が自由に休日、深夜に勤務できるとするのではなく、休日、深夜の勤務についてはあらかじめ上長の許可が必要である旨を定め、従業員に周知しておく必要があると考えます。

加えて、会社として、裁量労働従事者について、いつでも裁量労働制の適用を中止できる旨の定めをいれておいたほうがよいでしょう。

3　労使委員会で決議すべき事項

企画業務型裁量労働制を導入するに当たっては、企業は、対象業務の存する事業場において、労使委員会を設置し、その決議により、対象業務、対象となり得る従業員の範囲、みなし労働時間等、一定の事項に関して決議をし、その決議書を所定の様式により、労働基準監督署長に届け出る必要があります（労基法38条の4第1項、労基則24の2の3第1項）。

具体的には、以下の事項を決議する必要があります。

①　対象業務
②　対象となり得る従業員の範囲
③　１日のみなし労働時間
④　健康・福祉確保措置
⑤　苦情処理措置
⑥　①の業務に就かせたときは③の時間労働したものとみなすことにつき対象となる従業員の同意を得なければならないこと
⑦　同意をしなかった従業員に対し、解雇その他の不利益な取扱いをしてはならないこと
⑧　決議の有効期間
⑨　会社が、次の事項に関する従業員ごとの記録を決議の有効期間中と有効期間満了後３年間保存すること
ア　対象従業員の労働時間の状況
イ　健康・福祉確保措置として講じた措置
ウ　対象従業員からの苦情の処理に関する措置として講じた措置
エ　対象従業員の同意

01 事業場外労働

参考条文

（事業場外労働）

第47条　従業員が、労働時間の全部または一部について、事業場外で労働した場合において、労働時間を算定することが困難であるときは、所定労働時間労働したものとみなす。

2　前項の事業場外の労働が、通常、所定労働時間を超える場合には、通常必要とされる時間、労働したものとみなす。

3　前項に定める「通常必要とされる時間」について、労使協定を締結したときは、労使協定で定めた時間労働したものとみなす。

策定に当たっての留意点

1　意　　義

「事業場外労働のみなし労働時間制」とは、労働者が業務の全部または一部を事業場外で従事し、使用者の指揮監督が及ばないために、当該業務に係る労働時間の算定が困難な場合に、使用者のその労働時間に係る算定義務を免除し、その事業場外労働については所定労働時間、労働したとみなし、その業務を遂行するためには通常所定労働時間を超えて労働することが必要となる場合においては、当該業務に関しては、当該業務の遂行に通常必要とされる時間労働したものとみなす制度です。

例えば、外勤の営業社員など、常態として事業場外で勤務したり、出張など臨時に事業場外で勤務することによって労働時間の算定が

労使協定例

事業場外労働に関する労使協定

（適用対象者）

第１条　本協定は、営業部に所属する従業員で、主として事業場外において営業業務に従事する者に適用する。

（みなし労働時間）

第２条　前条の従業員が、１日の労働時間の全部を事業場外で勤務し、労働時間を算定することが困難であるときは、所定労働時間労働したものとみなす。

２　前条の従業員が、１日の労働時間の一部を事業場外で業務に従事し、労働時間を算定することが困難であるときは、事業場外での業務遂行に「通常必要とされる時間」は、１日４時間とする。

（有効期間）

第３条　本協定の有効期間は、令和○年１月１日から同年12月31日までの１年間とする。ただし、期間満了の１ヵ月前までに会社または従業員代表のいずれからも改訂の申出がない場合は、１年ごとに自動更新とする。

令和○年○月○日
○○株式会社　　代表取締役　　○○○○㊞
　　　　　　　　過半数代表者　○○○○㊞

困難となる場合に利用されています。

2　就業規則での規定事項

事業場外労働のみなし労働時間制を導入するためには、それが労働契約の内容となっていなければならないことから、本制度を導入していることを就業規則に明記する必要があります。そのため、就業規則で「従業員が、労働時間の全部または一部について、事業場外で労働した場合において、労働時間を算定することが困難であるときは、所定労働時間労働したものとみなす」という趣旨の規定を定めておく必要があります。

また、事業場外での業務を遂行するために通常、所定労働時間を超えて労働することが必要となる場合には、労使協定で定めた「当該業務の遂行に通常必要とされる時間」を労働したものとみなすとすることができるので、「事業場外の労働が通常、所定労働時間を超える場合には、通常必要とされる時間、労働したものとみなす」、そして、「通常必要とされる時間」について労使協定を締結したときは、労使協定で定める時間労働したものとみなす」という定めもしておく必要があります。

3　労使協定での規定事項

上述のとおり、事業場外の業務であって、労働時間の算定が困難であり、通常所定労働時間を超えて労働することが必要である場合には、通常必要とされる時間を労使協定で定めることになります。労使協定での締結事項は、①対象とする業務、②みなし労働時間、③有効期間となります。

労使協定を締結するに当たって留意すべき点は、②のみなし労働時間となりますが、労働時間の全部を事業場外で勤務した場合と労働時間の一部を事業場外で勤務した場合とを場合を分けていない例があります。

例えば、「１日の労働時間の全部または一部を事業場外で業務に従事し、労働時間を算定することが困難であるときは、事業場外での業務遂行に「通常必要とされる時間は、１日９時間とする」という趣旨の定めを見ることがありますが、労働時間の全部を事業場外での業務に従事する場合にはこの定めでも特段問題は生じませんが､労働時間の一部について事業場外での業務に従事する場合には、労働時間が９時間と事業場内で勤務した時間の合計となってしまいます。

したがって、みなし労働時間を定めるに当たっては、労働時間の全部を事業場外で勤務した場合と労働時間の一部を事業場外で勤務した場合とで明確に分けて定めておく必要があると考えます。

なお、みなし時間が８時間を超える場合には、労使協定を所定の様式により労働基準監督署長に届け出る必要がある点、見落としがちですので、注意が必要です（労基法38条の２第３項、労基則24条の２第３項・第４項）。

01 休憩時間

参考条文

〈休憩時刻を特定する場合〉

（休憩時間）

第48条　休憩時間は正午から午後1時00分とする。

2　休憩時間は一斉に付与する。ただし、労使協定に定めるところにより交替制とすることがある。

3　業務の都合、その他やむを得ない事情により、会社は、休憩時間を繰り上げ、または繰り下げることがある。

〈休憩時刻を特定しない場合〉

（休憩時間）

第48条　休憩時間は1時間とし、労働時間の中途に与える。

2　休憩時間は一斉に付与する。ただし、労使協定に定めるところにより交替制とすることがある。

3　業務の都合、その他やむを得ない事情により、会社は、指定した休憩時間を繰り上げ、または繰り下げることがある。

策定に当たっての留意点

1　規定の必要性

就業規則では、1日の「休憩時間」を定めなければならないとされています（労基法89条1号）。

多くの会社では、休憩時間は、「正午から午後1時00分まで」であったり、「午前11時30分から午後0時30分まで」のように

労使協定例

休憩時間に関する労使協定例

第1条　以下の部門に所属する従業員については、交替で休憩時間を与える。

コールセンター部門
受付部門

第2条　コールセンター部門の休憩時間は次のとおりとする。

Aチーム　午前11時30分～午後0時30分
Bチーム　午後　0時00分～午後1時00分
Cチーム　午後　0時30分～午後1時30分

2　受付部門の休憩時間は次のとおりとする。

Aチーム　午前11時30分～午後0時30分
Bチーム　午後　0時00分～午後1時00分
Cチーム　午後　0時30分～午後1時30分

令和○年○月○日
○○株式会社　　代表取締役　　○○○○㊞
　　　　　　　　過半数代表者　○○○○㊞

休憩時間が特定されているかと思います。

もっとも、業種や業態によっては、休憩時間を特定できない企業もあるかと思います。このような企業の場合、休憩時刻を就業規則に定めなければならないのかという問題がありますが、労基法89条1号は、労働時間については、「始業及び終業の時刻」を記載すべきとしておりますが、休憩時間については、単に「休憩時間」を記載すべき（休憩時刻となっていない）としておりますので、休憩時刻を就業規則で特定しなくてもよいと解されます。ただ、休憩時間の長さ、休憩時間の与え方は就業規則に定める必要があると行政当局は考えていることから（厚生労働省労働基準局編「平成22年版 労働基準法（下）」897頁）、休憩時間の長さ（例えば、1時間）、休憩時間の与え方（労働時間の中途に与える）は記載しておいたほうが無難でしょう。

2　休憩時刻の繰上げ・繰下げ

上記のとおり、多くの会社では就業規則で休憩時刻が特定されていますが、その場合、特定された休憩時刻が労働契約の内容となっています。

したがって、会社が一方的な命令として、休憩時刻を変更できるための根拠規定として、休憩時刻の繰上げ、繰下げの定めを置いておく必要があります。仮に、これがない場合には、休憩時刻の繰上げ、繰下げを一方的に行うことができず、従業員の同意が必要となります。

なお、休憩時刻を特定していない企業の場合には、その都度、休憩時刻を定めることになりますが、一度定めた休憩時刻を変更する際には、やはり根拠規定が必要なので、繰上げ、繰下げの定めを置いておく必要があります。

3　休憩時間の一斉付与

休憩時間については、労基法34条2項本文により、一斉に付与することが定められています。ただし、例外として、⑴適用除外事業（事業の種類によってはそもそも休憩時間の一斉付与の規制をしない）である場合、⑵労使協定を締結した場合には、一斉付与をしなくてもよいとなっています。

⑴の適用除外事業としては、①道路、鉄道、軌道、索道、船舶または航空機による旅客または貨物の運送の事業、②物品の販売、配

給、保管もしくは賃貸または理容の事業、③金融、保険、媒介、周旋、集金、案内または広告の事業、④映画の製作または映写、演劇その他興行の事業、⑤郵便、信書便または電気通信の事業、⑥病者または虚弱者の治療、看護その他保健衛生の事業、⑦旅館、料理店、飲食店、接客業または娯楽場の事業、⑧官公署の事業があります（労基法 40 条、労基則 31 条）。

⑵の適用除外としては、労使協定に、①一斉に休憩を与えない従業員の範囲、②当該従業員に対する休憩の与え方について、定める必要があります（労基則 15 条）。

02 勤務間インターバル

参考条文

（勤務間インターバル）

第49条　会社は、労働者ごとに1日の勤務終了後、次の勤務開始までに少なくとも、○時間の継続した休息時間を与える。ただし、災害その他避けることができない場合は、この限りではない。

2　前項の休息時間の満了時刻が、次の勤務の所定始業時刻以降に及ぶ場合、翌日の始業時刻は、前項の休息時間の満了時刻後最初に到来する「○時00分」まで繰り下げ、終業時刻も同様に繰り下げる。

策定に当たっての留意点

1　勤務間インターバルの概要

勤務間インターバルとは、前日の終業時刻と翌日の始業時刻の間に、一定時間の休息を設定する制度であり、労働者の生活時間や睡眠時間を確保し、健康な生活を送るために重要な制度であるとされています。

この勤務間インターバルについては、「ニッポン一億総活躍プラン」（平成28年6月2日閣議決定）では、「自発的導入を促進するため、専門的な知識やノウハウを活用した助言・指導、こうした制度を積極的に導入しようとする企業に対する新たな支援策を展開する」とされ、「働き方改革実行計画」（平成29年3月28日働き方改革実現会議決定）では、「労働時間等の設定の改善に関する特別措置法を改正し、事業者は、前日の終業時刻と翌日の始業時刻の間に一定時間の休息の確保に努めなければならない旨の努力義務を課し、制度の普及促進に向けて、政府は労使関係者を含む有識者検討会を立ち上げる。また、政府は、同制度を導入する中小企業への助成金の活用や好事例の周知を通じて、取り組みを推進する」とされ、働き方改革関連法（労働時間等設定改善法２条）では、事業主は、勤務間インターバル制度の導入に努めることとされました。

2　制度設計

勤務間インターバルを設計するに当たっては、休息時間が次の勤務時間に及ぶ場合の勤務時間の取扱いが問題となります。制度設計の方向性としては、次の２つの方法があります。

①　休息時間と次の所定労働時間が重複する部分を働いたものとみなす方法

②　次の始業時刻を繰り下げる方法

②の中では、（ア）当日の終業時刻も繰り下げる方法、（イ）終業時刻はそのままとして勤務時間が短くなった場合でも給与支払い対象とする方法、（ウ）フレックスタイム制が適用されている労働者においては労働時間を調整する方法などがありますが、あまり体力のない中小企業からすると、②（ア）が現実的かと思います。

また、年末年始や業務の緊急性など特別な事情が生じた場合などを適用除外として運用することも可能です。

01 休　日

参考条文

（休日）

第 50 条　休日は次のとおりとする。

① 土曜日、日曜日
② 国民の祝日・休日
③ その他会社が定める日

2　毎週の休日のうち休日労働のない最後の日または全ての休日を労働した場合の最後の労働した日を法定休日とする。

策定に当たっての留意点

1 「休日」と「休暇」の違い

基本的なことですが、休日と休暇の違いについて誤解が見られるケースがままあります。

「休日」とは、労働契約において「労働義務がないとされている日」をいい、「休暇」は、労働契約において「労働義務があるものの個々に免除を得ている日」をいいます。つまり、本来、労働義務がある日なのかどうかが異なります。

2 休日の原則

労基法は、毎週少なくとも１回の休日を与えなければならないとし（週休制）、例外的に、４週間を通じ４日以上の休日を与えることでもよい（変形週休制）としています。週休制における「毎週」とは、労働契約や就業規則に定めがなければ日曜日から土曜日までの暦週を指します（昭和63年1月1日基発1号）。

3　休日の特定

上記のとおり、労基法は、毎週少なくとも1回の休日を与えること、あるいは4週間を通じ4日以上の休日を与えることを求めているだけで、就業規則で休日を特定することまでは要求していません。ただ、休日がいつになるかは従業員にとって生活設計上、重要な問題であることから、休日を特定しておくことが望ましいとされています（昭和23年5月5日基発682号）。実際、多くの企業が休日を特定しています。

そして、多くの企業では、土曜日、日曜日を休日と定めていると思いますが、これら休日のうち、どれが法定休日で、どれが法定外休日なのか、それを特定する必要があるかという問題が出てきます。

労基法上、法定休日に労働させた場合には3割5分以上の割増賃金を支払う必要がありますが、法定外休日に労働させた場合には割増賃金を支払う必要は必ずしもありません（もちろん、法定外休日に労働した結果、1週40時間を超える労働をした場合には2割5分以上の割増賃金を支払う必要がある）。法定外休日に労働させた場合に、法定休日に労働させたのと同様、3割5分以上の割増賃金を支払うということであれば、法定休日と法定外休日を区別する必要はあまりありませんが、法定外休日に労働させた場合に割増賃金を支払わない、あるいは2割5分の割増賃金を支払うなどとしている場合には、どれが法定外休日で、どれが法定休日なのかを区別して定めておく必要があります。

この点の定め方については大きく2つに分かれ、①日曜日を法定休日と定めてしまう例と②日曜日と土曜日のどちらかの休日に労働しても、その日を法定休日とはしないで、残った休日を法定休日とし、両方労働した場合には最後に労働した日を法定休日とする例があるかと思います。

①の場合には、日曜日に労働した場合には法定休日に労働させた

として３割５分以上の割増賃金を支払うことになり、土曜日に労働をした場合には法定外休日に労働をさせたとして週40時間を超える場合には２割５分以上の割増賃金を支払うことになります。

②の場合には、日曜日に労働したとしても、それは法定外休日と取り扱い、その週の土曜日を法定休日とするということになり、逆に、日曜日に労働せずに土曜日に労働をした場合には、日曜日を法定休日と取り扱い、土曜日を法定外休日と取り扱うということになります。また、日曜日と土曜日の両方、労働させた場合には、日曜日は法定外休日、土曜日は法定休日と取り扱うことになります。

なお、土曜日と日曜日を休日とする場合に、週の起算日を月曜日と考えて月曜日から１週間をカウントしてしまうという誤解（土曜日と日曜日が休日と考えてしまうが、厳密には、日曜日と土曜日が休日と考えるのが正しい）が多いので、注意が必要です。上述のとおり、週休制における「毎週」とは、労働契約や就業規則に定めがなければ日曜日から土曜日までの暦週を指します（昭和63年１月１日基発１号）ので、週の起算日を月曜日とするのであれば、その旨を就業規則に明記しておく必要があります。

02 休日の振替

参考条文

（休日の振替）

第51条　会社は、業務の都合などやむを得ない事由のある場合、第50条の休日を他の日に振り替えることができる。

→参照規定　第50条（休日、167ページ）

策定に当たっての留意点

1　休日振替を規定する必要性

「休日の振替」とは、事前に、労働契約上特定されている休日を労働日に変更して、労働義務を負わせるということですので、企業がそのような変更を一方的に行うには、労働契約上の根拠が必要となります。

したがって、企業が一方的に休日振替を行うためには、就業規則などにおいて、休日を他の日に振り替えることができる旨の定めを置く必要があります。

行政解釈も、「就業規則において休日を特定したとしても、別に休日の振替を必要とする場合、休日を振り替えることができる旨の規定を設け、これによって休日を振り替える前にあらかじめ振り替えるべき日を特定して振り替えた場合は、当該休日は労働日となり、休日に労働させることにならない」としています（昭和23年4月19日基収1397号）。

仮に、就業規則に休日振替の定めがない場合には、企業は従業員の同意を得なければ休日の振替は行えないということになります。

2　休日振替の要件および規定の仕方

休日振替の要件は、①休日の振替を行う業務上の必要性があり、就業規則等において、休日振替を行うことができる旨の定めがあること、②休日を振り替える前にあらかじめ振り替えるべき日を特定し、休日振替によっても法定休日が確保されていることとなります。

まず、休日の振替を就業規則に定める際に注意しておかなければならないことは、休日の振替を行う場合がどのような場合なのかを明示しておく必要があるという点です。企業として、休日振替を行わなければならない事由は１つあるいはいくつかに限られるものではないと思います。したがって、休日振替を行う事由としては、「業務の都合などやむを得ない事由のある場合」などと、やや抽象的に定めておくべきでしょう。

次に、行政解釈上、休日振替の手続きについて、「就業規則等においてできる限り、休日振替の具体的事由と振り替えるべき日を規定することが望ましい」「振り替えるべき日については、振り替えられた日以降できる限り近接している日が望ましい」としておりますが（昭和23年７月５日基発968号）、あくまで望ましいというものであり、休日振替の手続き等を必ずしも就業規則に定めなければならないというものではありません。

したがって、「休日を振り替える場合、あらかじめ振り替える日を指定して従業員に通知するものとし、指定に当たっては法定休日が確保されるように行うものとする」などと手続き等についても定めている就業規則もありますが、必ずしもこれらを定めなくてもよい（定めなかったからといって、これに反する休日振替ができることになるものでもない）と考えます。

03 代　休

参考条文

（代休）

第52条　会社は、従業員が休日に8時間以上、労働した場合には、当該日から1ヵ月以内に代休を与えることがある。

2　前項の代休は無給とする。

策定に当たっての留意点

1　「代休」と「休日振替」の違い

実務上、代休と休日振替について誤解をしている例が散見されますが、両者は全くその性質が異なります。

「代休」とは、休日労働をした場合にそれに対する代償として与えられる一種の休暇（労働義務を免除）であり、「休日振替」とは、事前に休日を他の日に振り替える（休日であった日を労働日にする）ものです。したがって、代休の場合には、労働した休日については、それが法定休日であれば休日労働の割増賃金を支払う必要がありますが、休日振替の場合には、本来休日であった日が労働日となるので、その日に労働したとしても休日労働の割増賃金を支払う必要はありません。

2　代休を定める必要性

法律上、休日に労働をした場合には、それが法定休日であれば休日労働の割増賃金（3割5分以上）を支払わなければならないという規制があるだけで、代休を与えなければならないという規制はありません。

したがって、実務上、代休を定めない企業も多くありますが、後述のように代休を無給とすることによって、事実上、賃金清算を行うことができること等から、代休を定める企業もあります。ただ、個人的な見解としては、とりわけ中小企業において、代休を定める必要性は少ないのではないかと考えています。

3　無給であることを明示する

上述のとおり、代休とは、企業が労働者に対して労働日の労働義務を免除する一種の休暇であることから、代休日の賃金は当然に無給となるものではありません。したがって、代休については無給である旨を明示しておく必要があります。この点、代休を無給にする旨の定めを置かずに無給の取扱いをしている企業も散見されるので、注意が必要です。

4　代休付与の要件、方法について

代休を付与する場合は、休日に労働した場合ということになりますが、休日に１、２時間程度、勤務をする必要が生じるということもよくあることだと思います。しかし、就業規則で、単に「従業員が、休日に労働した場合」に代休を付与するとしてしまうと、このような短時間の休日労働をした場合でも代休を付与しなければならないということになります。したがって、休日に何時間以上働いた場合に代休を付与するということを記載しておく必要があります。

また、代休を付与する方法については、従業員が休日労働をした場合には必ず付与する、あるいは、従業員の請求があった場合には付与するという方法を定めることもありますが、企業が代休を付与するかどうかのイニシアティブを持っておきたいということであれば、参考例のように、「会社は代休を与えることがある」という定めにしておくべきでしょう。

01 時間外および休日労働

参考条文

（時間外および休日労働）

第53条　会社は、業務上の都合により第39条の所定労働時間を超え、または第50条の休日に労働させることがある。ただし、会社は、法定労働時間を超える労働または法定休日における労働をさせる場合は、労働基準法第36条の定める労使協定の範囲内で、時間外、休日労働を命じる。

2　従業員が、時間外労働、休日労働および深夜労働を行う場合には、あらかじめ上長の許可を受けなければならない。

→参照規定　第39条（所定労働時間、126ページ）、第50条（休日、167ページ）

策定に当たっての留意点

1　規定の必要性

労働契約上、従業員には所定労働時間、労働する義務が課せられていますが、繁忙等を理由として、企業が従業員に対して所定労働時間を超えて労働させる必要が生じることがあるのは、周知のとおりです。

したがって、企業が従業員に対して、一方的に、所定労働時間を超えて、あるいは所定労働日以外にも、労働させるためには、就業規則あるいは労働契約においてその根拠が必要となり、時間外勤務命令、休日勤務命令について就業規則で定める必要があります。

2 「法定」ではなく「所定」にする

まず、当然のことですが、「会社は、業務上の都合により第○条の所定労働時間を超え、または第○条の休日に労働させることがある」という定めをさせる必要があります。

ここで留意してほしいのは、「法定労働時間」、「法定休日」という表現を使用していない点です。例えば、所定労働時間が7時間30分、法定休日が日曜日の場合を考えてみると、「法定労働時間を超え」とか「法定休日に」としてしまうと、所定労働時間と法定労働時間の差の30分の間、また法定外休日には労働義務を課することができなくなってしまいます。あくまで労働契約上、従業員が負っている労働義務は、「所定労働時間」「所定労働日」ですので、それを超える部分について労働義務を課するためには、「所定労働時間」を超えて、また「休日」とする必要があります。

そして、労基法36条は、企業が、一方的に、法定労働時間を超えて、または法定休日に労働させるためには、労使協定が必要であり、労使協定の範囲内での命令ができるとしていることから、但書として、「会社は、法定労働時間を超える労働または法定休日における労働をさせる場合は、労働基準法第36条の定める労使協定の範囲内で、時間外、休日労働を命じる」としています。

3 時間外労働および休日労働に当たってはあらかじめ上長の許可を得る旨の定め

昨今では、未払残業代を請求する事件が増えています。1つの類型として、従業員が上長の明示的な許可を得ずに、勝手に所定労働時間を超えて労働をし、後日、未払い残業代を請求するというものがあります。

このような場合に、企業としては、時間外労働あるいは休日労働を許可した覚えはなく、従業員が勝手に働いていたのだから対価を払う必要はないと言いたくもなります。しかし、多くの事例では、上長が、時間外労働や休日労働を黙認していたと評価され、対価を支払うように命じられているのが実態です。

それを防ぐための第一歩として、就業規則において、時間外労働や休日労働をするに当たっては、「あらかじめ」、上長の許可が必要である旨を定めたり、残業・休日労働の申請書を作成したりするということが行われます。

もっとも、これはあくまで防止の「第一歩」であり、従業員の勝手な残業を防ぐためには、運用としても、上長が事前に許可を行う（従業員が日々、残業申請を行うのではなく、月末に１ヵ月分まとめて残業申請書を記入し、上長がそれを容認し、１ヵ月分まとめて事後に承認しているという例が多い）、従業員が勝手に残業した場合には都度注意をする等、徹底させなければならないことを肝に銘じておく必要があります。

4　時間外労働の上限規制

働き方改革関連法による改正の目玉の１つが、時間外労働の上限規制（労基法36条）です。これは、長時間労働を是正するためのものであり、その概要としては、①時間外労働（休日労働は含まない）の上限は、原則として月45時間・年360時間となり、臨時的な特別の事情がなければ、これを超えることはできないことになること、②臨時的な特別な事情があって労使が合意する場合でも、時間外労働は年間720時間以内、時間外労働＋休日労働は月100時間未満、かつ、２～６ヵ月平均80時間以内とする必要があること、③時間外労働が月45時間を超えることができるのは年６回まで、④大企業への施行は平成31年４月１日であるが、中小企業への適用は令和２年４月であるという点にあります。

この時間外労働の上限規制によって、36協定の書式に変更がありますが、就業規則に関していうと、時間外労働の上限規制によって何か規定内容を変更しなければならないというものではありません。

01 労働時間の適用除外

参考条文

（労働時間の適用除外）

第54条　この章に規定する労働時間、休憩および休日に関する定めは、管理監督の地位にある者、機密の業務を取り扱う者および監視または断続的業務に従事する者で行政官庁の許可を受けた者には適用しない。

策定に当たっての留意点

1　規定の必要性

労基法41条は、法定労働時間、休憩、休日に関する規制の適用除外者として、①農林、水産事業の労働者、②管理監督の地位にある者または機密の事務を取り扱う者、③監視または断続的労働の従事者で行政官庁の許可を受けた者を定めています。

したがって、管理監督者については、労働時間、休憩、休日の規制がありませんので、時間外労働、休日労働というものが観念できないということになり、もちろん、時間外割増賃金、休日割増賃金の支払義務もありません。

企業として、一部管理者について、管理監督者として労働時間、休憩および休日の規制を外すというのであれば、就業規則にその旨を定めておく必要があります。

2　留 意 点

企業の多くは、役職を定め、「課長」「部長」「本部長」などを管理監督者として、労働時間の規制の対象とならない者として取り扱っているものと思われますが、法律の定める管理監督者の範囲は極めて狭く、就業規則に労働時間の適用除外として管理監督者を定めたとしても、それだけで例えば課長が管理監督者に該当するから残業代が不要になるというものではありません。あくまでこの点も実態で判断される点に留意してください。

なお、まれに誤解がみられるのですが、管理監督者であっても、深夜労働の割増賃金の支払義務はある点についてはご留意ください。

また、安衛法の改正によって、管理監督者であっても、労働時間の状況を把握しなければなりません(66条の8の3。120ページ)。

02 高度プロフェッショナル制度

参考条文

（高度プロフェッショナル制度）

第55条　会社は、高度プロフェッショナル制度を、労使委員会の決議（以下、「決議」という）で定める対象労働者であって、決議で定める同意を得た者（以下、「高プロ従事者」という）に適用する。

2　前項の同意は、決議の有効期間ごとに個々の労働者から高度プロフェッショナル制度の適用を受けることに関する同意書に署名を得る方法によるものとする。

3　高プロ従事者は、第39条の所定労働時間、第48条の休憩時間の規定の適用はなく、自らの裁量により勤務時間帯、時間配分等を決定する。なお、会社が高プロ従事者の健康管理を行うため、高プロ従事者が事業場内にいた時間と事業場外において労働した時間との合計の時間（以下、「健康管理時間」という）を把握する措置を講ずることから、高プロ従事者は当該健康管理時間把握に協力しなければならない。

4　会社は、高プロ従事者に対して、第50条の休日の規定にかかわらず、休日を年間104日以上、かつ4週を通じ4日以上与える。

5　前項の休日の起算日は、高度プロフェッショナル制度の適用開始日とする。

6　第4項の休日の指定は、高プロ従事者が自ら行うものとし、あらかじめ年間の休日の取得予定を決定し、使用者に通知する。

7　使用者は、高プロ従事者に対し、労使委員会が対象業務ごとに決議した措置に応じて、次のいずれかの措置を実施する。

①　始業から24時間を経過するまでに11時間以上の休息時間の確保および深夜時間帯に労働させる回数を1ヵ月4回以内にすること

②　高プロ従事者の1週間当たりの健康管理時間が40時間を超えた場合におけるその超えた時間の上限として、1ヵ月について100時間以内または3ヵ月について240時間以内にすること

③　1年間に1回以上の連続2週間の休暇を付与すること。ただし、対象労働者が請求した場合は、1年間で2回以上の連続1週間の休暇を付与することに代えることができる。

④　高プロ従事者について1週間当たり40時間を超えた健康管理時間が1ヵ月当たり80時間を超えた場合または高プロ従事者からの申出により臨時の健康診断を実施すること

8　高プロ従事者が時間外、休日および深夜に業務を行った場合の割増賃金については、賃金規程第15条の時間外業務手当等の規定を適用しない。

策定に当たっての留意点

1　高度プロフェッショナル制度の概要

高度プロフェッショナル制度は、高度の専門的知識等を有し、職務の範囲が明確で一定の年収要件を満たす労働者を対象として、労使委員会の決議および労働者本人の同意を前提として、年間104

日以上の休日確保や健康管理時間の状況に応じた健康・福祉確保措置等を講ずることにより、労基法に定められた労働時間、休憩、休日および深夜の割増賃金に関する規定を適用しない制度です。

具体的な対象業務は、次の５つの業務とされています。

① 金融工学等の知識を用いて行う金融商品の開発の業務

② 資産運用の業務または有価証券の売買その他の取引の業務のうち、投資判断に基づく資産運用の業務、投資判断に基づく資産運用として行う有価証券の売買その他の取引の業務または投資判断に基づき自己の計算において行う有価証券の売買その他の取引の業務

③ 有価証券市場における相場等の動向または有価証券の価値等の分析、評価またはこれに基づく投資に関する助言の業務

④ 顧客の事業の運営に関する重要な事項についての調査または分析およびこれに基づく当該事項に関する考案または助言の業務

⑤ 新たな技術、商品または役務の研究開発の業務

また、対象労働者は、使用者との合意に基づいて職務が明確に定められていること、年収1,075万円以上である必要があります。

そのほかにも、健康管理時間の把握、休日の確保、従業員の書面での同意等も要件とされています。

2 労使委員会の決議の届出

高度プロフェッショナル制度を導入するためには、労使委員会の決議を所定の様式により所轄の労働基準監督署長に届け出る必要があります。

01 年次有給休暇

参考条文①

（年次有給休暇）

第56条　会社は、雇入れの日から6ヵ月間継続勤務し、全労働日の8割以上出勤した従業員に対して、10日の年次有給休暇を与える。

その後1年間継続勤務するごとに、当該1年間において全労働日の8割以上出勤した従業員に対しては、以下に基づき勤続期間に応じた日数の年次有給休暇を与える。

勤続期間	1年 6ヵ月	2年 6ヵ月	3年 6ヵ月	4年 6ヵ月	5年 6ヵ月	6年 6ヵ月以上
年休付与日数	11日	12日	14日	16日	18日	20日

2　年次有給休暇を請求しようとする従業員は、取得予定日の2日前までに所属長に所定の様式で届け出なければならない。ただし、従業員が請求した時季に年次有給休暇を取得させることが事業の正常な運営を妨げる場合、会社は時季を変更することがある。

3　会社は、年次有給休暇が10日以上与えられた従業員に対しては、付与日から1年以内に、当該従業員の有する年次有給休暇日数のうち5日について、当該従業員から意見を聴取し、その意見を尊重した上で、あらかじめ時季を指定して取得させる。ただし、労働者が年次有給休暇を取得した場合においては、当該取得した日数分を5日から控除する。

策定に当たっての留意点

1　年次有給休暇とは

労基法39条1項は、使用者は、その雇入れの日から起算して6ヵ月間継続勤務し、全労働日の8割以上勤務した労働者に対して、継続し、または分割した10労働日の有給休暇を与えなければならないとし、同条2項は、1年6ヵ月以上継続勤務した労働者に対して、全労働日の8割以上勤務した労働者に対して、その継続勤務年数に応じて定める有給休暇を与えなければならないと規定しています。

この労基法上の年次有給休暇（以下、「年休」という）は、従業員が法定要件を充足することによって法律上当然に発生する権利であるとされており、従業員の心身の疲労を回復させ、労働力の維持培養を図るとともに、ゆとりある生活の実現にも資するという趣旨によるものです。

年休は就業規則の絶対的必要記載事項（労基法89条1号）ですので、就業規則に必ず記載しなければなりませんが、法律どおり付与するだけなら、労基法39条の定めに則って年休を取得できる旨規定すれば足ります。もっとも、手続きの便宜上、斉一的付与、事前申請等の定めを設けたほうがよいと思われます。

2　年休の発生要件

（1）　継続勤務

労基法39条では、年休発生の要件として一定期間の継続勤務が必要とされているところ、通達（昭和63年3月14日基発150号）によれば、継続勤務とは、労働契約の存続期間すなわち在籍期間を指し、この在籍期間については同一の労働契約が継続している場合に限らず、勤務の実態に即し実質的に判断すべきであるとし、右に掲げるような場合を含むものであるとされています。

（2） 全労働日

労基法39条が規定する「全労働日」とは、就業規則その他によって定められた休日を除いた日を指します。休日に労働させたとしても、その日は全労働日には含まれません。

参考　昭和63年3月14日基発150号（抜粋）

イ　定年退職による退職者を引き続き嘱託等として再採用している場合（退職手当規程に基づき、所定の退職手当を支給した場合を含む）。ただし、退職と再採用との間に相当期間が存し、客観的に労働関係が断続していると認められる場合はこの限りでない。
ロ　労基法21条各号（注：日雇い、季節的業務等）に該当する者でも、その実態より見て引き続き使用されていると認められる場合
ハ　臨時工が一定月ごとに雇用契約を更新され、6箇月以上に及んでいる場合であって、その実態より見て引き続き使用されていると認められる場合
ニ　在籍型の出向をした場合
ホ　休職とされていた者が復職した場合
ヘ　臨時工、パート等を正規職員に切り替えた場合
ト　会社が解散し、従業員の待遇等を含め権利義務関係が新会社に包括承継された場合
チ　全員を解雇し、所定の退職金を支給し、その後改めて一部を再採用したが、事業の実態は人員を縮小しただけで、従前とほとんど変わらず事業を継続している場合

(3) 出勤率(8割以上の勤務)

労基法39条1項では、6ヵ月の継続勤務、8割出勤を要件として10日間の年休を付与していますが、同条2項では、1年6ヵ月以上継続勤務した場合、この10日間の付与日数に、次のとおり継続勤務年数に応じた日数を加算する旨規定しています。

6ヵ月経過日から起算した継続勤務年数	1年	2年	3年	4年	5年	6年
年休付与日数	1日	2日	4日	6日	8日	10日

このとき、出勤率の算定は、前年度(6ヵ月経過日から1年ごとに区分した期間の前の1年間)の全労働日の出勤率だけを考慮すればよく、継続勤務年数を通算して8割以上の出勤をする必要があるわけではありません(例えば、雇入れ後6ヵ月間は8割以上、6ヵ月から1年6ヵ月の間に8割未満、1年6ヵ月から2年6ヵ月の間に8割以上出勤した場合、1年6ヵ月継続勤務時は年休を付与する必要はないが、2年6ヵ月継続勤務時には、12日の年休が付与されることになる)。

3 斉一的取扱いと分割付与

労基法39条では、年休の付与要件である継続勤務については、労働者の「雇入れの日から起算」することと規定されていますが、労働者によってその雇入れ日が異なる場合、年休の管理が煩雑となるため、全労働者の年休付与について斉一的取扱い(原則として全労働者につき一律の基準日を定めて年休を与える取扱い)や分割付与(初年度において法定の年休の付与日数を一括して与えるのではなく、その日数の一部を法定の基準日以前に付与すること)が、次の一定の要件のもとに認められています(平成6年1月4日基発1号)。

参考　平成６年１月４日基発１号（抜粋）

①　斉一的取扱いや分割付与により法定の基準日以前に付与する場合の年休の付与要件である８割出勤の算定は、短縮された期間は全期間出勤したものとみなすものであること。

②　次年度以降の年休の付与日についても、初年度の付与日を法定の基準日から繰り上げた期間と同じ又はそれ以上の期間、法定の基準日より繰り上げること（例えば、斉一的取扱いとして、４月１日入社した者に入社時に10日、１年後である翌年の４月１日に11日付与とする場合、また、分割付与として、４月１日入社した者に入社時に５日、法定の基準日である６箇月後の10月１日に５日付与し、次年度の基準日は本来翌年10月１日であるが、初年度に10日のうち５日分について６箇月分繰り上げたことから同様に６箇月繰り上げ、４月１日に11日付与する場合などが考えられること。）

基準日を４月１日と定めた場合、次のように規定することも考えられます。

参考条文②

（年次有給休暇）

第56条　毎年４月１日から翌年３月31日までを年次有給休暇の年度とする。

2　勤続期間に応じ、次の年次有給休暇を付与する。

（１）　採用初年度は、雇入れ時に、その月に応じて次の年次有給休暇を与える。

雇入れ月	4～9月	10月	11月	12月	1月	2月	3月
年休付与日数	10日	9日	7日	5日	3日	1日	0日

（2） 次年度以降は、毎年4月1日に、前年度1年間を継続勤務し、全労働日の8割以上勤務した社員に対して、次の年次有給休暇を与える。なお、採用初年度の勤続期間が1年未満であっても1年に切り上げて取り扱うものとし、切り上げた期間は出勤したものとして計算する。

勤続期間	2年目（次年度）	3年目	4年目	5年目	6年目	7年目以上
年休付与日数	11日	12日	14日	16日	18日	20日

3　年次有給休暇を請求しようとする従業員は、取得予定日の2日前までに所属長に所定の様式で届け出なければならない。ただし、従業員が請求した時季に年次有給休暇を取得させることが事業の正常な運営を妨げる場合、会社は時季を変更することがある。

4　会社は、年次有給休暇が10日以上与えられた従業員に対しては、付与日から1年以内に、当該従業員の有する年次有給休暇日数のうち5日について、当該従業員から意見を聴取し、その意見を尊重した上で、あらかじめ時季を指定して取得させる。ただし、労働者が年次有給休暇を取得した場合においては、当該取得した日数分を5日から控除する。

4　年休の取得手続

労基法39条5項本文では、労働者が年休の取得時期を指定する時季指定権を定めていますが、同条ただし書により、使用者に対しては時季変更権が認められています。時季変更権の行使の前提として、年休の取得については事前申請を求めることができますが、年休は客観的要件を満たせば当然に発生する権利であるため、年休の取得について許可制や承認制を採ることはできません。

5　取得手続

従業員は有給休暇の取得に当たって、事前に時季を指定する必要がありますが、会社による時季変更権行使の判断をするための時間が必要なため、2日前までに申請させるのが一般的です。会社によっては3日前や、1週間前ということもあるかもしれませんが、感覚としては2日前が多いように感じます。なお、此花電報電話局事件（大阪高判昭53. 1.31労判1291.14、最1小判昭57. 3.18労判381.20）は、年休の申請を前々日の勤務終了時までとすることを適法としています。

6　時季変更権

年休の取得により事業の正常な運営を妨げる場合、使用者には年休日を変更することができます。

事業の正常な運営を妨げる場合の判断に際しては、事業の規模・内容、担当業務の内容、業務の繁閑、代替労働者の配置の難易等を総合考慮して検討しますが、一般的には、長期の休暇になればなるほど、時季変更権は認められやすくなるといえます。ただし、多くの場合は時季変更権は認められないと考えておいたほうがよいでしょう。

7　保存休暇

年次有給休暇の請求権は、2年間で時効となります（労基法115条）。大企業では、時効によって行使できずに消滅した年次有給休暇の一部について、「保存休暇」として一定の事由（傷病など）の場合に使うことができるとしている例が多く見られます。しかし、これは、あくまで任意であり、体力も十分にはない中小企業において定める必要があるのかは、十分に検討されたほうがよいと思います。

8　年休の時季指定義務

(1) 概　　要

労基法の改正により、それまで年休の取得日数について使用者に義務はありませんでしたが、年休が10日以上付与される労働者について、年5日の年休を労働者に取得させることが使用者の義務となりました（同法39条7項）。具体的には、以下のとおりです。

① 対象者は、年休が10日以上付与される労働者であり、管理監督者も、また、契約社員、パートタイマーも含まれます。

② 使用者は、労働者ごとに、年休を付与した日（基準日）から1年以内に5日について、取得時季を指定して年休を取得させなければなりません。既に5日以上の年休を請求・取得している労働者に対しては、使用者による時季指定をする必要はなく、また、することもできません。

③ 使用者は、時季指定に当たっては、労働者の意見を聴取しなければなりません。また、できる限り労働者の希望に沿った取得時季になるよう、聴取した意見を尊重するよう努めなければなりません。

④ 使用者は、労働者ごとに年次有給休暇管理簿（時季、日数および基準日を労働者ごとに明らかにした書類）を作成し、3年間保存しなければなりません。

(2) 就業規則に定める必要性

労基法89条1項1号は就業規則の絶対的記載事項を定めていますが、そこには、「休暇」に関する事項が列挙されています。ここでいう「休暇」とは、年休、産前産後休暇、生理休暇、育児休業、介護休業、看護休暇、慶弔休暇等の当事者が制度化した休暇も含まれるとされています。

そのため、年休の時季指定についても、就業規則で定めておく必要があります。

(3) Q & A

厚生労働省は、年休の時季指定義務について、Q&Aを公表しています。一部を抜粋したものを転載します。

☞ 参考 改正労働基準法に関するQ&A(抜粋)

3－2

Q　使用者による時季指定の対象となる「有給休暇の日数が10労働日以上である労働者」(法第39条第7項)には、法第39条第3項の比例付与の対象となる労働者であって、前年度繰越分の有給休暇と当年度付与分の有給休暇とを合算して初めて10労働日以上となる者も含まれますか。

A　使用者による時季指定の対象となる「有給休暇の日数が10労働日以上である労働者」(法第39条第7項)は、基準日に付与される年次有給休暇の日数が10労働日以上である労働者が該当するものであり、法第39条第3項の比例付与の対象となる労働者であって、今年度の基準日に付与される年次有給休暇の日数が10労働日未満であるものについては、仮に、前年度繰越分の年次有給休暇も合算すれば10労働日以上となったとしても、「有給休暇の日数が十労働日以上である労働者」には含まれません。

3－3

Q　使用者による時季指定(法第39条第7項)を半日単位や時間単位で行うことはできますか。

A　労働者の意見を聴いた際に半日単位の年次有給休暇の取得の希望があった場合においては、使用者が年次有給休暇の時季指定を半日単位で行うことは差し支えありません。この場合において、半日の年次有給休暇の日数は0.5日として取り扱います。

また、使用者使用者による時季指定を時間単位年休で行うことは認められません。

3－5

Q　法第39条第7項の規定により使用者が指定した時季を、使用者又は労働者が事後に変更することはできますか。

A　法第39条第7項の規定により指定した時季について、使用者が労働者に対する意見聴取の手続（則第24条の6）を再度行い、その意見を尊重することによって変更することは可能です。

また、使用者が指定した時季について、労働者が変更することはできませんが、使用者が指定した後に労働者に変更の希望があれば、使用者は再度意見を聴取し、その意見を尊重することが望ましいです。

3－26

Q　使用者による時季指定義務は、中小企業にも適用されますか。

A　使用者による時季指定義務は、企業規模にかかわらず全ての事業場に適用されます。

02　時間単位の年次有給休暇

参考条文

（時間単位の年次有給休暇）

第57条　労使協定の定めにより、前条の年次有給休暇の日数のうち、1年度に5日以内の限度において時間単位で年次有給休暇を請求することができる。ただし、裁量労働制が適用されている従業員は除く。

2　時間単位の年次有給休暇の1日の年次有給休暇に相当する時間は8時間とする。

3　第56条第2項の規定は、第1項の場合に準用する。

→参照規定　第56条（年次有給休暇、182ページ）

策定に当たっての留意点

1　時間単位の年休付与

平成22年の労基法改正により、まとまった日数の休暇を取得するという年休制度本来の趣旨を踏まえつつ、仕事と生活の調和を図る観点から、年休を有効に活用できるようにすることを目的として、時間単位で年休を付与する制度が認められました。

時間単位の年休付与については、労基法39条4項および労基則24条の4により、次の事項を労使協定により規定する必要があります（労使協定例は194ページ参照）。

① 時間単位年休の対象労働者の範囲
② 時間単位年休の日数（5日以内）

③　年休１日分に相当する時間単位年休の時間数（１日の所定労働時間に１時間に満たない端数がある場合は時間単位に切り上げて計算する）
④　１時間以外の時間を単位とする場合はその時間数

時間単位年休の対象労働者の範囲については、通達（平成21年5月29日基発0529001号）により、事業の正常な運営との調整を図る観点から労使協定で定めることができるとされており、例えば、一斉に作業を行うことが必要とされる業務に従事する労働者は時間単位の年休にはなじまないとされています。

また、時間単位年休も「休暇」に該当するので、導入する場合は就業規則にも定めを置く必要があります。

2　時季変更権との関係

時間単位の年休についても、使用者の時季変更権の対象となりますが、従業員が時間単位による取得を請求した場合に日単位に変更することや、日単位による取得を請求した場合に時間単位に変更することは時季変更に当たらず、認められないとされています（平成21年5月29日基発0529001号）。

3　時間単位年休と時季指定義務との関係

有給休暇の時季指定に当たって、労働者の意見を聴いた際に、半日単位での年次有給休暇の取得の希望があった場合には、半日単位で取得することとして差支えはなく、また、労働者自らが、半日単位の年次有給休暇を取得した場合には、取得１回につき0.5日として、使用者が時季を指定すべき年５日の年次有給休暇から控除することができます。

しかし、時間単位年休については、使用者による時季指定の対象とはならず、労働者が自ら取得した場合にも、その時間分を５日から控除することはできないこととなっていますので、留意する必要があります。

労使協定例

時間単位の年次有給休暇に関する労使協定

◆◆株式会社と過半数代表者は、時間単位の年次有給休暇に関して次のとおり協定する。

（時間単位の年次有給休暇を取得できる従業員）

第１条　本協定に基づき、時間単位の年次有給休暇を取得できる従業員は、就業規則第５条の手続きを経て採用され、期限の定めのない労働契約を締結した従業員で同規則第○条による年次有給休暇を取得した者とする。ただし、裁量労働制が適用されている従業員は除く。

（時間単位の年次有給休暇の日数及び時間数）

第２条　時間を単位として与えることができる年次有給休暇の日数は、前年度からの繰越分を含めて、５日を限度とする。

２　時間を単位として年次有給休暇を与える場合、１日の年次有給休暇を８時間として計算する。

（取得単位）

第３条　本協定に基づき取得することができる時間単位の年次有給休暇の単位は、１時間とする。

令和○年○月○日

◆◆株式会社　　代表取締役　　○○○○　㊞

過半数代表者　　○○○○　㊞

03 年次有給休暇の計画的付与

参考条文

（年次有給休暇の計画的付与）

第58条　前２条の規定にかかわらず、会社は、従業員の過半数を代表する者との書面による協定により、従業員の有する年次有給休暇日数のうち５日を超える部分については、あらかじめ時季を指定して取得させることができる。

→参照規定　第56条（年次有給休暇、182ページ）、第57条（時間単位の年次有給休暇、192ページ）

策定に当たっての留意点

1　年次有給休暇の計画的付与の趣旨

わが国における年休取得率が欧米諸国と比べてきわめて低い水準にとどまっていることに鑑み、年休の取得率を向上させ、労働時間短縮を推進するためには、職場において、労働者が自己の業務を調整しながら、気兼ねなく年休を取得できることとすることが有効であるとして、労働者の個人的事由による取得のために一定の日数を留保しつつ、これを超える日数については、労使協定による年休の計画的付与（以下、「計画年休」という）が認められています（昭和63年1月1日基発1号）。

2　計画年休の方式

計画年休の方式としては、次の３通りが考えられ、それぞれの場合に労使協定で定められるべき事項として次の事項が考えられます。

① 事業場全体の休業による一斉付与➡具体的な年休の付与日
② 班別の交代制付与➡班別の具体的な年休の付与日
③ 年休付与計画表による個人別付与➡計画表を作成する時期、手続き等

3 一定の日数の留保

計画年休の対象とできる年休は、保有する年休のうち５日を超える部分になりますが、労働者によっては年休の日数が５日に満たない場合、年休のない場合もあります。そのような労働者も含めて一律に計画年休を付与する場合には、休日振替で対応したり、５日分の年休を確保しつつ、さらに計画年休として付与する分を与えられるように、不足分の年休を特別に上乗せする等の措置を取るなどして対応することが考えられます(昭和63年１月１日基発１号参照)。

なお、そのような措置を取らずに、計画年休の期間に休業させる場合には、休業手当の支払いが必要とされています（昭和 63 年 3 月 14 日基発 150 号)。

労使協定例①　事業場全体の休業による一斉付与

年次有給休暇の計画的付与に関する労使協定

◆◆株式会社と過半数代表者は、令和○年度の年次有給休暇の計画的付与（以下、「計画年休」という）に関して次のとおり協定する。

（計画年休期間）

第１条　令和○年度の年次有給休暇について、次のとおり計画的付与を行う。

8月 11 日から同月 15 日まで

（対象者）

第２条　計画年休の対象者は、全社員とする。

（計画年休期間の変更）

第３条　業務運営上支障を来す場合、会社は、第１条で定めた計画的年休の期間を変更することがある。

令和○年○月○日

◆◆株式会社　代表取締役　○○○○　㊞

過半数代表者　○○○○　㊞

労使協定例②　班別の交代制付与

年次有給休暇の計画的付与に関する労使協定

○○株式会社と過半数代表者は、令和○年度の年次有給休暇の計画的付与（以下、「計画年休」という）に関して、次のとおり協定する。

（計画年休期間）

第１条　各課において、その所属の社員をA、Bの２グループに分ける。その調整は各課長が行う。

２　各社員が有する令和○年度の年次有給休暇のうち５日分については、各グループの区分に応じて、次表のとおり与える。

A：○月○日～○日　　　B：○月○日～○日

（計画年休期間の変更）

第２条　業務運営上支障を来たす場合、会社は、前条で定めた計画的年休の期間を変更することがある。

令和○年○月○日

○○株式会社　　代表取締役　　○○○○　㊞

過半数代表者　　○○○○　㊞

労使協定例③　個人的付与

年次有給休暇の計画的付与に関する労使協定

□□株式会社と過半数代表者は、令和○年度の年次有給休暇の計画的付与（以下、計画年休という）に関して、次のとおり協定する。

（計画年休期間）

第１条　各社員が有する令和○年度の年次有給休暇のうち５日分については、次のとおりとする。

前期：４～９月の間で３日間

後期：10 月～翌年３月の間で２日間

２　各個人別の年休付与計画表は、各期の期間が始まる２週間前までに会社が作成し、社員に周知する。

３　各社員は、年休付与計画の希望表を、所定の様式により、各期の計画付与が始まる１ヵ月前までに、所属課長に提出しなければならない。

４　各課長は、前項の希望表に基づき、各社員の休暇日を調整し、決定する。

（計画年休期間の変更）

第２条　業務運営上支障を来たす場合、会社は、前条で定めた計画的年休の期間を変更することがある。

令和○年○月○日

□□株式会社　　代表取締役　　○○○○　㊞

過半数代表者　　○○○○　㊞

04 代替休暇

参考条文

（代替休暇）

第 59 条　労使協定の定めにより、１ヵ月の時間外労働が 60 時間を超えた部分については、代替休暇を与えることができる。

2　前項の規定により与えることができる代替休暇の時間数は、次の計算式によって計算した時間とする。

１ヵ月の時間外労働時間のうち 60 時間を超える時間数×換算率（60 時間超の時間外労働に対する割増率－ 60 時間以内の時間外労働に対する割増率）

3　代替休暇の単位は、単独でまたは時間単位年休と合わせて、１日または半日とする。この場合の労働時間数は、１日で８時間、半日で４時間とする。

4　代替休暇の取得期間は、１ヵ月の時間外労働が 60 時間を超えた月の翌月から２ヵ月以内とする。

策定に当たっての留意点

1　代替休暇とは

平成 22 年の労基法改正により、１ヵ月 60 時間を超える時間外労働部分の賃金の割増率が 25％から 50％に引き上げられたことに伴って、この引上げ部分については、割増賃金の支払いに代えて有給の休暇を付与することができることになりました（労基法 37 条３項）。ただし、非常に複雑で、最終的に代替休暇を取得するかどうかを決めるのが労働者であることから、導入している会社はほとんどありません。

また、以下の中小企業については、令和５年３月までは、割増賃金率の引上げが適用されないこととされていることから（労基法138条）、その間は代替休暇制度の適用もありません。

・資本金の額または出資の総額が３億円（小売業・サービス業は5,000万円、卸売業は１億円）以下である事業主
・常時使用する労働者の数が300人（小売業は50人、卸売業・サービス業は100人）以下である事業主

この代替休暇制度の導入には、労使協定の締結が必要になります。

なお、代替休暇は年休ではないため、年休の出勤率の計算上「全労働日」には含まれません。

2　代替休暇の時間数の計算

代替休暇として与えることができる時間の時間数は、１ヵ月60時間を超える時間外労働に換算率を乗じて算出することとなりますが、この換算率は、労働者が代替休暇を取得しなかった場合の割増賃金率から代替休暇を取得した場合の割増賃金率との差とすると規定されています（労基則19条の２第２項）。

3　代替休暇の単位

労基則では、代替休暇の付与単位は１日または半日と規定されていますが（同則19条の２第１項２号）、労使協定で１日および半日、または、どちらか一方を定めることも可能です。

4　取得期間

代替休暇の取得期間は、時間外労働が60時間を超えた当該１ヵ月の末日の翌日から２ヵ月以内と規定されています（同則19条の２第１項３号）。

労使協定例

代替休暇に関する労使協定

◆◆株式会社と過半数代表者は、1ヵ月60時間を超える時間外労働を行った従業員の代替休暇につき、次のとおり協定する。

(代替休暇として与えることができる時間の時間数の算定方法)

第1条　本協定に基づき、代替休暇として与えることができる時間の時間数は、1ヵ月につき60時間を超えて行われた時間外労働時間数に0.25を乗じた時間数とする。

(代替休暇の単位)

第2条　前条に基づき算出された時間数が、4時間を超えるときは、4時間を単位として半日の代替休暇を、8時間を超えるときは8時間を単位として1日の代替休暇を、対象従業員の選択により、それぞれ付与することができる。ここにいう半日とは、午前8時から午前12時までまたは午後1時から午後5時までとする。

2　従業員は、第1条で算定した代替休暇として与えることができる時間の時間数と時間単位の年次有給休暇の時間数の合計時間が8時間となるときに1日の休暇を取得し、4時間となるときに半日の休暇として取得することができる。

(代替休暇を与えることができる期間)

第3条　前条に基づく代替休暇は、就業規則第○条に基づき、1ヵ月の時間外労働が60時間を超えた月の翌月から2ヵ月以内に付与することとする。

2　従業員は、1ヵ月の時間外労働が60時間を超えた月の翌月10日までに、代替休暇を申請しなければならない。

（1ヵ月に60時間を超える時間外労働に対する割増賃金の支払い）

第4条　1ヵ月につき60時間を超える時間外労働を行った従業員に対しては、賃金規程に定める通常の割増賃金のほかに、以下の計算により割増賃金を支給する。

$$\frac{\text{基本給＋役職手当}}{\text{1ヵ月の平均所定労働時間数}} \times 0.25 \times \text{当該月における60時間を超えた時間外労働時間数}$$

ただし、当該従業員が代替休暇を取得したときは、その時間数を0.25で除した時間数については、上記の計算において60時間を超える時間外労働時間数から差し引くものとする。

令和○年○月○日

◆◆株式会社　代表取締役　○○○○　㊞

過半数代表者　○○○○　㊞

作成に当たっての留意点

左の労使協定では、従業員が代替休暇を申請する期限を、「60 時間を超える時間外労働を行った翌月の 10 日まで」と規定していますが、給与規程では、給与の支払日を翌月 25 日と規定しており、従業員が実際に代替休暇を申請した場合、代替休暇として使わなかった時間外労働がどの程度あるのか、それに対する割増賃金がいくらとなるのかを計算する期間が非常に短くなり、実務上支障が生じる場合があります。

そのような場合には、少なくとも「代替休暇を申請した場合には、割増賃金は、当該申請を行った月の翌々月の賃金支払日に支払うものとする」、という条項を労使協定に盛り込んでおく必要があると考えます。

05 生理休暇

参考条文

（生理休暇）

第60条　会社は生理日の就業が著しく困難な女性従業員から請求があったときは、必要な期間休暇を与える。

2　前項の休暇は無給とする。

策定に当たっての留意点

労基法68条は、「使用者は、生理日の就業が著しく困難な女性が休暇を請求したときは、その者を生理日に就業させてはならない」と規定しています。

この規定上も明らかなとおり、生理日であることをもって直ちに付与されるものではなく、「就業が著しく困難」である場合に限られます。

条文上は、「生理日に就業させてはならない」とされていますが、必ずしも暦日単位で行わなければならないものではなく、半日または時間単位で請求した場合には、使用者はその範囲で就業させなければ足りるとされています（昭和61年3月20日基発151号）。

休暇日数を就業規則で限定することは許されないとされていますが、有給の日数を定めたとしても、それ以上休暇を与えることが明らかにされていれば良いとされています（昭和23年5月5日基発682号、昭和63年3月14日基発150号、婦発47号）。

もちろん、生理休暇を無給としても差し支えありません（昭和23年6月22日基収1898号、昭和63年3月14日基発150号、婦発47号）。

06 産前産後休業

参考条文

（産前産後休業）

第61条　6週間（多胎妊娠の場合は14週間）以内に出産予定の女性従業員から、そのことを証明する書面を付して請求があったときは、休業させる。

2　産後8週間を経過していない女性従業員については、就業させない。

3　前項の規定にかかわらず、産後6週間を経過した女性従業員から請求があった場合には、その者について医師が支障がないと認めた業務に就かせることがある。

4　第1項および第2項の休業は、無給とする。

5　妊娠中の女性従業員が請求した場合、他の軽易な業務に転換させる。ただし、転換可能な軽易な業務がないときには、その請求に応じないことがある。

策定に当たっての留意点

労基法65条は、次ページのように規定しています。

多くの会社では、労基法65条1項、2項の規定をそのまま産前産後休業の規定として就業規則で定めています。

労基法65条3項の規定を就業規則の条項に盛り込む例はあまり見られませんが、通達によれば、妊娠中の女性に対して、新たに軽易な業務を創設してまで与える義務はないとされていますので（昭和61年3月20日基発151号、婦発69号）、定める場合には、軽易な業務への転換に応じられない場合があることを明記したほうがよいでしょう。

1項　使用者は、6週間（多胎妊娠の場合にあっては、14週間）以内に出産する予定の女性が休業を請求した場合においては、その者を就業させてはならない。

2項　使用者は、産後8週間を経過しない女性を就業させてはならない。ただし、産後6週間を経過した女性が請求した場合において、その者について医師が支障がないと認めた業務に就かせることは、差し支えない。

3項　使用者は、妊娠中の女性が請求した場合においては、他の軽易な業務に転換させなければならない。

07 母性健康管理

参考条文

（母性健康管理）

第 62 条　妊娠中または出産後１年を経過しない女性従業員から、母子健康法に定める健康診査または保健指導を受診するために申出があったときは、次の範囲で時間内通院を認める。

①　産前の場合

妊娠 23 週まで　4 週に１回

妊娠 24 週から 35 週まで　2 週に１回

妊娠 36 週から出産まで　1 週に１回

ただし、医師または助産師（以下、「医師等」という）がこれと異なる指示をしたときには、その指示により必要な時間

②　産後（１年以内）の場合

医師等の指示により必要な時間

2　妊娠中または出産後１年を経過しない女性従業員から、保健指導または健康診査に基づき、医師等の指導を受けた旨申出があった場合、所定労働時間の短縮、休憩時間の延長および休憩の回数の増加、作業の軽減、休業等の措置をとることとする。

3　第１項および第２項の申出は、原則として３日前までに所定の申請書を所属長に提出して行わなければならない。

4　第１項および第２項の適用を受けた場合、その間の賃金は無給とする。

策定に当たっての留意点

均等法は、事業主に対して、妊産婦（妊娠中または産後１年を経過しない女性労働者）に対する健康管理の措置義務として、①母子保健法に基づく保健指導または健康診査を受診するために必要な時間を確保するための措置（均等法 12 条）、②保健指導または健康診査に基づく指導事項を守ることができるようにするため、勤務時間の変更、勤務の軽減等の必要な措置（均等法 13 条）を講ずることと定めています。

①については、具体的に以下のとおり定められています（均等法規則２条の３）。

> ｉ）妊娠中であれば、妊娠 23 週までは４週間に１回、妊娠 24 週から 35 週までは２週間に１回、妊娠 36 週以後出産までは１週間に１回、ただし医師または助産師がこれと異なる指示をしたときは、その指示に従って必要な時間を確保することができるようにしなければならない。
> ⅱ）出産後１年以内には、医師等が健康診査等を受けることを指示したときは、その指示するところにより、必要な時間を確保することができるようにしなければならない。

②については、厚生労働省（当時は労働省）の指針（平成９年９月 25 日労働省告示 105 号）により、妊娠中の通勤緩和、妊娠中の休憩に関する措置、妊娠中または出産後の病状等に対応する措置が定められています。

08 育児・介護休業

参考条文

（育児・介護休業）

第 63 条　従業員のうち、必要のある者は、育児・介護休業、子の看護休暇、介護休暇、育児のための所定外労働の免除、育児・介護のための時間外労働および深夜業務の制限、労働時間の短縮措置等（以下、「育児・介護休業等」という）の適用を受けることができる。

２　育児・介護休業等の取扱いについては、「育児・介護休業規程」に定めるものとする。

３　第１項の休業および休暇は、これを無給とする。

→参照規定　育児・介護休業規程（314 ページ）

策定に当たっての留意点

「休暇」に関する事項は、労基法 89 条１号により就業規則の絶対的必要記載事項とされており、育児休業、介護休業とも就業規則に記載する必要があります（育児休業については、通達（平成３年 12 月 20 日付基発 712 号、平成 11 年３月 31 日付基発 168 号）で対象となる労働者の範囲等の付与要件、取得手続、休業期間を就業規則に記載する必要があるとされています。

また、育児休業に関する事項については、就業規則の本則において大綱、要旨を規定するとともに、具体的な委任規定を設けて一括して定めることは差し支えないものともされています（昭和 23 年 10 月 30 日付基発 1575 号、昭和 63 年３月 14 日付基発 150 号）。

以上のとおり、育児・介護休業等については育児・介護休業規程（314 ページ参照）で一括して定めるのが一般的です。

09 育児時間

参考条文

(育児時間)

第64条　満1歳に達しない子を養育する女性従業員から請求があったときは、休憩時間のほか1日2回、1回について30分の育児時間を与える。

2　前項の育児時間は、これを無給とする。

策定に当たっての留意点

労基法67条1項は、生後満1歳に達しない生児を育てている女性労働者は、同法34条に定める休憩時間のほか、1日2回各々少なくとも30分、その生児を育てるための時間を請求することと定めており、同条2項は、使用者は、育児時間中にはその女性労働者を使用してはならないと定めています。

労基法34条に定める休憩時間は、「労働時間の途中」に付与しなければなりませんが、育児時間については、始業・終業時刻に接着して付与してもよいとされています（昭和33年6月25日付基収4317号）。

また、1日の労働時間が4時間以内の場合、1日1回の育児時間の付与をもって足りるとされています（昭和36年1月9日付基収8996号）。

10 公民権の行使

参考条文

（公民権の行使）

第 65 条　従業員は、あらかじめ所属長に届け出て、就業時間中に選挙権その他の公民権を行使することができる。

ただし、権利の行使または公の職務執行を妨げない限り、業務上の理由により、請求した時刻を変更することがある。

2　前項の規定に基づき権利行使のために要した時間は、無給とする。

策定に当たっての留意点

労基法７条は、「使用者は、労働者が労働時間中に、選挙権その他公民としての権利を行使し、又は公の職務を執行するために必要な時間を請求した場合においては、拒んではならない。但し、権利の行使又は公の職務の執行に妨げがない限り、請求された時刻を変更することができる」と定めています。

本条は、この定めを受けて公民権の行使のために必要な時間を請求することができる旨定めています。

労基法７条が定める「公民としての権利」とは、国または地方公共団体の公務に参加する権利（公職に関する選挙権、被選挙権、最高裁判所裁判官の公民審査権、特別法の住民投票権、憲法改正の国民投票権、地方自治法による住民の直接請求権など）、「公の職務」とは、国または地方公共団体の議員、労働委員会の委員、検察審査員、裁判員、裁判所や労働委員会における証人などが該当します。

なお、労働者が公務に就くことによって会社での職務執行に支障がある場合には、休職とすることができます。

この場合、休職事由として、公職就任を定めておくことが必要となります（55ページ参照）。

また、ノーワーク・ノーペイの原則から、公民権行使のために要した時間については無給とする旨を設けておく必要があります。

11 特別休暇

参考条文

（特別休暇）

第 66 条　従業員は、次の各号に該当する場合、各号に定める日数（原則として連続する日数）の特別休暇を取得することができる。

①　本人が結婚するとき　結婚式または入籍のいずれか遅い日から換算して６ヵ月以内の５日

②　子が結婚するとき　子の結婚式当日を含む２日

③　配偶者の出産　出産予定日または出産日を含む５日

④　配偶者、父母または子が死亡したとき　死亡した日から７日

⑤　配偶者の父母または孫が死亡したとき　死亡した日から３日

⑥　兄弟姉妹の配偶者、配偶者の祖父母および配偶者の兄弟姉妹が死亡したとき　死亡した日から２日

2　前項の休暇日数には、第 50 条の休日を含む。

3　従業員は、第１項の特別休暇を取得しようとする場合、事前に所属長に所定の様式で届け出なければならない。ただし、第１項第３号ないし同第６号についてやむを得ず事前に申請することができない場合には、事後速やかに申請し、承認を得ることとする。

4　特別休暇は無給とする。

→参照規定　第 50 条（休日、167 ページ）

策定に当たっての留意点

多くの会社では、労働法により労働者への付与が義務づけられた休暇のほかに、従業員の冠婚葬祭に関して特別休暇を付与する旨規定しています。

あくまで会社が任意に付与するものであるため、特別休暇の支給事由や支給日数および手続きは、会社の判断で定めることが可能です。

また、特別休暇は無給でも構いませんが、その場合には、無給であることを明示しておくべきでしょう。

なお、特別休暇の取得をもって使用者が時季指定すべき年５日の年休から控除できないという点について、厚生労働省は、以下のとおり示しています。

☞ 参考　改正労働基準法に関するQ&A（抜粋）

3－12

Q　事業場が独自に設けている法定の年次有給休暇と異なる特別休暇を労働者が取得した日数分については、使用者が時季指定すべき年５日の年次有給休暇から控除することはできますか。

A　法定の年次有給休暇とは別に設けられた特別休暇（たとえば、法第115条の時効が経過した後においても、取得の事由及び時季を限定せず、法定の年次有給休暇を引き続き取得可能としている場合のように、法定の年次有給休暇日数を上乗せするものとして付与されるものを除きます。以下同じ。）を取得した日数分については、使用者が時季指定すべき年５日の年次有給休暇から控除することはできません。

なお、法定の年次有給休暇とは別に設けられた特別休暇について、今回の改正を契機に廃止し、年次有給休暇に振り替えることは法改正の趣旨に沿わないものであるとともに、労働者と合意をすることなく就業規則を変更することにより特別休暇を年次有給休暇に振り替えた後の要件・効果が労働者にとって不利益と認められる場合は、就業規則の不利益変更法理に照らして合理的なものである必要があります。

01 賃金規程への委任

参考条文

（賃金規程への委任）

第67条　従業員の賃金に関する事項については、「賃金規程」に定めるものとする。

→参照規定　賃金規程（260ページ）

策定に当たっての留意点

労基法89条2号により、「賃金の決定、計算及び支払の方法、賃金の締切り及び支払の時期並びに昇給に関する事項」は、就業規則の絶対的必要記載事項とされています。

労基法の規定どおり、賃金に関する事項を就業規則の中で定めることも特段の問題はありませんが、就業規則の条項が膨大になること、賃金・退職金等の規定は別規定で定めたほうが管理しやすいこと等から、多くの会社が就業規則とは別に賃金規程を設けています（260ページ参照）。その場合は、就業規則の委任を受けて賃金規程を定めている旨を明示する必要があります。

なお、賃金規程も就業規則の一部であるので、労働基準監督署長宛に届け出なければなりません。

01 退職金規程への委任

参考条文

（退職金規程への委任）

第68条　従業員の退職金に関する事項については、「退職金規程」に定めるものとする。

→ 参照規定　退職金規程（304ページ）

策定に当たっての留意点

労基法89条3号の2により、「退職手当の定めをする場合においては、適用される労働者の範囲、退職手当の決定、計算及び支払の方法並びに退職手当の支払の時期に関する事項」は、就業規則の相対的必要記載事項とされています。

多くの企業が、退職金規程を就業規則とは別に設けていることや、その場合に就業規則に委任条項を定める必要がある点は、賃金規程への委任（第67条）と同様です。

01 遵守義務

参考条文

（遵守義務）

第69条　従業員は、安全衛生に関する法令および会社の指示を守り、労働災害の防止に努めなければならない。

2　従業員は、安全衛生の確保のため、特に次の事項を遵守しなければならない。

①　機械設備、工具等の就業前点検を徹底すること。また、異常を認めたときは、速やかに会社に報告し、指示に従うこと

②　安全装置を取り外したり、その効力を失わせるようなことはしないこと

③　保護具の着用が必要な作業については、必ず着用すること

④　喫煙は、所定の場所以外では行わないこと

⑤　立入禁止または通行禁止区域には立ち入らないこと

⑥　常に整理整頓に努め、通路、避難口、または消火設備のあるところに物品を置かないこと

⑦　火災等非常災害の発生を発見したときは、直ちに臨機の措置をとり、所属長に報告し、その指示に従うこと

⑧　前号の場合において、事業所から避難する必要がある場合には、緊急時避難マニュアルおよび所属長の指示に従い、速やかに避難すること

⑨　その他、作業に関する指示、指導全般を守らなければならない。

策定に当たっての留意点

労基法89条6号は、「安全および衛生に関する事項」については相対的必要記載事項としています。「安全および衛生に関する事項」は、安衛法、同法施行令および安衛則等に規定されているため、これらの規定のうち特に当該事業場において必要となる事項や、これらの規定等に定められていない点で当該事業場で特段留意すべき点を、就業規則で定めることとなります。

なお、本条では規定していませんが、安全衛生に関する規程を別途作成する場合には、安全委員会および衛生委員会の審議を経る必要があります（安衛法17条1項3号、18条1項4号、安衛則21条1号、22条1号。安全委員会、衛生委員会の設置が義務づけられていない事業場では、関係労働者の意見を聴くための機会を設けるようにする必要があります。同則23条の2）。

2項では、厚生労働省のモデル就業規則で定められている内容に沿って列挙してありますが、実際の規則を作成する際には、会社の事業内容から必要と思われる遵守事項を規定するのが望ましいでしょう。

例えば、特定の危険物を取り扱うことが想定される場合には、「指定された者以外、○○○○を取り扱ってはならない」「○○○○を取り扱う際には、事前に許可を得て、決められた手順に沿わなければならない」など、具体的な規定を盛り込めばよいと思います。

02 安全衛生管理体制

参考条文

（安全衛生管理体制）

第 70 条　会社は、災害の防止と社員の安全または衛生を保持するため、安全衛生委員会を設置する。

策定に当たっての留意点

安衛法は、事業者がとるべき安全衛生管理の体制を定めており、事業場の規模や業種等に応じて、安全管理者、衛生管理者および産業医等の選任や安全衛生委員会等の設置が必要です（同法 10 条以下）。

安全管理者、衛生管理者、産業医等の設置が必要な場合については、219 ページのとおりです。

また、安全衛生委員会の設置が必要な事業場、委員の構成等は次ページのとおりです。

219 ページの図表等を参考に、それぞれの会社の規模や業種に応じて設置すべき安全衛生管理の体制を条文中に列挙してください。

また、常時使用する労働者が 50 人未満の事業者であっても、10 人以上の労働者を使用していれば安全衛生推進者または衛生推進者を選任しなければならず（安衛法 12 条の２、安衛則 12 条の２）、医師等に労働者の健康管理を行わせる努力義務があり（同法 13 条の２）、安全または衛生に関する事項について労働者の意見を聴くための機会を設けるようにしなければならない（同則 23 条の２）と定められていますので、ご留意ください。

安全委員会

①常時使用する労働者が 50 人以上の事業場で、次の業種に該当するもの

林業、鉱業、建設業、製造業の一部の業種（木材・木製品製造業、化学工業、鉄鋼業、金属製品製造業、輸送用機械器具製造業）、運送業の一部の業種（道路貨物運送業、港湾運送業）、自動車整備業、機械修理業、清掃業

②常時使用する労働者が 100 人以上の事業場で、次の業種に該当するもの

製造業、運送業のうち①以外の業種、電気業、ガス業、熱供給業、水道業、通信業、各種商品卸売業・小売業、家具・建具・じゅう器等卸売業・小売業、燃料小売業、旅館業、ゴルフ場業

衛生委員会

常時使用する労働者が 50 人以上の事業場（全業種）

◆図表　事業場規模別・業種別安全衛生管理組織

事業者は、下表のとおり業種と規模に応じて、必要な管理者、産業医等を選任することが義務付けられています。

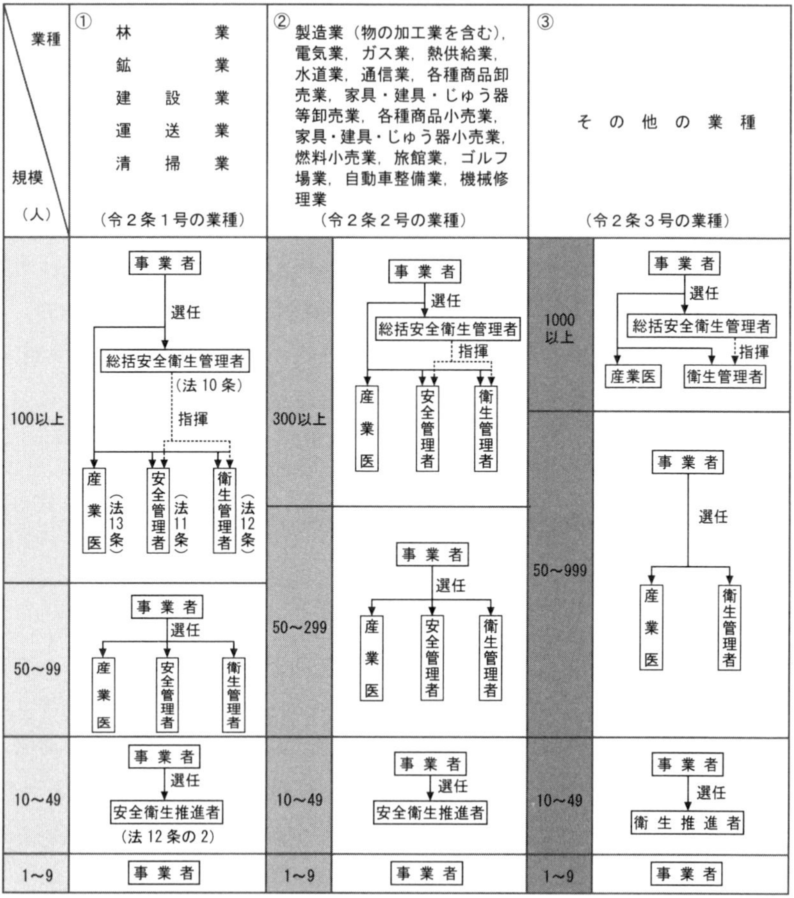

（注）「令」：労働安全衛生法施行令、「法」：労働安全衛生法

※1　規模には、日雇労働者、パートタイマー等の臨時的労働者及び派遣労働者の数を含めてください。

※2　製造業の本社等で製造等を行わず、いわゆる本社機能のみを有する事業場は、「その他の業種」に含まれます。

参照1

【労働基準法施行規則】第18条

一　多量の高熱物体を取り扱う業務及び著しく暑熱な場所における業務
二　多量の低温物体を取り扱う業務及び著しく寒冷な場所における業務
三　ラジウム放射線、エックス線その他の有害放射線にさらされる業務
四　土石、獣毛等のじんあい又は粉末を著しく飛散する場所における業務
五　異常気圧下における業務
六　さく岩機、鋲《びょう》打機等の使用によって身体に著しい振動を与える業務
七　重量物の取扱い等重激な業務
八　ボイラー製造等強烈な騒音を発する場所における業務
九　鉛、水銀、クロム、砒《ひ》素、黄りん、弗《ふっ》素、塩素、塩酸、硝酸、亜硫酸、硫酸、一酸化炭素、二硫化炭素、青酸、ベンゼン、アニリン、その他これに準ずる有害物の粉じん、蒸気又はガスを発散する場所における業務
十　前各号のほか、厚生労働大臣の指定する業務

京都労働局・労働基準監督署『事業場における安全衛生管理体制のあらまし』より

◆安全衛生委員会について

委員の構成、調査審議事項等

	安全委員会	衛生委員会
委員の構成	1　総括安全衛生管理者又は事業の実施を統括管理する者等（1名） 2　安全管理者※ 3　労働者（安全に関する経験を有する者）※	1　総括安全衛生管理者又は事業の実施を統括管理する者等（1名） 2　衛生管理者※ 3　産業医※ 4　労働者（衛生に関する経験を有する者）※
調査審議事項 （主要な事項を抜粋したものです。詳細については、労働安全衛生規則第21条及び第22条を参照してください。）	1　安全に関する規程の作成に関すること。 2　危険性又は有害性等の調査及びその結果に基づき講ずる措置のうち、安全に係るものに関すること。 3　安全に関する計画の作成、実施、評価及び改善に関すること。 4　安全教育の実施計画の作成に関すること。 など	1　衛生に関する規程の作成に関すること。 2　衛生に関する計画の作成、実施、評価及び改善に関すること。 3　衛生教育の実施計画の作成に関すること。 4　定期健康診断等の結果に対する対策の樹立に関すること。 5　長時間にわたる労働による労働者の健康障害の防止を図るための対策の樹立に関すること。 6　労働者の精神的健康の保持増進を図るための対策の樹立に関すること。 など
その他 （共通事項）	①　毎月一回以上開催すること。 ②　委員会における議事の概要を労働者に周知すること。 ③　委員会における議事で重要なものに係る記録を作成し、これを3年間保存すること。	

※　1以外の委員については、事業者が委員を指名することとされています。なお、この内の半数については、労働者の過半数で組織する労働組合がある場合はその労働組合（過半数で組織する労働組合がない場合は労働者の過半数を代表する者）の推薦に基づき指名しなければなりません。

☆委員会を設けるべき事業者以外の事業者が講ずべき措置

労働者数が50人未満の事業者など、委員会を設けるべき事業者以外の事業者は、安全又は衛生に関する事項について、関係労働者の意見を聴くための機会を設けるようにしなければなりません。（労働安全衛生規則第23条の2）

厚生労働省リーフレット『安全衛生委員会を設置しましょう』より

03 安全衛生教育

参考条文

（安全衛生教育）

第71条　会社は、従業員に対して、その従事する業務に必要な安全および衛生に関する教育を行う。

2　従業員は、前項で受けた教育内容を遵守しなければならない。

策定に当たっての留意点

事業主は、労働者を雇い入れたときや作業内容を変更したときは、労働者に対し、従事する業務に必要な安全および衛生に関する教育を行わなければなりません（安衛法59条）。

なお、安全衛生教育の実施に要する時間は労働時間と解されますので、賃金を支払う必要があります。

04 健康診断

参考条文

（健康診断）

第 72 条　会社は、従業員に対して、年１回定期に健康診断を行う。

2　前項の健康診断のほか、法令で定められた特定業務に従事する従業員に対しては、特別の項目についての健康診断を行う。

3　従業員は、正当な理由のない限り、前２項の健康診断を受診しなければならない。

4　第１項および第２項に定めるほか、会社は、従業員が身体または精神上の疾患に罹患していることが疑われる場合、従業員に対し、会社の指定する医師による診断または精密検査の受診を命ずることができ、従業員は正当な理由なくこれを拒むことはできない。

5　従業員が正当な理由なく第１項、第２項および第４項の診断または精密検査の受診を拒否した場合、会社は、従業員に対して懲戒処分を行うとともに、従業員の就労を拒否することができる。

6　第１項、第２項および第４項の健康診断等の結果、必要と認めるときは、一定期間の就業禁止、労働時間の短縮、配置転換その他必要な措置を命じることがある。

→参照規定　第 76 条（就業禁止、233 ページ）

策定に当たっての留意点

1　定期健康診断の実施義務および受診義務

安衛法は、事業主に対して、1年に1回、定期健康診断を実施すること（同法66条1項）、有害な業務で政令で定めるものに従事する労働者には特別な項目についての健康診断を実施すること（同条2項）を義務づけています。

労働者には、健康診断を受診する義務がありますが、事業主の指定した医師等による健康診断の受診を希望しない場合には、他の医師等による診断結果証明書の提出に代えることができるとされています（同条5項）。

2　メンタル不調者の労務管理に係る規定の必要性

会社にメンタルの不調が疑われる者がいた場合、本人が自発的に精神科医の診断を受けることもありますが、精神的な疾患の場合は身体的な疾患と異なり、病気の自覚がなかったり、精神疾患であった場合の会社からの不利益な取扱いを危惧したりして、医師の診断を受けないこともあります。

この場合、労働者に対して業務命令として受診を命ずるためには、就業規則にあらかじめ定めておいたほうがよいでしょう（就業規則に受診義務を定めていない場合に、労使間における信義則ないし公平の観点から、健康診断の受診を命ずることができるとした裁判例もありますが（京セラ事件・東京高判昭61.11.13）、余計な争点を増やさないという観点から、受診命令について、就業規則に定めておくべきである）。

3　定期健康診断で異常の所見があった場合の対応

「健康診断結果に基づき事業者が講ずべき措置に関する指針」によれば、事業者は、**1**の健康診断の結果に基づき、労働者に対して二次健康診断の受診を勧奨し、当該二次健康診断の結果を提出するよう働きかけることが適当であるとされています。

4　健康診断結果に基づき事業者が講ずべき措置

安衛法では、健康診断の結果において異常の所見があると判断された労働者については、就業上の措置に関して、その要否、講ずべき措置の内容等に係る意見を医師から聴き（同法66条の4）、事業者が必要があると認めるときは、「当該労働者の実情を考慮して、就業場所の変更、作業の転換、労働時間の短縮、深夜業の回数の減少等の措置」を講じなければならないと定められています（同法66条の5第1項）。

5　ストレスチェック制度への対応

なお、平成26年の安衛法改正により、使用者にはストレスチェック制度を導入し、実施することが求められることとなりました。ストレスチェックの実施が義務とされるのは、従業員数50人以上の事業場とされており、これは、産業医の選任義務が課されている事業場と同じ対象範囲です。従業員数50人未満の事業場の実施は努力義務とされています。

ストレスチェックについて、就業規則に定めるかという点については、「心理的な負担の程度を把握するための検査及び面接指導の実施並びに面接指導結果に基づき事業者が講ずべき措置に関する指針」には、ストレスチェック制度の実施に関する規程を定め、これをあらかじめ労働者に周知するとの記載がありますが、わざわざ規程にしなくても運用で行うことで十分だと考えます。もっとも、定めるということであれば指針「5」「(2)」の「①」から「⑪」までを参考に作成すればよいと思われます。

また、就業規則ではなく、別の運用上の規定を策定することは何ら問題はなく、その際には、厚生労働省が公表している「ストレスチェック制度実施規程（例）」を参考にすればよいと思います。

05 医師による面接指導

参考条文

（医師による面接指導）

第73条　長時間の労働により疲労の蓄積が認められる労働者から申出があった場合には、医師による面接指導を行う。

2　前項の面接指導の結果、必要と認めるときは、一定期間の就業禁止、労働時間の短縮、配置転換その他必要な措置を命じることがある。

参照規定　第76条（就業禁止、233ページ）

策定に当たっての留意点

安衛法は、時間外・休日労働時間が1月当たり80時間を超え、かつ、疲労の蓄積が認められる労働者から申出があった場合には、医師による面接指導を行わなければならないと定めています（安衛法66条の8第1項）。

「疲労の蓄積」は、通常、他者には認知しにくい自覚症状として現れるものであることから、面接指導の申出を行った労働者については、「疲労の蓄積があると認められる者」として取り扱うこととされています（平成18年2月24日基発0224003号）。

なお、この面接指導結果についてはその記録を作成し、5年間保管しなければなりません（安衛則52条の7）。

面接の結果、事業者が必要があると認めるときは、「当該労働者の実情を考慮して、就業場所の変更、作業の転換、労働時間の短縮、深夜業の回数の減少等の措置」を講じなければならないと定められています（同法66条の8第5項）。

また、上記に当てはまらない労働者についても、長時間の労働により、疲労の蓄積が認められ、または健康上の不安を有している等、健康への配慮が必要であると思われる者については、必要な措置を講じるよう努めなければならず（努力義務）、必要な措置とは面接指導の実施または面接指導に準ずる措置（保健師等による保健指導を行うこと、チェックリストを用いて疲労蓄積度を把握の上、必要なものに対して面接指導を行うこと、事業場の健康管理について事業者が産業医等から助言指導を受けること等）であるとも定められています（同法66条の9、安衛則52条の8）。

この場合の「長時間」とは、時間外・休日労働時間が1月当たり80時間を超えることをいうこととされています（平成18年2月24日基発0224003号）。

巷間、長時間労働による過労死や精神疾患等の発症が問題となっており（医学的には長時間労働と精神疾患等の発症についての関連性が明確に立証されているわけではないが）、企業としては、労働者の長時間労働や疲労の蓄積に対して適切な対応を行う必要があります。

なお、令和3年9月14日付「血管病変等を著しく増悪させる業務による脳血管疾患及び虚血性心疾患等の認定基準（基発0914第1号）では、業務起因性の判断に際し、労働時間以外の要素も考慮されることを明確にした上で、次のように発症と労働時間の関連性が示されていることも参考になるでしょう。

① おおむね45時間を超えて時間外労働時間が長くなるほど、業務と発症の関連性が徐々に強まると評価できること
② 発症前1ヵ月におおむね100時間又は発症前2ヵ月間ないし6ヵ月にわたって、1ヵ月当たりおおむね80時間を超える時間外労働が認められる場合は、業務と発症との関連性が強いと評価できること

また、「精神障害の労災認定」では、次のように示されています。

①　1ヵ月に80時間以上の時間外労働を行った場合に、（他に心理的負荷となる項目に該当する出来事がない場合には）心理的負荷の強度が「中」と判断される

06 自己保健義務

参考条文

（自己保健義務）

第74条　従業員は、勤務に支障のないよう自らの健康の維持・増進に努め、健康上必要な事項について医師その他の健康管理者の指示・指導等を受けなければならない。

2　従業員は、健康状態に異常がある場合は、速やかに会社に申し出るとともに医師等の診察を受け、その回復に努めなければならない。

→参照規定　第72条（健康診断、225ページ）

策定に当たっての留意点

従業員の心身の問題（健康状態）は、個人のプライバシーに関わる問題であり、原則として会社が立ち入ることはできません。

しかし、従業員は雇用契約に基づき会社に対して労務を提供する義務があることから、業務に支障のないようにその健康状態を維持する必要があるといえます。

また、健康状態に異常がある場合には、会社において把握しておく必要があるため、自己申告させた上で医師等の診察を受けさせることを明記しておく必要があります（なお、会社が、従業員が身体または精神上の疾患に罹患していることが疑われる場合、必要に応じて従業員に対して医師による診断または精密検査の受診を命ずることができるとの点は、第72条（225ページ）に規定したとおり）。

07 就業制限

参考条文

（就業制限）

第75条　法令に定める危険または有害な業務には妊産婦や満18歳に満たない従業員に従事させないこととする。

策定に当たっての留意点

労基法では、年少者（満18歳に満たない者）や妊産婦を危険有害業務に従事させてはならないと定めています（同法62条、64条の3）。

本条文は、この規定を確認的に定めたものです。

08 就業禁止

参考条文

（就業禁止）

第76条　次の各号のいずれかに該当する従業員については、その事由が消滅するまで、就業を禁止する。

① 伝ぱのおそれのある伝染性の疾病に罹患した者

② 心臓、腎臓、肺等の疾病で労働のため症状が著しく増悪するおそれのある疾病に罹患した者

③ 医師が就業を不適当と認めた者

④ 前各号のほか、厚生労働大臣が定める疾病、その他法律に定める疾病に罹患した者

2　前項の規定にかかわらず、会社は、当該従業員の心身の状況が就業に適さないと判断した場合、その就業を禁止する。

3　第1項および第2項の定めにより就業を禁止した間は無給とする。

→参照規定　第73条（医師による面接指導、228ページ）

策定に当たっての留意点

安衛法は、伝染性の疾病その他の疾病で厚生労働省令で定めるものに罹った労働者については、その就業を禁止しなければならないと定めています（同法68条）。

これを受け、安衛則61条は、①病毒伝ぱのおそれのある伝染性の疾病に罹った者、②心臓、腎臓、肺等の疾病で労働のため病勢が著しく増悪するおそれのあるものに罹った者、③前各号に準ずる疾病で厚生労働大臣が定めるものに罹った者、について就業を禁止し

なければならないと定めています。

上記のように法で定められた疾病に罹患している者だけではなく、心身の状況に問題があり、就業することが困難な場合（雇用契約の債務の本旨に従った労務提供ができない場合)、使用者としてその受領を拒否することができます。

そのため、従業員の心身の状況が就業に適さないと認められる場合に就業を禁止する包括的な規定を定めておくことが必要です。

本規定に基づき就業禁止とした場合、従業員の私傷病のために労務の提供が行えないということになるため、ノーワーク・ノーペイの原則から､就業禁止期間中は当然に無給とすることができますが、念のため無給の旨も明示しておくとよいでしょう。

01 災害補償

参考条文

（災害補償）

第77条　従業員が業務上の事由または通勤により負傷し、疾病に罹り、または死亡した場合は、労働者災害補償保険法により補償を行う。従業員がこの給付を受ける場合は、その価額の限度において、会社は同一の事由について労働基準法上の災害補償の義務を免れる。

策定に当たっての留意点

労基法84条は、「この法律に規定する災害補償の事由について、労働者災害補償保険法又は厚生労働省令で指定する法令に基づいてこの法律の災害補償に相当する給付が行われるべきものである場合においては、使用者は、補償の責を免れる」と定めています。

労災保険法による各保険給付は、その一部は内容が異なっているものもありますが、労基法のそれぞれの災害補償に相当するものであるとされており、労災保険法による保険給付が行われた場合には、使用者は労基法に基づく災害補償を行う必要はありません。したがって、使用者は、労災保険法による保険給付が行われる場合には、労災保険法の休業補償給付が支給されない休業最初の3日間のみについて災害補償（休業補償）を行えばよいということになります。

02 上積補償

参考条文

（上積補償）

第78条　会社は、従業員が業務上負傷し、疾病に罹り、または死亡した場合においては、第77条のほか、本人またはその遺族に対して、以下の各号に定める上積補償を行う。

① 休業補償

② 障害補償

③ 遺族補償

2　会社は、前項に定める上積補償を行った場合には、補償の価額を限度として、同一の事由に基づく民法の損害賠償の責を免れる。

→参照規定　第77条（災害補償、235ページ）

策定に当たっての留意点

1　上積補償の性質

上積補償は、労基法に定められたものではなく、制度を設けるかどうかについては会社の判断によります。

2　上積補償を規定する目的

上積補償の制度を設ける目的は、会社として、被災者およびその遺族に対する生活の保証等を行うということのほか、業務上災害について民事上の責任を軽減するということもあります。

この点について、労基法84条2項は「使用者は、この法律による補償を行った場合においては、同一の事由については、その価額の限度において民法による損害賠償の責を免れる」と定め、会社が補償を行った限度で民事上の損害賠償責任が免除されるとしています。

労働基準監督署において業務上災害との認定がなされた後に、被災者およびその遺族が裁判により会社に対する民事上の損害賠償請求を行うことが多いこと、裁判となった場合に、裁判所が労働基準監督署における業務上災害の認定を重要視する傾向が強いことから、訴訟対応のためのコストや会社のレピュテーションリスク等を考えると、上積補償により民事上の損害賠償責任を軽減することも重要であると思われます。

3　規定に当たっての留意点

まれに、上積補償について、弔慰金として支給するという趣旨の定めをみることがあります。しかし、これでは、損害の填補にはならないので、必ず、損害の填補である旨（２項）を明示すべきです。

01　表　彰

参考条文

（表彰）

第79条　会社は、従業員が次の各号の一に該当するときは、選考の上、表彰を行うことがある。

①　職務に熱心かつ成績優秀で、他の従業員の模範となっていると評価されたとき

②　業務上有益な発明考案を行い、会社の業績に貢献したとき

③　永年勤続して成績優良と評価されたとき

④　社会的な功績が認められて、会社の名誉となる行為があったとき

⑤　その他、特に表彰に値する行為があったとき

2　表彰は、賞状および記念品の授与により行う。

策定に当たっての留意点

1　就業規則における相対的必要記載事項

表彰制度を定める義務はありませんが、多くの会社では、従業員に対する表彰制度を設けています。表彰制度を設ける場合は、必ず就業規則に記載しなければなりません（労基法89条9号）。そして、就業規則には、表彰の「種類及び程度に関する事項」を定めなければなりません。具体的には、表彰の種類とは、賞状、賞品および賞金の授与といったものであり、表彰の程度とは、賞品や賞金の内容といったものと解されます。

2　就業規則に定めた場合は労働契約の内容になる点に注意

表彰については、福利厚生の一種であり、必ずしも労働条件とは言い難いと思いますが、労働条件と解された場合には、就業規則に定められれば、労働契約の内容になります（労契法７条、10条）。

したがって、就業規則において、表彰の内容、支給基準が客観的に定められていれば、従業員が支給基準を満たした場合、会社は定められた表彰を行わなければなりません。しかし、会社の経営状況、これまでの運用等、様々な事情から表彰を行うことが妥当とは言えない場合もありますので、それに対応するための工夫が必要でしょう。

例えば、「従業員が次の各号の一に該当するときは表彰を行う」とするのではなく、「選考の上」という文言を入れたり、あるいは、「表彰を行うことがある」という文言を入れたりするなどして、表彰するかどうかは会社の裁量の範囲内に留めておくことが考えられます。

3　表彰の内容として昇給は定めるべきでない

会社によっては、表彰の内容として、特別昇給を定めているところもあるようですが、昇給は、人事に影響を与えるものであることからすれば、表彰の１つとして昇給を行うというのは筋違いだと考えます。昇給については、通常の人事の過程でルールに則って行うべき事柄です。

01　懲戒の種類および程度

参考条文

（懲戒の種類および程度）

第 80 条　従業員が第 81 条のいずれかに該当する場合には、その軽重に応じ、次の区分に従って懲戒処分を行う。

①　譴責

始末書をとり、将来を戒める。

②　減給

始末書をとり、将来を戒めるとともに賃金を減ずる。ただし、減給の額は、1 回の額が平均賃金の 1 日分の半額を超えることはなく、また、総額が当該賃金支払期間における賃金総額の 10 分の 1 を超えないものとする。

③　出勤停止

始末書をとり、将来を戒めるとともに、30 日以内の期間を定めて出勤を停止し、その期間の賃金は支払わない。

④　降格

始末書をとり、将来を戒めるとともに、役職の引下げおよび資格等級の引下げのいずれか、またはその双方を行う。

⑤　諭旨解雇

退職願の提出を勧告する。会社の定めた期間内に勧告に従わない場合は懲戒解雇とする。

⑥　懲戒解雇

予告期間を設けることなく即時解雇する。所轄労働基準監督署長の認定を受けたときは、解雇予告手当を支給しない。

→参照規定 第81条（懲戒事由、244ページ）も参照

策定に当たっての留意点

1　出勤停止

懲戒処分としての出勤停止を就業規則で定めている会社は数多いと思いますが、巷間、その期間が「7日以内」であるとか、「10日以内」と定めている会社も散見されます。会社によっては、降格を定めていないところも数多くあり、その場合、懲戒処分として出勤停止の次に重い処分が諭旨解雇あるいは懲戒解雇となります。しかし、懲戒事由は千差万別であり、出勤停止期間を7日以内あるいは10日以内では軽すぎるけれども、諭旨解雇にするにしては重過ぎるという場合が想定されます。その場合、解雇無効とされるリスクをとって諭旨解雇とするか、あるいはリスクを軽減するために出勤停止期間を7日あるいは10日のうちから選択するしかありません。

懲戒の幅を持たせるためにも、出勤停止については短い期間ではなく30日程度を上限として定めておくほうが運用上も使いやすいと考えます。なお、出勤停止期間中に休日が含まれている場合、その休日はどうなるのかという問題が考えられますが、出勤停止は、出勤する予定の日を対象として発せられるものですので、そもそも就労義務がない休日には出勤停止を命ずることができないことになります。

多くの懲戒処分通知書では、例えば、「4月1日から14日間の出勤停止を命ずる」と書かれていると思いますが、厳密にいえば、「4月1日から休日を除いて14日間（4月○○日まで）の出勤停止を命ずる」とすべきということになります。

2　降　　格

実務上、資格制度が導入されていない会社も数多くありますが（役

職がない会社もまれにある)、そのような会社でも、懲戒処分の1類型として降格が定められており、その内容として、資格等級の引下げが記載されていることが多いです。降格を定めるのであれば、当該会社の資格制度の内容を理解した上で、必要に応じて定めるべきだと思います。

また、会社によっては、「役職または資格等級を引き下げる」と定めている例もありますが、その場合には、役職あるいは資格等級のどちらかの引下げしかできないことになってしまいますので、両方とも同時にできるよう文言を工夫する必要があるでしょう。

3　諭旨解雇

諭旨解雇は、退職願の提出を勧告し、提出されない場合には懲戒解雇とする処分です。退職願の提出期限については、通常3日から1週間程度が多いと思われますが、個別の事案、事情にもよりますので、その日数について、あえて就業規則で定めてしまうと硬直的な運用となってしまうので、提出期限については、「会社の定めた期間内に」としています。

また、諭旨解雇の場合、退職金の一部を支払わない扱いも多いと思いますが、それについては、退職金規程において明示しておけば十分ではありますが、念のため、懲戒の種類および程度のところで記載しても問題はありません。その場合、「諭旨解雇となる者については、情状を勘案して退職金の一部を支給しないことがある」旨を記載すればよいでしょう。

4　懲戒解雇

懲戒解雇の場合、退職金の全部または一部を支払わない扱いが多いと思いますが、それについては、諭旨解雇同様、退職金規程において明示しておけば十分ではありますが、念のため、懲戒の種類および程度のところで記載しても問題はありません。その場合、「懲戒解雇となる者については、原則として退職金を支給しない。ただし、情状を勘案して退職金の一部を支給することがある」旨を記載すればよいでしょう。

なお、諭旨解雇の場合は、「退職金の一部を支給しないことがある」としているのに対し、懲戒解雇の場合は、「退職金の一部を支給することがある」としているのは、諭旨解雇の場合は、退職金を支給するのが原則であり、例外的に一部は支給しないのに対し、懲戒解雇の場合は、退職金を支給しないのが原則であり、例外的に支給するということに起因します。

02 懲戒事由

参考条文

（懲戒事由）

第81条　次の各号の一に該当する場合は、第80条に定める懲戒処分を行う。

① 経歴をいつわり、その他不正の手段を用いて雇用されたとき

② 正当な理由なく無断欠勤したとき

③ 正当な理由なく遅刻、早退、欠勤し、あるいは職場離脱したとき

④ 職務に不熱心で誠実に勤務しないとき

⑤ 会社の諸規程、通達等により遵守すべき事項に違反したとき

⑥ 本規定に違反し、または社命もしくは上長の指揮命令に従わないとき

⑦ 素行不良で会社の秩序・規律を乱し、または、そのおそれのあったとき

⑧ 故意または過失により、業務または就業に関して、会社に虚偽の事項を述べたとき

⑨ 第26条に定める服務規律に違反したとき

⑩ 会社の業務を妨害し、または妨害しようとしたとき

⑪ 火気を粗略に扱い、または所定の場所以外で焚火もしくは喫煙したとき

⑫ 会社内で暴行、脅迫、傷害、暴言またはこれに類する行為をなしたとき

⑬　故意または過失により、会社の秘密を漏らし、または漏らそうとしたとき
⑭　故意または過失により、会社に損害を与え、または会社の信用を失墜させたとき
⑮　会社の金品を盗み、または横領するなど不正行為に及んだとき
⑯　正当な手段によらず私品を修理または作成したとき
⑰　故意または過失により、会社の施設もしくは金品を毀損滅失し、生産の低下もしくは業務の渋滞を惹起し、または労働災害その他の人身事故を発生させたとき
⑱　職務を利用して私利を図ったとき
⑲　取引先に対し、金品等の利益を要求し、または受領するなど職務上の不正行為をなしたとき
⑳　許可を得ないで在籍のまま他に雇用されたとき
㉑　正当な理由なく、異動を拒否したとき
㉒　会社の敷地内で、許可なく集会を行い、または文書の配布、掲示、演説、放送を行ったとき
㉓　飲酒運転（酒気帯び運転を含む）、ひき逃げ、その他刑罰法規に違反したとき
㉔　会社外において、会社または役員、従業員の名誉・信用を毀損したとき
㉕　部下の管理監督、業務上の指導、または必要な指示注意を怠ったとき
㉖　前各号に準ずる行為があったとき

→参照規定　第26条（服務の原則・服務規律、89ページ）、第80条（懲戒の種類および程度、240ページ）

策定に当たっての留意点

1　懲戒処分ごとに懲戒事由を定めるか否か

就業規則における懲戒事由の定め方としては、主に３つのパターンがあると思います。１つ目は、懲戒処分の種類ごとに懲戒事由を定める方法、２つ目は、軽い懲戒処分と重い懲戒処分をグループ化し、グループごとに懲戒事由を定める方法、３つ目は、懲戒事由をまとめて包括的に定め、懲戒処分の種類とは対応させないで定める方法です。

結論から言えば、３つ目の懲戒事由をまとめて包括的に定め、懲戒処分の種類とは対応させないで定める方法が実務上、運用しやすいので適切と考えます。

たしかに、懲戒処分の種類と懲戒事由を対応させることは、明確性という観点から利点があるのは事実ですが、「当該事案に即した妥当な処分量定ができなくなる」という欠点があります。すなわち、懲戒処分を決定するに当たっては、懲戒の対象となる外形的行為が同一であっても、個別の事案における背景事情、動機等の様々な要素を勘案した上で、異なる量定としているのが実情だと思いますが、懲戒行為に至る様々な原因、事情をあらかじめ分類して懲戒処分の種類と対応させることは不可能に近いことから、懲戒処分の種類と懲戒事由を対応させることによって妥当な処分ができなくなるおそれがあるのです。

2　形容詞・副詞の多用は避ける

多くの企業の就業規則を見ていると、懲戒事由に、「しばしば」とか、「みだりに」とか、「著しく」とか、「再三にわたって」などの形容詞あるいは副詞が多用されていることがあります。

裁判例では、懲戒事由は、制限列挙であると解されていることから、訴訟となった場合には、懲戒対象行為が、これら形容詞あるいは副詞に該当するか否かが争点となります。例えば、「正当な理由なく、しばしば遅刻したとき」であれば、「しばしば」とは何回以上を意味するのかとか、「会社の秩序・規律を著しく乱したとき」であれば、会社の秩序・規律を乱しただけでは足りなくて、それが「著しい」ものでなければならないなど、これら形容詞あるいは副詞は、訴訟の場においては、懲戒処分が有効となるためのハードルを上げてしまう、あるいは無用な争点を生み出してしまう、悪効果以外の何物でもありません。「故意または過失により」としておけばよいものを、わざわざ「故意または重過失により」とすることも同様です。

形容詞あるいは副詞が入ることによって見栄えが良くなるという効果は一定程度あるのかもしれませんが、リスクマネジメントの観点からはお勧めできません。

3 「服務規律に違反したとき」を含めることを忘れない

就業規則をレビューしていると、まれに、懲戒事由の１つとして、「服務規律に違反したとき」が抜けていることがあります。これが抜けてしまったとしても、包括条項（「前各号に準ずる行為があったとき」）によって、服務規律違反に基づく懲戒処分も可能になるとは思いますが、余計な争点を増やさないためにも、懲戒事由の１つとして、服務規律に違反したときを含めておくべきでしょう。

4 犯罪行為に関して

就業規則をレビューしていると、まれに、犯罪行為に関する事由として、「刑罰法規に違反し有罪が確定したとき」と定めているものを見かけます。これは、無罪推定の原則をそのまま具現化したものと思われますが、避けたほうがよいでしょう。

この規定による場合、従業員が、例えば横領等の犯罪行為を行ったとしても、そして、犯罪行為を認めていたとしても、刑事事件が有罪確定するまでは懲戒処分できないことになってしまいます。実務上、従業員が犯罪行為によって逮捕された場合には、判決の確定まで待って懲戒処分を行うのではなく、その前のどこかの段階で懲戒処分をするのが通常ですので、それができるように「刑罰法規に違反したとき」としておくべきでしょう。

5　最後に「包括条項」を入れておく

裁判例の多くが、懲戒事由については制限列挙と解していますので、懲戒事由の最後に必ず、「前各号に準ずる行為があったとき」のように包括条項を入れておく必要があります。

03　懲戒の手続き

参考条文

（懲戒の手続き）

第82条　会社は、懲戒委員会の諮問を経て、懲戒処分を行う。

2　懲戒委員会のメンバーは、代表取締役社長、懲戒対象者の所属する部門の責任者、担当役員、コンプライアンス部門担当役員および人事部長とする。なお、メンバーが委員会に出席できない場合、代理の者を立てて出席させることができる。

3　懲戒委員会の招集は原則として人事部長が行う。

4　懲戒委員会は、必要があると認めるときは、懲戒対象者から事情を聞くことができる。

5　懲戒委員会は、懲戒処分を行うかどうか、行う場合には量定をどの程度にするかについて決議（普通決議）を行い、決議の結果を代表取締役に報告する。

6　懲戒委員会の事務局は人事部内に置く。

策定に当たっての留意点

1　懲戒委員会を設置する場合

近年では、懲戒処分を行うに際して、懲戒委員会であるとか、査問委員会などの名称がついた別途の機関での審議を経て行うとする会社もあります。大企業においては、このような別途の機関での審議を経るということが多いように感じます。

この「懲戒委員会」ですが、実務的に言うと、中小企業の場合には、わざわざ定める必要はありません。巷間見るのは、従業員数名程度の企業において、懲戒手続として、「懲戒委員会を経なければならない」と就業規則で謳われているにもかかわらず、懲戒委員会のメンバーも、招集の手続きも、一切定めがないという例ですが、中小企業においては、このような手続きを行うだけの余力もありませんし、あまり意味がありません。

中小企業の場合には、わざわざ背伸びをして懲戒委員会など設置しないで、代表取締役の権限で懲戒処分を行えばよいだけのことです。

それでも、懲戒委員会を設置するという場合には、規定を策定するに当たっては、次の点に留意する必要があります。

① 懲戒処分を決定する機関なのか、懲戒処分についての意見を具申する機関（諮問機関）なのかを明らかにする必要があります。例えば、「懲戒処分は、懲戒委員会を経て行う」だけでは、懲戒委員会が何をやるのか明確ではありません。そこで、参考条文では、諮問機関であることを明確にするために、「会社は、懲戒委員会への諮問を経て、懲戒処分を行う」としています。

② 懲戒委員会の構成員、構成員が出席できない場合の対応、招集手続、決議方法については少なくとも定めておく必要がありますが、その他については、各会社の実情に沿った形で作成するということになります。

2　自宅待機

会社の中には、懲戒事由に該当する行為をした従業員について、事実調査のために必要がある場合は、処分が決定されるまでの間、「自宅待機を命じる」「自宅待機期間中は無給とする」、という類の条項が就業規則に記載されていることがあります。

そもそも、当該条項を明記しておく必要性ですが、自宅待機命令は、就業規則に明記されていなくても、業務命令の一環として一方的に命ずることができることですので、わざわざ明記しておく必要はないと考えます。

　また、自宅待機は、使用者による労働者の労務の受領の拒絶ですので、民法上の危険負担（民法536条2項）により賃金支払義務は残存します。就業規則に「無給」と明記したからといってそれによって直ちに賃金を支払わなくてよいということにはならないと考えます。

3　告知聴聞の手続き

　実務上、懲戒処分を行うに当たっては、懲戒対象者から事実関係についてのヒアリングを行い、弁解の機会を与え、その上で、懲戒処分を決定することが多いと思います。

　したがって、告知聴聞の手続きを就業規則で明記してもよいとは思います。

　ただ、大和交通事件（大阪高判平11．6．29労判773. 50）は、必ずしも懲戒処分に当たって告知聴聞の手続きが必要とは限らないと判示し、ホンダエンジニアリング事件（宇都宮地判平27．6. 24労経速2256.3）も、弁明の機会を与えないことをもって直ちに懲戒手続が違法になるものではないと判示していますので、実務上、フレキシブルに対応するために、あえて告知聴聞の手続きについて記載しないという選択肢もあるかと思います。

01　教育・研修

参考条文

（教育・研修）

第83条　従業員は、会社の実施する教育・研修を受けなければならない。

策定に当たっての留意点

1　規定の必要性

就業規則の相対的必要記載事項として、「職業訓練に関する定めをする場合においては、これに関する事項」（労基法89条7号）とされていることから、教育・訓練を行う場合には、就業規則に定めを置く必要があります。

ただ、教育・訓練は業務遂行の一環として随時、業務指示に基づき実施されるのが通常であり、その内容も画一的なものではなく、OJTも多く取り入れられていることからすると、教育・訓練の仕組みを就業規則に定めることは実際には困難だと思います。

多くの中小企業の場合、そもそも、体系的な教育・訓練等はあまりない（OJTが多い）ことから、教育・訓練に関する条項を定めることが必須とまでは言えないでしょう。また、定めるとしても、上記のとおり、従業員が教育・研修を受けなければならない旨のみを定めることで足りると思います。

01 福利厚生

参考条文

（福利厚生）

第 84 条　従業員は、別に定めるところにより、各種福利厚生制度を受けることができる。

策定に当たっての留意点

1　規定の必要性

福利厚生は、そもそも使用者による恩恵的な取扱いですので、就業規則に定める必要はないのではないかとの疑問もありますが、就業規則の相対的必要記載事項として、「事業場の労働者のすべてに適用される定めをする場合においては、これに関する事項」（労基法 89 条 10 号）があり、これは、労働者の全てがその適用を受ける可能性があるものも含まれるとされています。

そのため、福利厚生については、一部の者のみを対象とする制度であったとしても、念のため、就業規則に定めておいたほうがよいでしょう。

ただ、多くの会社においては、就業規則において、上記のとおり、包括的に、別に定める各種福利厚生制度を受けることができる、という程度の記述に留めていると思われます。

なお、具体的な福利厚生については会社によっても千差万別であることから、本書では省略します。

01　職務発明

参考条文

（職務発明）

第85条　職務発明とは、その性質上、会社の業務範囲に属し、かつ、その発明をするに至った行為がその会社における従業員の現在または過去の職務に属する発明をいう。

2　会社は、職務発明を行った従業員に対し、相当の対価を支払うことによって、当該職務発明について特許を受ける権利を原始的に取得することができる。

3　会社は、前項の相当の対価について、その根拠を示して従業員に説明し、従業員の意見も聴取の上、決定する。

策定に当たっての留意点

1　規定の必要性

サービス業、小売業等の場合には、従業員が職務で発明を行うということはあまり考えられないことから、特段、定めを置いておく必要はないかと思いますが、メーカー等、製造業の場合で、開発部隊を有している会社では、職務発明に関する定めを就業規則でしておいたほうが、将来、従業員による職務発明がなされたときに、従業員との紛争を予防することができる可能性が高くなります。

2　具体的な規定内容

では、職務発明についてどのように定めるかという点ですが、一定以上の規模の会社の場合、職務発明の定義、発明の届出の手続き、職務発明か否かの認定の手続き、権利の承継、対価の算定方法等、場合によっては委員会を設置して審議を行うこと等、詳細に定める例もあるようです。ただ、中小企業の場合には、そこまで手続きをしっかりとすることができないことも多いのではないかと思います。

そこで、最低限、何を定めるかという点ですが、少なくとも、職務発明の定義（特許法35条1項参照）、職務発明について相当対価を支払うことによって、企業が特許を受ける権利を原始的に取得できる旨（同法35条3項）、対価の決定手続（同法35条5項）を定めておけばよいと思います。

参考条文　特許法35条

（職務発明）

第35条　使用者、法人、国又は地方公共団体（以下「使用者等」という。）は、従業者、法人の役員、国家公務員又は地方公務員（以下「従業者等」という。）がその性質上当該使用者等の業務範囲に属し、かつ、その発明をするに至った行為がその使用者等における従業者等の現在又は過去の職務に属する発明（以下「職務発明」という。）について特許を受けたとき、又は職務発明について特許を受ける権利を承継した者がその発明について特許を受けたときは、その特許権について通常実施権を有する。

2　従業者等がした発明については、その発明が職務発明である場合を除き、あらかじめ、使用者等に特許を受ける権利を取得させ、使用者等に特許権を承継させ、又は使用者等のため仮専用実施権若しくは専用実施権を設定することを定めた契約、勤務規則その他の定めの条項は、無効とする。

3　従業者等がした職務発明については、契約、勤務規則その他の定めにおいてあらかじめ使用者等に特許を受ける権利を取得させることを定めたときは、その特許を受ける権利は、その発生した時から当該使用者等に帰属する。

4　従業者等は、契約、勤務規則その他の定めにより職務発明について使用者等に特許を受ける権利を取得させ、使用者等に特許権を承継させ、若しくは使用者等のため専用実施権を設定したとき、又は契約、勤務規則その他の定めにより職務発明について使用者等のため仮専用実施権を設定した場合において、第34条の2第2項の規定により専用実施権が設定されたものとみなされたときは、相当の金銭その他の経済上の利益（次項及び第7項において「相当の利益」という。）を受ける権利を有する。

5　契約、勤務規則その他の定めにおいて相当の利益について定める場合には、相当の利益の内容を決定するための基準の策定に際して使用者等と従業者等との間で行われる協議の状況、策定された当該基準の開示の状況、相当の利益の内容について行われる従業者等からの意見の聴取の状況等を考慮して、その定めたところにより相当の利益を与えることが不合理と認められるものであってはならない。

6　経済産業大臣は、発明を奨励するため、産業構造審議会の意見を聴いて、前項の規定により考慮すべき状況等に関する事項について指針を定め、これを公表するものとする。

7　相当の利益についての定めがない場合又はその定めたところにより相当の利益を与えることが第5項の規定により不合理であると認められる場合には、第4項の規定により受けるべき相当の利益の内容は、その発明により使用者等が受けるべき利益の額、その発明に関連して使用者等が行う負担、貢献及び従業者等の処遇その他の事情を考慮して定めなければならない。

01　附　則

参考条文

（附則）　本規則の付属規程として次の規程を設ける。
賃金規程、退職金規程、育児・介護休業規程、…（以下省略）

（附則）　本規則は、令和○年○月○日より施行する。

（附則）　令和○年○月○日一部改正（第○条、第○条）、同日施行

（附則）　令和○年○月○日一部改正（第○条削除、第○条新設）。ただし、第○条の削除にかかわらず、令和○年○月○日までは改正前の例による。

策定に当たっての留意点

附則には、就業規則本則のほか、付属規程となる賃金規程、退職金規程、育児・介護休業規程等があることを明らかにします。

また、附則には、就業規則の施行期日、改正条項の施行期日を記載します。

その後、規則の改正を行った都度、改正内容を明らかにし、その施行期日を記載していきます。特定の労働条件についての経過措置がある場合には、その点も明記します。

第2章 賃金規程

01　目　的

参考条文

（目的）

第1条　本規程は、就業規則第67条に基づき、従業員の給与および賞与に関し、必要な事項を定めるものとする。

策定に当たっての留意点

1　規定の必要性

従業員の給与および賞与については、就業規則本体の中で定める方法もありますが、就業規則とは別に「給与規程」、あるいは「賃金規程」（以下､「賃金規程」で統一）として定める方法もあります。

もちろん、どちらの方式でも構いませんが、就業規則とは別に定める場合には、賃金規程が就業規則から委任を受けたものであることを明示し、その旨を明らかにしておくべきです。委任を受けたことに関する定めがない場合、理論的には、賃金規程は就業規則とは別の独立のものと取り扱われ、就業規則において賃金に関する事項の定めがないとして労基法違反であると指摘される余地が残ってしまいます。

2　賃金規程は労基署に提出しなくてもよい？

時に、就業規則は労働基準監督署に届け出ているが、賃金規程は届け出ていないというケースに遭遇します。その理由を聞くと、理由は単純で、就業規則は届出義務があるけれども、賃金規程は届出義務がないと勘違いされていることがほとんどです。これは勿論、勘違いであり、賃金規程は就業規則と一体のものですので、賃金規程も労働基準監督署に届け出る義務があります。

02 適用範囲

参考条文

（適用範囲）

第２条　本規程は、就業規則第２条２項に定める従業員に適用する。

策定に当たっての留意点

1　規定の必要性

「目的」のところでも触れましたが、賃金規程は就業規則と一体のものですので、賃金規程が適用される範囲を明確にしておく必要があります。

上記では、就業規則第２条２項に定める従業員（いわゆる正社員を想定）に適用するとしていますが、就業規則において、適用範囲を明確にしていない（直ちに是正したほうがよいが）場合には、少なくとも賃金規程には、「契約社員、パートタイマーその他には適用せず、別に定める」旨を入れておく必要があるでしょう。

就業規則の適用範囲が明確であるという場合でも、念のために、賃金規程にも、「契約社員、パートタイマーその他には適用せず、別に定める」旨を定めておくこともありますが、これは好みの問題であり、どちらでもよろしいかと思います。

03 賃金の種類および構成

参考条文

（賃金の種類および構成）

第3条　賃金の種類および構成は次のとおりとする。

- 賃　金
  - 基本給
  - 手　当
    - 家族手当
    - 住宅手当
    - 役職手当
    - 営業手当
    - 通勤手当
    - 在宅勤務手当
  - 割増賃金
    - 時間外勤務手当
    - 休日勤務手当
    - 深夜勤務手当

2　年俸制を適用する従業員の給与については、別に定める。

→ 参照規定　年俸制の場合の賃金規程、299ページも参照

策定に当たっての留意点

1　規定の必要性

就業規則では、「賃金の決定、計算及び支払の方法、賃金の締切り及び支払の時期並びに昇給に関する事項」を定めなければなりません（労基法89条2号)。そして、「賃金の決定」とは、賃金を決定する要素を明らかにすることであり、その中には、賃金体系（賃

金の種類および構成）も含まれます。したがって、賃金体系（賃金の種類および構成）は、就業規則（もしくは一体として運用される賃金規程等）で定めておかなければなりません。

2　どのように定めるか

賃金体系は企業によって千差万別ですので、当該企業の実態に沿って規定化する必要があります。企業によっては、基本給のみで手当は一切ないとするところもありますし、様々な手当を支給している企業もあります。

また、基準内賃金と基準外賃金とに区別したり、所定内賃金と所定外賃金とに区別したりとする企業も多くあります。

賃金体系を定めるに当たって重要なのは、実態をできる限りわかりやすく反映することであり、策定に当たっては、支給している手当を全てピックアップし、漏れがないようにする必要があります。

まれに、実体と合っていない手当が賃金規程に記載されていることがありますが、その場合には直ちに是正する必要があります。

3　年俸制について

一部従業員について、年俸制を適用する場合には、その旨を規定しておく必要があります。なお、年俸制の内容については「年俸制の場合の賃金規程」（299ページ）を参照してください。

04 支払方法

参考条文

（支払方法）

第4条　会社は、従業員が勤務する事業所において、賃金を通貨で直接その全額を支払う。

2　前項について、従業員が同意した場合は、会社は、従業員本人の指定する金融機関の預貯金口座に振り込む方法により賃金を支払うことができる。ただし、これによって賃金の支払場所が変更されるものではない。

3　会社は、第1項にかかわらず、法令に定められたものおよび労使協定により定めたものを賃金から控除することができる。

策定に当たっての留意点

1　規定の必要性

就業規則では、「賃金の決定、計算及び支払の方法、賃金の締切り及び支払の時期並びに昇給に関する事項」を定めなければなりません（労基法89条2号）。そして、本条は、「賃金の支払の方法」について定めたものです。

賃金の支払いの方法とは、具体的には、労基法24条のいうところの①通貨払いの原則、②直接払いの原則、③全額払いの原則のことを指しますので、これらについて明確にしておく必要があります。

2　支払場所（賃金支払いの履行場所）についても明記する

実務上、賃金の支払場所が問題となるケースがあります（例えば、筆者が経験した例としては、単身赴任をしていた従業員が解雇され、その後自宅に帰省し、自宅を管轄する裁判所に対して賃金仮払い仮処分命令申立てをしたケースがあり、賃金の支払場所が単身赴任先であるか、従業員の自宅であるかが争われました）。

一般論としては、民法484条が、原則として金銭債務については持参債務と定めており、雇用契約における賃金債務についてもこれに該当するといわれています。

したがって、民法の一般原則に従えば、賃金は使用者が従業員の自宅に持参をしなければならないということになります。もっとも、裁判例は、「給料債権は従業員が営業所において労務に従事し、その代価として給料を請求するものであるから、暗黙の合意がなされたと認められる別段の事情又は合意のない限り、民法第484条、商法第516条の適用を排除し、その支払場所は双方に好都合である使用者の営業所であると解するのが相当である」（東京高決昭38. 1 . 24・下民集14. 1 . 58）としています。

ですから、賃金規程において、賃金の支払場所が従業員の自宅ではないことを明らかにしておくために、支払場所について明記しておいたほうがよいでしょう。

3　口座振込の方法

上述のとおり、賃金は通貨で支払わなければなりませんが、金融機関の発達等に伴い、現在ではほとんどの企業において、賃金の口座振込が行われています（口座振込となると従業員にとっては預金債権となるため、厳密には通貨で支払ったとはいえないことから、通貨払いの原則の例外とされている）。賃金の口座振込を行うための要件の1つとして、従業員の同意が必要ですので、賃金規程においても、その旨の定めをしています。また、但書として、口座振込の合意があったとしても、それによって賃金の支払場所が変更されるものではないことを念のため記載しています（口座振込の合意は賃金の支払場所を変更する合意を含まないとした広島高決平

27. 3. 17 労経速 2249. 9）。

4　賃金からの控除

賃金の全額払いの例外としては、①法令で控除ができるとされているものと、②労使協定で定めたもの、とがあります。そこで、その旨を記載しています。

5　賃金控除協定

労基法上、労使協定において賃金から何を控除することができるのかについて特段の制約はなく、労使において自由に決めることが可能となっていますが、通達では、「購買代金、社宅、寮その他の福利、厚生施設の費用、社内預金、組合費等、事理明白なものについてのみ…（中略）…労使の協定によって賃金から控除することを認める」となっています（昭和 27 年 9 月 20 日基発 675 号）。

そこで、実務上、よくあるケースを規定したのが右の協定例ですが、未払いとなっている上記のような債権を回収する最終手段である退職金から、これらを控除をすることができる旨の定め（右協定例の 2 条）をしていない例が多くありますので、抜け落ちていないか確認する必要があります。

また、控除項目として、従業員が会社に対して負っている損害賠償金を対象とすることができるかという問題がありますが、上述のとおり労基法上の制約はないことから、私見としては可能であると考えますが、従業員のモチベーション、企業のイメージ等の観点から、あえて定めないという企業も多くあるのではないでしょうか。感覚としては、損害賠償金を定めている例は必ずしも多くはないと思います。

加えて、賃金過払いを調整するための返済金を控除項目として定める例もありますが、これについては、労使協定に定めがなくても、一定の範囲であれば相殺（調整的相殺）可能とされているので、わざわざ定めなくてもよいと考えます。

労使協定例

賃金控除に関する労使協定

（控除項目）

第１条　会社は、毎月の賃金、賞与から、以下に定めるものを控除することができる。

①　社宅使用料

②　会社が従業員に貸し付けた金銭の返済金

③　団体加入保険料

④　積立金

（退職金からの控除）

第２条　前条に定めるもののうち、従業員が会社を退職する時点で未払いのものがある場合には、会社は、従業員に対する退職金からこれを控除して支払うことができる。

令和○年○月○日

○○株式会社　　代表取締役　　○○○○㊞

過半数代表者　　○○○○㊞

01　賃金の計算期間および支払日

参考条文

（賃金の計算期間および支払日）

第５条　毎月の賃金の計算期間は次のとおりとする。

基本給および手当	当月１日から当月末日まで
割増賃金	前月１日から前月末日まで

２　前項の賃金は毎月 25 日に支払う。ただし、支払日が休日に当たる場合は、その前日に支払う。

３　計算期間の途中に採用された者、退職した者および解雇された者については、当該計算期間の所定労働日数を基準に日割計算して支払う。休職・復職の場合も同様とする。

策定に当たっての留意点

1　規定の必要性

就業規則では、「賃金の決定、計算及び支払の方法、賃金の締切り及び支払の時期並びに昇給に関する事項」を定めなければなりません（労基法 89 条２号）。本条は、このうち「賃金の締切り及び支払の時期」について定めたものです。

2　計算期間

賃金の計算期間は企業によって様々ですが、大きく分けると、１日～月末とする例、16 日～ 15 日とする例、26 日～ 25 日とする例が多いのではないでしょうか。

したがって、会社の実態に合わせて定めていただければよいかと思いますが、割増賃金については、給与計算の観点から当月に支給することができず翌月に支給することがほとんどだと思います（例えば、賃金の計算期間が１日～月末とした場合で賃金支払日が当月25日の場合、当月の時間外労働の集計は当月末日にならないとできないため、翌月に支払うしかない）。当然のことではありますが、割増賃金については別途の計算期間となる旨を明示しておくべきと考えます。

3　支払日と日割計算

多くの会社では、賃金の支払日が休日の場合にはその前日に支払うとしていることから、その定めをし（休日の場合には翌日に支払うとすることも可能）、また、月の途中で採用となった場合、退職となった場合には日割計算をして支払う例が多いことから、そのような定めをしています。とりわけ、日割計算についてはその定めをしておかないと、退職した従業員から、日割計算の定めがないので１ヵ月分の賃金を支給すべきだと主張され、無用の紛争を招くおそれもあるので定めておいたほうが無難でしょう。

02　端数処理

参考条文

（端数処理）

第6条　会社は、従業員に支払う1ヵ月間の賃金額に100円未満の端数が生じた場合、50円未満の端数を切り捨て、50円以上の端数を100円に切り上げて支払う。

策定に当たっての留意点

1　規定の必要性

就業規則では、「賃金の決定、計算及び支払の方法、賃金の締切り及び支払の時期並びに昇給に関する事項」を定めなければなりません（労基法89条2号）。本条では、「賃金の計算」の1つである端数処理について定めています。

賃金の全額払いの原則上、賃金計算において端数が出た場合であっても、原則として端数のまま支払わなければなりませんが、手続き等の煩瑣のため、一定の場合には端数を処理することが認められています。具体的には、①1ヵ月の賃金支払額に100円未満の端数が生じた場合、50円未満の端数を切り捨てて、それ以上を100円に切り上げて支払うこと、②1ヵ月の賃金支払額に生じた1,000円未満の端数を翌月の賃金支払日に繰り越して支払うことが認められています（昭和63年3月14日基発150号、婦発47号）。上記の例は、①の取扱いについて定めたものです。

03　減　　額

参考条文

（減額）

第7条　従業員が欠勤、遅刻、早退および私用外出等により就労しなかった場合、会社は、基本給から当該日数または時間数分の賃金を控除する。

2　前項の場合、控除すべき賃金の1時間当たりの金額の計算は以下のとおりとする。

基本給÷1ヵ月平均所定労働時間数

策定に当たっての留意点

1　欠勤等の控除

本条は、欠勤等による賃金の控除について定めています（月給制を前提）。従業員が欠勤、遅刻、早退および私用外出をした結果、労働しなかった日および時間については、賃金を支払う必要はありませんので（ノーワーク・ノーペイの原則）、その旨を規定したものです。

月給制の場合、日給月給と完全月給とがありますが、完全月給を取る場合には、欠勤日、欠務時間について賃金は控除されないということになります。

本来、就労していない場合には当然賃金は発生しませんので、あえて欠勤等による控除を定めておく必要はありませんが、上述のとおり、月給制にも2つの場合があり、欠勤等による控除を定めておかないと完全月給制だと誤解を招くおそれもあることなどから、欠勤等による控除をするのであれば、賃金規程にその旨を定めておくべきでしょう。

2　留意点

欠勤控除をする際に、留意しなければならないのは、控除すべき賃金の1時間当たりの金額についてです。上記の定めでは、基本給のみを控除の対象としていますが、時間外割増賃金の基礎額と同様に手当を入れることも可能ですので、その際には、（基本給および手当）÷1ヵ月平均所定労働時間数とする必要があります。また、手当の中でも通勤手当は対象としないなど、いろいろな取扱いがあると思いますので、どの手当を入れるのか除くのかを明確にしておく必要があるでしょう。

また、1時間当たりの金額を算出するに当たり、分母として、サンプルのとおり「1ヵ月平均所定労働時間数」とする例もあれば、「当該賃金計算期間の合計所定労働時間数」とする例もありますが、一長一短ですので、会社の実情に応じて運用しやすいほうにすればよいと思います。

01　基本給

参考条文

（基本給）

第8条　基本給は、職務の内容、市場の水準、業務遂行能力、勤務成績、勤務態度、勤続年数、年齢等を総合考慮して各人別に決定する。

策定に当たっての留意点

1　規定の必要性

就業規則では、「賃金の決定、計算及び支払の方法、賃金の締切り及び支払の時期並びに昇給に関する事項」を定めなければなりません（労基法89条2号）。本条は、このうち「賃金の決定」について定めたものです。

2　基本給決定の要素

基本給を決定するに当たって何を考慮するのかという点を明らかにしていますが、従来とは異なり、最近では、成果主義的な考えが浸透しているように感じられます。そこでは、年齢を大きく加味することはせず、職務に応じて、市場における賃金水準をベースとして個々に決定しているのが多いようです。もし、年齢は一切関係ない、考慮しないということであれば、基本給決定の要素として「年齢」を列挙しないようにする必要があるでしょう。

いずれにしても、基本給をどのように決めるかという点は会社によって千差万別ですので、実態に沿って定める必要があります。

02　基本給改定

参考条文

（基本給改定）

第9条　基本給の改定（昇給または降給）は、原則として、毎年4月に行う。

2　会社は、人事評価に基づき、以下の表のとおり、基本給を改定（昇給または降給）する。なお、昇給率、降給率は、会社の経営状況等を踏まえて、毎年決定する。

評価	レンジ下（下限～50%未満）	レンジ中（50%以上～75%未満）	レンジ上（75%以上～上限）
S	＋	＋	＋
A	＋	＋	＋
B	＋	＋	0
C	＋	0	0
D	－	－	－

3　基本給が降給となる場合であっても、その上限は従前の基本給の10%の範囲内とする。

策定に当たっての留意点

1　降給の定めを置く

基本給を下げるためには、労働契約上、基本給が下がり得るということが内容となっていなければなりません。

したがって、基本給が下がるということを就業規則に明示しておく必要があります。

2　どうなったら降給となるのかを明示しておく

多くの企業では、「基本給を改定することがある」と定めておけば、基本給を一方的に下げられるという認識をお持ちかもしれませんが、法的にはなかなか難しいところです。基本給を下げる場合には、少なくとも労働契約上、どういった場合にどの程度の降給となるのかを明示しておき、それを労働契約の内容としておく必要があります。

この規定では、資格等級ごとに基本給のレンジが定まっている例を前提として、評価に基づき、昇給と降給がある制度としています。昇給率と降給率については毎年決めるという形にしています。

また、他にも、「人事考課がＤのときには３％」とか、「Ｅのときには５％」とか、「最低評価のときには８％」などという定めをすることも可能です。

3　減額の上限を明示しておく

基本給を一方的に下げることができるとしても、その不利益に鑑み、いくらでも下げられるというものではありません。したがって、減額の上限を定めておくべきでしょう。

4　参考裁判例

筆者らが関与した、エーシーニールセン・コーポレーション事件（東京地判平 16.3.31 労判 873.33）では、雇用契約の内容として成果主義に基づく基本給の引下げが定められていても、使用者が恣意的に基本給の引下げを決定することは許されず、降給が許容されるのは、就業規則等による雇用契約に降給が定められていること、その決定の過程に合理性があること、公正な手続きが存することが必要であるとされています。

03 昇格・降格に伴う基本給の変更

参考条文

第9条の2　会社は、人事評価を踏まえて、従業員の資格等級を変更（昇格または降格）することがある。

2　人事評価で、「A」以上の総合評価を連続して2年取得し、かつ、上司の推薦がある者は、昇格候補者となり、その中から、上位の資格等級において期待される資格要件を満たすことができると会社が判断した者は昇格となる。

3　人事評価で「D」の総合評価を連続して2年取得し、現在の資格等級において期待される資格要件を満たさないと会社が判断した者は降格となる。降格となった場合、基本給は原則として維持されるが、その金額が下位の資格等級の上限を超える場合には上限額に引き下げる。

4　資格等級の変更は、原則として毎年4月に行う。

策定に当たっての留意点

1　資格等級が変更となる場合の降給の仕方について定めておくことが必要

職能資格制度においても、また、グレード制度など他の人事制度等においても、資格の変更あるいはグレードの変更に伴って降給となる場合には、どういう場合にどういうルールで降給となるのかを明示しておく必要があります。

つまり、会社と従業員との間の労働契約において、降給を契約内容にしておかなければ、会社は、従業員の同意なしに降給をすることはできません。多くの企業で、この点について定めがないというのが実態です（事実上、同意を得て行っているケースが圧倒的に多い）。

この例では、人事評価に基づいて資格等級制度を変更することを前提としています。そして、どういった評価の場合に昇格あるいは降格するのかを明確にしています。また、降格となった場合には、基本給は原則として変えない（下図①）けれども、その金額が下位の資格等級の賃金レンジを上回る場合には下位の資格等級の賃金レンジの上限に位置付ける（下図②）、としています。この部分については、その他にもいろいろと制度設計することができ、例えば、降格に伴って基本給を５％下げる、ということも可能です。本規程を前提とした場合の降給の有無について図示したものが下図です。

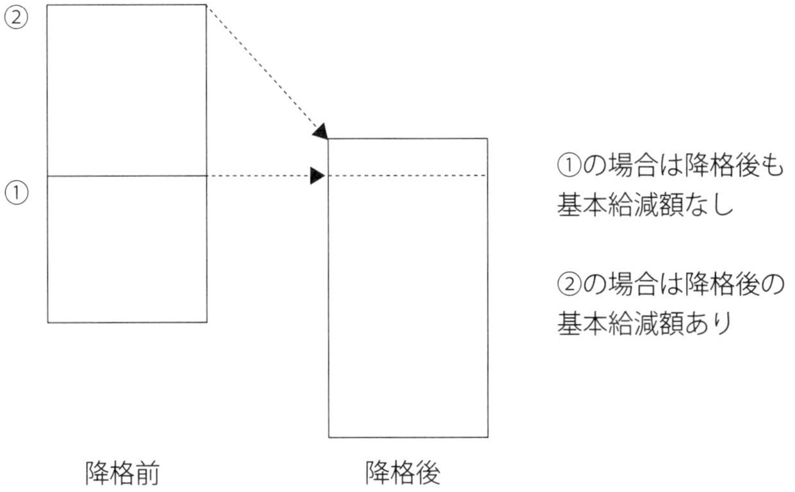

01 家族手当

参考条文

(家族手当)

第 10 条　家族手当は、以下の家族を扶養している従業員に支給する。ただし、子については３人を限度とする。

① 配偶者（所得税法上の控除対象者に限る）
月額 5,000 円

② 18 歳未満の子　1 人当たり月額 3,000 円

③ 65 歳以上の父母（所得税法上の控除対象者に限る）
1 人当たり月額 2,000 円

策定に当たっての留意点

1　規定の必要性

就業規則では、「賃金の決定、計算及び支払の方法、賃金の締切り及び支払の時期並びに昇給に関する事項」を定めなければなりません（労基法 89 条２号）。したがって、基本給のほかに家族手当を支給する場合には、家族手当の決定、計算および支払いの方法について規定する必要があります。

2　規定の仕方

家族手当は、一般的には、家族を扶養する従業員に対し、その生活を補助するために支給されるものです。その意味で、住宅手当等と同様、生活補助的な意味を持っています。

外資系企業の場合には、賃金は職務に対して支払われるものであって、従業員に扶養家族がいるかどうかと賃金は関係ないとして、

家族手当を支給するという例は少ないというのが実感です。また、配偶者について、「所得税法上の控除対象者に限る」という要件を定めるのが一般的ですが、平成28年4月に公表された「女性の活躍推進に向けた配偶者手当の在り方に関する検討会報告書」では、この点について、「配偶者の『就業調整』の要因となり、結果として、女性の能力発揮の妨げとなるとともに、他の労働者の負担増などの影響を生じさせていると考えられることから、配偶者の働き方に中立的な制度となるよう見直しを進めることが望まれる」と提言されています。税制においては、平成29年税制改正により配偶者控除および配偶者特別控除が平成30年から見直され、家族手当を廃止する企業も出てきていますが、不利益変更になり得るので、手続き的にはしっかりと行うべきと考えます。以下、家族手当を支給する場合の留意点について概略を説明します。

（1）扶養家族であることを明記する

家族手当の趣旨は、上述のとおり、家族を扶養する従業員に対する生活を補助することですので、例えば、配偶者、子あるいは父母が働いており一定程度の収入がある場合にまで支給する必要がないと考えるのが自然だと思います。そのため、配偶者（および65歳以上の父母）に「所得税法上の控除対象者」という要件を課したり、子の年齢の上限を設定したりすることがあります。このような要件がなければ、企業は無制限に家族手当を支給せざるを得ないこととなってしまいますので、制度設計の際には注意が必要です。

（2）子の人数に制限を加えるか否かを検討する

最近では子だくさんの家庭も少なくなっていますが、企業として、家族手当を支給する子の数に制限を加えるか否かも検討したほうがよいでしょう。

（3）世帯主要件を課すか否かを検討する

家族手当を受給できる従業員として、「世帯主」であることを求める企業もあります。これは、共働き夫婦の二重受給を避けるために設けられるものですが、住民票上の世帯主自体は男性であっても女性であってもなることができるため、原則として、性別による賃金の差別的取扱い（労基法４条）には該当しません。

また、世帯主の判断基準を住民票に求めるのではなくて、夫と妻のいずれか収入の多いほうを世帯主と判断することも、性別を基準とするものではありませんので、原則として、性別による賃金の差別的取扱いには該当しません。

世帯主要件を定める場合は、何をもって世帯主かどうかを判断するのか、その基準を賃金規程上、明確にしておく必要があります。

（4）65 歳以上の父母を対象とするかを検討する

家族手当は、一般的には家族を扶養する従業員に対し、その生活を補助するために支給されるものですので、同居の父母も対象とすることができます。ただ、65 歳以上の父母については、基本的には年金を受給していることから、家族手当の対象とする必要がないと考えることもできます。企業として、同居の父母を対象とするかどうかも検討したほうがよいでしょう。

（5）時間外割増賃金の算定基礎にならないように設計する

労基法 37 条５項が、家族手当は割増賃金の算定基礎には算入しないと定めていることから、家族手当は割増賃金の算定基礎にはなりません。しかし、割増賃金の算定基礎にならない家族手当についてはその実質を見て判断されるとされており、「独身者に対しても幾何かが支払われているときは、その手当は家族手当とは関連のないものであり、又扶養家族ある者に対し、その家族数に関係なく一律に支給されている手当は家族手当とはみなさない。従ってかかる手当は割増賃金の基礎に入れるべきである」（昭和22年11月5日基発231号）とされています。

したがって、扶養する家族数とは無関係に家族手当を支給することとしてしまうと、それは割増賃金の算定基礎から除外することができなくなってしまいます。

会社として、家族手当も割増賃金の算定基礎とすることは本意ではないことが多いと思いますので、設計に当たっては、この点にも留意する必要があるでしょう。

02 住宅手当

参考条文

（住宅手当）

第 11 条　住宅手当は、賃貸住宅に居住する従業員に対し、以下の区分に従って支給する。

①　家賃（月額。共益費・管理費含む）が5万円以上 10 万円未満の者　　月額２万円

②　家賃（月額）が 10 万円以上の者　　月額３万円

策定に当たっての留意点

1　規定の必要性

262 ページのとおり、基本給のほかに住宅手当を支給する場合には、住宅手当の決定、計算および支払いの方法について就業規則で規定する必要があります。

2　規定の仕方

住宅手当は、従業員が居住する住宅に要する費用の全部または一部を補助するために支払われるものです。その意味で、家族手当等と同様、生活補助的な意味を持っています。

外資系企業の場合には、賃金は職務に対して支払われるものであるとして、住宅手当を支給しないという会社もありますが、家族手当とは異なり、外資系企業であっても住宅手当は支給するという例が多いと感じます。以下、住宅手当を支給する場合の留意点について概略を説明します。

(1) 持家の場合も支給するかを検討する

住宅手当の趣旨は、上述のとおり、住宅に要する費用を一部負担することで従業員に対する生活を補助することですので、賃貸住宅に居住している従業員だけでなく、ローンを締結し持家に居住している従業員にもその趣旨はあてはまります。しかし、企業によっては、持家の場合は不動産が従業員個人の所有物となること等から、賃貸住宅に居住している従業員だけを対象とする例もあります。

したがって、企業としては、持家の場合も支給をするかどうかを検討する必要があります。

(2) 世帯主要件を課すか否かを検討する

企業によっては、家族手当と同様、住宅手当を受給できる従業員として、「世帯主」であることを求める企業もあります。これは、共働き夫婦の二重受給を避けるために設けられるものですが、住民票上の世帯主自体は男性であっても女性であってもなることができるため、原則として、性別による賃金の差別的取扱い（労基法4条）には該当しません。

また、世帯主の判断基準を住民票に求めるのではなくて、夫と妻のいずれか収入の多いほうを世帯主と判断することも、性別を基準とするものではありませんので、原則として、性別による賃金の差別的取扱いには該当しません。

世帯主要件を定めるのであれば、何をもって世帯主かどうかを判断するのか、その基準を賃金規程上、明確にしておく必要があります。

(3) 時間外割増賃金の算定基礎にならないように設計する

労基法37条5項が、住宅手当は割増賃金の算定基礎には算入しないと定めていることから、住宅手当は割増賃金の算定基礎にはなりません。しかし、割増賃金の算定基礎にならない住宅手当については、「住宅に要する費用に応じて算定される手当」をいうとされ、その実質を見て判断されるとされています。具体的には、「賃貸住宅については、居住に必要な住宅（これに付随する設備等を含む、以下同じ。）の賃借のために必要な費用、持家については、居住に必要な住宅の購入、管理等のために必要な費用をいう」と解釈されています。

そして、「費用に応じて算定される」とは、費用に定率を乗じた額とすることや、費用を段階的に区分し費用が増えるにしたがって額を多くすることをいうとされ、住宅に要する費用以外の費用に応じて算定される手当や住宅に要する費用にかかわらず一律に定額で支給される手当は、住宅手当に当たらないとされています（平成11年3月31日基発170号）。

したがって、時間外割増賃金の算定基礎とするのかどうかを検討の上、算定基礎としないというのであれば、設計方法に留意する必要があります。

住宅手当に当たるもの	住宅に要する費用に定率を乗じた額を支給することとされているもの。例えば、賃貸住宅居住者には家賃の一定割合、持家居住者にはローン月額の一定割合を支給することとされているもの。 住宅に要する費用を段階的に区分し、費用が増えるにしたがって額を多くして支給することとされているもの。例えば、家賃月額5～10万円の者には2万円、家賃月額10万円を超える者には3万円を支給することとされているようなもの。
住宅手当に当たらないもの	住宅の形態ごとに一律に定額で支給することとされているもの。例えば、賃貸住宅居住者には2万円、持家居住者には1万円を支給することとされているもの。 住宅以外の要素に応じて定率または定額で支給することとされているもの。例えば、扶養家族がある者には2万円、扶養家族がない者には1万円を支給することとされているようなもの。 全員に一律に定額で支給することとされているもの。

(4) 家賃に共益費・管理費を含むのかどうかを明確にしておく

細かい問題ですが、住宅手当を支給する場合に、前述のように、家賃額によって住宅手当額を変更する設定にすることも多いのですが、その場合の家賃額に賃料だけでなく、共益費や管理費も含むのかどうかを明確にしておいたほうが、無用の紛争を防ぐことができると思います。

03　役職手当

参考条文

（役職手当）

第12条　役職手当は、以下の職位にある従業員に対して支給する。

①　本部長　　月額10万円

②　部長　　　月額8万円

③　課長　　　月額5万円

2　前項の役職手当のうち2万円は、深夜勤務手当の対価とする。

3　第15条3項の規定にかかわらず、第1項に定める役職手当を支給された従業員については、前項に定める金額を超えて深夜割増賃金が発生した場合には、別途差額を深夜勤務手当として支給する。

策定に当たっての留意点

1　規定の必要性

278ページのとおり、基本給のほかに役職手当を支給する場合には、役職手当の決定、計算および支払いの方法について就業規則で規定する必要があります。

2　規定に当たっての留意点

役職手当は、一定の役職者に対して支払われる手当であり、実務上、管理監督者にある者について、役職に応じて支給されている例が多いと思います。以下、役職手当を支給する場合の留意点について概略を説明します。

(1) 深夜勤務手当を含む形にするかどうかを検討する

上述のとおり、管理監督者に当たる者について役職に応じて支給される例が多いのですが、管理監督者であっても深夜勤務手当(1.25 ではなくて 0.25)は支給しなければなりません。

そこで、役職手当に深夜勤務手当を含む形にするかどうかを決定しなければなりません。そして、含む形にするのであれば、最近の最高裁判決等を踏まえると、できれば時間数および金額を明らかにし(少なくとも金額は明らかにする)、それを超えて深夜勤務が行われた場合には差額を支払う旨を就業規則または別途の方法で明らかにしたほうがよいでしょう。

(2) 時間外勤務手当を含むとすることは?

実務上、管理監督者と認められる範囲が狭いこともあり、また、名ばかり管理職問題がマスコミ等でも取り上げられてきた頃から、役職手当に一定額の時間外割増賃金を含む形にしてはどうかという議論があったかと思います。

しかし、そのようなことをしてしまうと、会社として管理監督者と位置づけているにもかかわらず、他方で時間外勤務手当を支払うということで矛盾が生じ、結局、会社としても当該管理監督者は法律上の管理監督者ではないことを認めているのではないかと捉えられてしまうと思います。

したがって、意見が分かれるところではあると思いますが、役職手当に時間外勤務手当を含むとする制度設計はしないほうがよいと考えます。

04 営業手当

参考条文

(営業手当)

第13条　会社は、営業部に所属する従業員に対し、月額3万円の営業手当を支給する。

2　営業手当は、想定される時間外勤務、休日勤務および深夜勤務の対価であり、実際の時間外勤務手当、休日勤務手当および深夜勤務手当額が前項の金額を超えた場合にはその差額を支払うものとする。

策定に当たっての留意点

1　規定の必要性

278ページのとおり、基本給のほかに営業手当を支給する場合には、営業手当の決定、計算および支払いの方法について就業規則で規定する必要があります。

2　営業手当の対象者を明確にする

営業手当は、通常は外勤を行う営業担当者を対象として支払う手当であり、会社が自由に設計することができます。例えば、役職によって営業手当の額を変えている会社もありますし、営業職一般に定額を支給している企業もあります。

営業手当については、例えば、「営業業務に従事する者に支給する」などと定められている例もありますが、「営業業務」とは何かが明確でないと、会社によっては、誰が支給の対象者となるのか、明確ではないということにもなりかねません。また、「営業職に支給する」

という例もありますが、これも会社によっては、同じように支給対象者が明確でないということになりかねません。

したがって、自社の組織を踏まえて、どのように規定すれば支給対象者が明確になり疑義が生じないのかを検討し、定める必要があるでしょう。

3　営業手当を残業代見合いとする場合の留意点

営業手当を時間外勤務等の対価として支給したいという意向を持つ会社もあります。

これは、いわゆる「割増賃金の定額払い」といわれるものですが、これまでの裁判例等の集積によって、以下の２つの要件が満たされて初めて認められるものです。

①　残業代の趣旨で支給されていること ②　残業代部分と通常の賃金とが判別できること

営業手当全額を残業代見合いとする場合には、①と②が問題となり、営業手当の一部を残業代見合いとする場合に①と②のすべてが問題となります。

①については、営業手当が時間外勤務手当等の対価であることを明確にしておく必要があります。したがって、給与規程には、その旨をしっかりと明記しておく必要があります。これが最低限必要です。

ただし、その旨を定めていたとしても実態として時間外勤務手当等の趣旨ではないと判断される可能性があります。例えば、アクティリンク事件（東京地判平24．8．28労判1058．5）では、「営業手当は、就業規則15条による時間外労働割増賃金で月30時間相当分として支給する」と定められていた事案ですが、裁判所は、「営業手当は、売買事業部の従業員が顧客と面談する際にかかる諸経費をまかなう趣旨を含んでいたこと、被告では業務部の従業員も時間外労働に従事しているにもかかわらず、業務部の従業員に営業手当は支払われておらず、これと同趣旨の別の手当が支払われているわけでもないこと等の事実を認めることができる。これらの事実に鑑みれば、営業手当は、営業活動に伴う経費の補充または売買事業部の従業員に対する一種のインセンティブとして支給されていたものとみるのが相当であり、実質的な時間外労働の対価としての性格を有していると認めることはできない」としています。そのため、規程さえ定めておけば大丈夫というものではありません。

したがって、実態としても営業手当は時間外勤務等に対する対価であることの説明がつくようにしなければなりません。

②については、営業手当のうちどの部分が時間外勤務手当等の対価であるのかを明記しておく必要があるので、営業手当の一部を時間外勤務手当等の対価とするのであれば、「営業手当のうち○万円は時間外勤務手当､休日勤務手当および深夜勤務手当の対価とする」などと金額を明記しておく必要があります。

また､「時間外勤務手当の対価とする」としてしまうと休日勤務手当、深夜勤務手当は営業手当の中には含まれないということになりますので､休日勤務手当、深夜勤務手当も対象とするのであれば、それらも明記しておく必要があります。

この他に､「不足額を精算する合意ないし取扱いがあること」も要件であるとする見解がありますが、裁判例では、必ずしも、そのようには解されておりません。ただし、無用な争点を増やさないという観点からは、少なくとも差額を支給する旨を賃金規程で定めておいたほうがよいでしょう。

なお、個人的には、この定めのような固定残業制度を導入するということは、基本的には賛同しておりません。

05

通勤手当

参考条文

（通勤手当）

第14条　会社は、通勤のため常に公共交通機関を利用する従業員に対し、非課税限度額の範囲内で、通勤に要する実費相当額を支給する。ただし、片道2キロメートル以内の場合は支給しない。

2　従業員は、会社に対し、通勤経路を申請し、会社は、従業員の通勤経路について、最も簡便で経済的に合理的な公共交通機関、経路と判断した限りにおいて、その範囲で従業員に通勤手当を支給する。

3　会社は、従業員が長期にわたり欠勤、休暇および休職することが予定されている場合には、通勤手当を支給しないとすることができる。

→参照規定　テレワーク規程（350ページ）

策定に当たっての留意点

1　規定の必要性

278ページのとおり、基本給のほかに通勤手当を支給する場合には、通勤手当の決定、計算および支払いの方法について就業規則で規定する必要があります。

本来、労働者の労務提供は持参債務ですから、通勤に要する費用は労働者が負担するべきものであり、会社が負担すべきものではありません。通勤手当を支給するかどうかは会社がその裁量で自由に決めることができますが、多くの会社では通勤手当を支給しているのが実態です。

2　自転車や徒歩で通勤している人を除く定めにするかどうかを検討する

通勤手当に関してよく相談を受けるのが、従業員が公共交通機関を利用しないで通勤するケースで、自転車や徒歩で通勤しているので通勤手当を支給しない扱いとできるかという点です。

片道２キロメートル以上ではあるけれども、自転車や徒歩で通勤している人にも支給するかどうかを検討し、支給しないということであれば、「通勤のため常に公共交通機関を利用する従業員」を支給対象者として明確に定めておくべきでしょう。

3　支給額の上限を定めておく

会社としてはあくまで従業員の便宜のために通勤手当を支給していることから、その支給額の上限を定めておく必要があろうかと思います。

なお、通勤手当は一定の限度額まで非課税とされており、右のような取扱いとなっています（表中②の距離は片道の通勤距離を示したもの）。

4　最も簡便で経済的に合理的な通勤経路に対して支給することを明確にしておく

まれに従業員が電車の接続の問題等から経済的に合理的な通勤経路ではない経路で通勤する旨を申請してくることがありますが、会社としては、従業員の申請に基づいて計算した通勤手当額ではなく、最も簡便で経済的に合理的な通勤経路に対して支給することを明確にしておく必要があるでしょう。そのように明確にしておかないと、従業員との間で無用の争いが起きる可能性があります。

区　　分		課税されない金額
①　交通機関または有料道路を利用している人に支給する通勤手当		１ヵ月当たりの合理的な運賃等の額 （最高限度　150,000円）
②　自動車や自転車などの交通用具を使用している人に支給する通勤手当	55km以上	31,600円
	45km以上55km未満	28,000円
	35km以上45km未満	24,400円
	25km以上35km未満	18,700円
	15km以上25km未満	12,900円
	10km以上15km未満	7,100円
	２km以上10km未満	4,200円
	２km未満	（全額課税）
③　交通機関を利用している人に支給する通勤用定期乗車券		１ヵ月当たりの合理的な運賃等の額 （最高限度　150,000円）
④　交通機関又は有料道路を利用するほか、交通用具も使用している人に支給する通勤手当や通勤用定期乗車券		１ヵ月当たりの合理的な運賃等の額と②の金額との合計額 （最高限度　150,000円）

5　長期間勤務しないことが予定されている場合の取扱いを定めておく

私傷病による休職、育児休業、介護休業など長期間勤務しないことが予定されている場合には、当該従業員は通勤をしないことから、通勤手当を支給する必要はありません。しかし、就業規則において、「長期間勤務しない予定である場合は通勤手当を支給しない」と規定しておかないと、勤務しない間についても通勤手当を支給しなければならないということにもなりかねません。

06 在宅勤務手当

参考条文

（在宅勤務手当）

第15条　会社は、在宅勤務者に対して、別途定めるテレワーク規程に定めるところにより、在宅勤務手当を支払う。

➜ 参照規定　テレワーク規程（350ページ）

策定に当たっての留意点

在宅勤務者に対する在宅勤務手当についても、賃金の一部であることから、給与規程に定めておく必要があります。ただ、個人的には、その詳細についてはテレワーク規程で定めることで構いませんし、そのほうがわかりやすいと思います。

07　時間外勤務手当、休日勤務手当および深夜勤務手当

参考条文

（時間外勤務手当、休日勤務手当および深夜勤務手当）

第16条　会社は、法定労働時間を超えて労働に従事した従業員に対し、以下の計算により時間外勤務手当を支給する。

$$\frac{\text{基本給}}{\text{1ヵ月の平均所定労働時間数}} \times 0.25 \times \text{時間外労働時間数}$$

2　会社は、法定休日に労働に従事した従業員に対し、以下の計算により休日勤務手当を支給する。

$$\frac{\text{基本給}}{\text{1ヵ月の平均所定労働時間数}} \times 0.35 \times \text{休日労働時間数}$$

3　会社は、深夜（午後10時から午前5時）に労働に従事した従業員に対し、以下の計算により深夜勤務手当を支給する。

$$\frac{\text{基本給＋（役職手当－2万円）}}{\text{1ヵ月の平均所定労働時間数}} \times 0.25 \times \text{深夜労働時間数}$$

策定に当たっての留意点

1　時間外勤務手当

時間外勤務手当の支給については労基法37条に定められていますが、規定に当たって留意いただきたいのは、所定労働時間が1日8時間よりも短い場合の法内残業の取扱いです。具体的には、所定労働時間が1日7時間30分の会社の場合に、「所定労働時間を超えて労働に従事した」としてしまうと、7時間30分から8時間までの30分についても、2割5分増しの割増賃金を支払わなければ

ならなくなってしまいます。
なお、現状、中小企業については、1ヵ月について60時間を超える時間外労働に対する割増賃金率を「0.5」とすることについて猶予されていますが、令和5年4月1日にこの猶予が廃止されることが決まっています。

2　休日勤務手当

休日勤務手当については法定外休日についての取扱いについて留意が必要です。具体的には、法定外休日については、週40時間を超える場合、2割5分の割増賃金の支払いでよく、あくまで法定休日のみが3割5分の割増賃金の支払いとなりますが、例えば、「休日に労働した従業員」としてしまうと、法定休日だけでなく、法定外休日についても3割5分の割増賃金を支払わなければならないということになってしまいます。

3　深夜勤務手当

深夜勤務手当について留意すべき点ですが、まれに、深夜勤務手当について、割増率を「0.25」でよいにもかかわらず、「1.25」と定めている例が見られます。これは、深夜勤務は通常、所定労働時間外だからということでそのようにしているのかもしれません。
しかし、このようにしてしまうと、例えば、管理監督者が深夜労働をした場合に、本来であれば、「0.25」でよいものを「1.25」支払わなければならないと解釈される余地があるので、正確に定めておくべきでしょう。

01 賞　与

参考条文

（賞与）

第17条　会社は、会社の業績、従業員各人の勤務成績等を勘案し、支給日に在籍する従業員に対し、賞与を支給することがある。

2　賞与の支給対象期間および支給月は以下のとおりとする。

支給対象期間	支給月（原則）
1月1日～6月30日	6月
7月1日～12月31日	12月

（附則）

本規程は、令和○年○月○日から適用する。

策定に当たっての留意点

1　賞与の支払金額等を記載しない

賞与は、会社の業績等に応じて特別に従業員に支給するものです。したがって、支給してもしなくても構わず、会社の裁量となります。

また、企業が人件費を圧縮する際に、法的にリスクがあまりなく、最も簡単に削減できるのが賞与となります。そのため、賞与を定める場合に、例えば、「賞与として基本給の３ヵ月分を支給する」というような記載をしてしまうと、就業規則を変更しない限り、支給額を３ヵ月未満とすることができません。企業としての裁量を残すためにも、支払金額等は記載すべきではありません。

また、「賞与を支給する」と定めている例もありますが、そうすると厳密には、１円でも支給をしなければならないということになりますので、「支給することがある」という形で定めておくべきでしょう。

2　支給日在籍要件の検討

多くの企業では、賞与については、過去の労働に対する報奨だけでなく将来への期待も含めているという考え方から、賞与の支給日に在籍していない限りは賞与を支給しないという取扱いをしている企業が多いと思います。

したがって、支給日在籍の要件を課すか否か、検討したほうがよいでしょう。

〈年俸制の場合の賃金規程〉

参考条文

（目的）

第１条　本規程は、賃金規程第３条第２項の年俸制について定める。

（対象者）

第２条　会社は、管理職について、年俸制を適用する。

（年俸の構成）

第３条　年俸は基本年俸と業績年俸によって構成される。

（基本年俸）

第４条　基本年俸は、当年に担当する職務の内容、役割、責任、業務遂行能力、勤務態度等により決定する。

（業績年俸）

第５条　業績年俸は、前年における従業員の目標の達成度、会社への貢献度等を評価することにより決定する。

（諸手当）

第６条　年俸制の適用従業員であっても、年俸のほか、通勤手当、住宅手当および家族手当が支給される。

（評価期間）

第７条　年俸の評価期間は、毎年１月１日から 12 月 31 日までの１年間とする。

（年俸改訂）

第８条　基本年俸および業績年俸は原則として毎年１月１日に評価に基づき改定する。

２　基本年俸の改定による減額は、前年の基本年俸の 10％を限度とする。

３　業績年俸の改定による減額は、前年の基本年俸の 20％を限度とする。

（年俸の支払日および支払方法）

第９条　年俸の支払いは次のとおりとする。

①　基本年俸：12 等分した金額を毎月 25 日に支払う。

②　業績年俸：２等分した金額を毎年６月と 12 月の賞与支給日に支払う。ただし、支給日に在籍していない従業員には支払わない。

（控除）

第 10 条　会社は、従業員の欠勤が引き続き 15 日（休日を含む）を超えたときは、15 日を単位として基本年俸の 24 分の１を減額する。

２　会社は、従業員が１年の全てを欠勤したときは、基本年俸および業績年俸とも支払わない。

（退職等の取扱い）

第 11 条　従業員が評価期間の途中で退職、解雇、休職となったときは、当該月の基本年俸は当該月の所定労働日数を基準とした日割計算により支払うものとし、翌月以降の基本年俸は支払わない。

２　異動等により評価期間の途中で年俸額が変更となったときは、当該月の基本年俸は前項のとおり日割計算により支払い、翌月以降は変更された基本年俸を基準として支払う。

（附則）

本規程は、令和○年○月○日から適用する。

→ 参照規定　第３条（賃金の種類および構成、262 ページ）

策定に当たっての留意点

1　「年俸制」とは

「年俸制」とは、賃金の全部または相当部分を労働者の業績等に関する目標達成度を評価して年単位に設定する制度といわれています。この年俸制ですが、大企業では一部導入が見られるものの、中小企業ではあまり導入されていないという統計があります（平成26年就労条件総合調査結果では、年俸制の導入企業割合は9.5%、1,000人以上の大企業で導入割合が高くなっているとのこと）。

2　適用対象者

年俸制については、多くは管理職等の一定程度の役職についている労働者のみを対象としていると思いますが、全従業員を対象とすることも可能です。設計に当たっては適用対象者についても検討をしておく必要があります。

3　年俸の減額

年俸制はいわゆる成果主義賃金制度の一環と位置付けられていることから、年によって減額ということもあり得ますが、その際には、労働契約において、減額となり得ることがその内容となっていなければなりません。したがって、年俸が減額となることも賃金規程において明記しておく必要があります。また、基本給の減額と同様、減額の上限についても定めておいたほうがよいでしょう。

日本システム開発研究所事件（東京高判平20．4．9労判959．6）は、年俸制について、「期間の定めのない雇用契約における年俸制において、使用者と労働者との間で、新年度の賃金額について合意が成立しない場合は、年俸額決定のための成果・業績評価基準、年俸額決定手続き、減額の限界の有無、不服申立手続等が制度化されて就業規則等に明示され、かつ、その内容が公正な場合に限り、使用者に評価決定権があるというべきである」としておりますので、これを踏まえて、基準、手続き、不服申立手続についても規定化を検討する必要があります。ただ、不服申立手続についてまで定めなければならないのかという点については疑問であり、これを定めている企業はそれほど多くはないと思います。

4　業績年俸の定め方

まれに、年俸制において、業績年俸についても事前に金額を定める例があります。このような制度設計でも構わないのですが、このような制度とした場合には、業績年俸についても割増賃金の算定基礎となってしまうおそれがあります。

すなわち、通達は、「割増賃金の基礎となる賃金に算入しない賃金の１つである『賞与』とは支給額が予め確定されていないものをいい、支給額が確定しているものは『賞与』とはみなされない（昭和22年９月13日発基17号）としているので、年俸制で毎月払い部分と賞与部分を合計して予め年俸額が確定している場合の賞与部分は上記『賞与』に該当しない。したがって、賞与部分を含めて当該確定した年俸額を算定の基礎として割増賃金を支払う必要がある」としています（平成12年３月８日基収78号）。

5　欠勤などの場合の控除

年俸制の適用対象者についてもノーワーク・ノーペイの原則が適用されますので、欠勤などの場合に給与を控除することも可能です。定める場合には、どういう条件でどれだけを控除するのかを就業規則で明確にしておく必要があります。

6　退職等の場合の取扱い

年俸制の適用対象者が期の途中で退職等した場合の給与の支払い方も明記しておく必要があります。これを定めておかないと、年間にもらえる賃金は確定していたのだから期の途中で退職したとしても退職時に残額をもらえるはずだと誤解する従業員が出てきて、無用の紛争を招くことにもなりかねません。

第3章

退職金規程

01 自社退職金制度の場合

参考条文

退職金規程

（目的）

第１条　この規程は、就業規則第 68 条に基づき、従業員の退職金について必要な事項を定めたものである。

（適用範囲）

第２条　この規程は、就業規則第２条２項に定める従業員のうち、勤続１年以上の者に適用する。

（算出方法）

第３条　退職金は、次の算定式によって算出する。

退職金　＝　退職時の基本給　×　支給率

（支給率）

第４条　支給率は、勤続年数を基準として定めるものとし、「別表」のとおりとする。ただし、私傷病その他の事由による休職期間、育児休業期間および介護休業期間については勤続年数に算入しない。

（１年未満の端数の取扱い）

第５条　勤続年数の計算において１年未満の端数があるときは、月割計算を行う。１ヵ月未満の日数については、在籍期間が１日でもあれば当月を１ヵ月としてカウントする。

（自己都合退職の減額）

第６条　会社は、自己都合で退職する従業員については、第３条に基づき算出される退職金から20％を減額して支払う。

２　前項の自己都合とは、雇用保険における自己都合と必ずしも一致するものではなく、従業員個人の都合による退職の申出、諭旨解雇に応じた退職、その他会社が自己都合と判断した場合をいう。

（不支給および支給減額）

第７条　会社は、以下の従業員については退職金を不支給としまたは減額とすることがある。

①　懲戒解雇されたもの
②　諭旨解雇されたもの
③　在籍期間中に懲戒解雇・諭旨解雇に相当する事由があったとき

２　退職金を支給後、前項第３号に該当する事由が発覚したときは、会社は、当該従業員に対し、既に支給した退職金の全部または一部の返還を求めることができる。

（支払方法および支払時期）

第８条　会社は、退職金について、その全額を一時金として、従業員の給与振込口座に支払う。

２　会社は、前項にかかわらず、法令に定められたものおよび労使協定により定めたものを賃金から控除することができる。

3　会社は、退職金を退職日の翌日から1ヵ月以内に支給する。ただし、当該従業員が退職後、退職金の支給前に、在職中に前条第1項第3号の事由に該当する行為の有無が問題となった場合は、その調査の期間、支給を停止することができる。

（死亡退職のときの取扱い）

第9条　社員が死亡したときは、退職金は遺族に対して支払う。

2　遺族の範囲および順位は、労働基準法施行規則第42条から第45条までの規定を適用する。

（受給権の処分禁止）

第10条　従業員は、この規程により退職金を受ける権利を譲渡し、または担保に供してはならない。

（附則）

本規程は、令和○年○月○日から適用する。

（別表）支給率表

勤続年数	支給率	勤続年数	支給率	勤続年数	支給率
1年	0.3	6年	1.2	11年	4.0
2年	0.4	7年	1.5	12年	5.0
3年	0.5	8年	1.8	13年	6.0
4年	0.6	9年	2.0	14年	7.0
5年	1.0	10年	3.0	15年以上	10.0

策定に当たっての留意点

1　制度設計の方法

退職金制度を定めるに当たっては、様々なバリエーションがあり、例えば、ポイント制によって退職金の金額を決める方法、退職時の基本給額に勤続年数に応じた数値を乗じて退職金の金額を定める方法などがあります。

まずは、どういった制度設計にするかを検討する必要があります。

2　自己都合と会社都合退職で退職金を変える場合の留意点

多くの会社では、自己都合による退職の場合に退職金額を減額しています。一例として「自己都合による退職の場合には退職金を○％減額する」という趣旨の定めがあります。

この「自己都合」とは、具体的にどういう意味なのかが実務上争われることがあり、就業規則で特段の定めがない場合には、雇用保険における自己都合・会社都合と同じように判断されると思われます。

しかし、そもそも、退職金制度は会社がその裁量で策定することができるものであり、自己都合の意味を雇用保険における区分と異なる意味にすることも可能であり、退職金規程には、自己都合または会社都合がどういった意味の概念なのかを明記しておいたほうが無用な紛争を招かないということになろうかと思います。

3　退職金からの控除

賃金の支払方法のところ（264ページ参照）で触れましたが、賃金控除協定において、退職金からの控除を定めることがあります。

この場合に、退職金からの控除をするためには、就業規則にもその旨が明記されていないといけないという見解もありますので、忘れずに定めておきましょう。

4　不支給または減額

多くの会社では、懲戒解雇、諭旨解雇となった従業員については、不支給または減額を定めていると思います。ただ、これのみにしてしまうと、退職後、退職金の支給日前に懲戒解雇に相当する事由が発覚した場合にも退職金を支給しなければならないことになってしまいます。

そのため、不支給または減額の事由として、「在籍期間中に懲戒解雇・諭旨解雇に相当する事由があったとき」を定めておく必要があります。

また、既に退職金を支給してしまった後に懲戒事由が発覚した場合に備えて、退職金を取り戻すことができる旨の定めも必要となります。

加えて、退職後に懲戒解雇相当事由が発覚した場合に、調査未了のために所定の期日に退職金を支給することができない場合にも備えて、退職金の支給を停止することがある旨も定めておくべきでしょう。

5　死亡退職の場合の定め

従業員が死亡した場合の退職金の支払いについても定めておく必要があります。実務上は、遺族の誰に支払うのかということが問題になるので、その順位等を定める必要がありますが、多くの場合は労基法 79 条の遺族補償を受けるべき者にならって「労働基準法施行規則第 42 条から第 45 条による」としているのではないでしょうか。

02 中小企業退職金共済制度の場合

参考条文

退職金規程

第1条　従業員が退職したときは、この規程により退職金を支給する。ただし、掛金の納付があった月数が12月に満たないときは退職金は支給されない。

2　前項の退職金の支給は、会社が各従業員について独立行政法人勤労者退職金共済機構（以下、「中退共」という）との間に退職金共済契約を締結することによって行うものとする。

第2条　新たに雇い入れた従業員については、試用期間を経過し、本採用となった月に中退共と退職金共済契約を締結する。

第3条　退職金共済契約は、従業員ごとに、その基本給の額に応じ、別表に定める掛金月額によって締結し、毎年1月に掛金を調整する。ただし、会社は、会社の経営状況等に鑑みて、掛金額を減額することができる。

第4条　休職期間および業務上の負傷または疾病以外の理由による欠勤がその月の所定労働日数の2分の1を超えた期間は、中退共の掛金納付を停止する。

第5条　退職金の額は、掛金月額と掛金納付月数に応じ中小企業退職金共済法に定められた額とする。

第6条　会社は、懲戒解雇、諭旨解雇とした従業員については、機構・中退共に退職金の減額を申し出ることがある。

第7条　退職金は、従業員（従業員が死亡したときは遺族）に交付する「退職金共済手帳」により、中退共から支給を受けるものとする。

2　従業員が退職または死亡したときは、やむを得ない理由がある場合を除き、本人または遺族が遅滞なく退職金を請求できるよう、速やかに「退職金共済手帳」を本人または遺族に交付する。

（附則）

第1条　この規程は令和○年1月1日から実施する。

第2条　この規程の実施前から在籍している従業員については、勤続年数に応じ過去勤務期間通算の申出を中退共に行うものとする。

別表 掛金月額表

勤続年数	掛金月額
1年未満	5,000円
1年以上3年未満	10,000円
3年以上5年未満	12,000円
5年以上10年未満	15,000円
10年以上15年未満	18,000円
15年以上20年未満	24,000円
20年以上	30,000円

策定に当たっての留意点

1　制度設計の方法

中退共を利用した退職金規程を作成するに当たっては、まず、中退共だけを利用するのか、そうではなく、自社退職金と併用するのかを検討する必要があります。自社退職金と併用する場合には、退職金の一部を中退共によって賄うということになります。

本規程では、中退共だけを利用した制度設計としています。

2　掛金の設定をどうするか

中退共の場合、掛金は、原則として 16 種類（月額 5,000 円～30,000 円）から選択することができます。企業としては、①基本給に応じて掛金を設定する方法、②勤続年数に応じて掛金を設定する方法、③役職に応じて掛金を設定する方法などの方法から選択ないし併用する形で自由に設計することが可能となります。

また、会社の経営状況によって掛金額を減額しなければならない事態も、将来あり得ることから、減額についての定めも置いておくべきでしょう（ただし、中退共法８条３項によって、従業員の同意を得たとき、掛金の納付を継続することが著しく困難であると厚生労働大臣が認めたときにのみ減額が認められることとなっている）。

3　懲戒解雇等による退職金の減額および不支給について

中退共からの退職金の支給については、勤労者退職金共済機構・中退共から直接、退職した従業員に対し振り込まれます。そのため、懲戒解雇等によって退職した従業員に対しても、会社が不支給あるいは減額としたとしても、機構・中退共が認めない限りは、減額あるいは不支給とはなりません（中退共法 10 条５項）。

したがって、規定上、会社として減額を申し出る旨を定めることとなります。

第4章

育児・介護休業規程

参考条文

育児・介護休業規程

第1章　目　　的

(目的)

第1条　本規程は、従業員の育児・介護休業（出生時育児休業を含む。以下同じ。)、子の看護休暇、介護休暇、育児・介護のための所定外労働、時間外労働および深夜業の制限ならびに育児・介護短時間勤務等に関する取扱いについて定めるものである。

第2章　育児休業制度

(育児休業の対象者)

第2条　育児のために休業することを希望する従業員（日雇従業員を除く）であって、1歳に満たない子と同居し、養育する者は、この規則に定めるところにより育児休業をすることができる。ただし、有期契約従業員にあっては、申出時点において、子が1歳6ヵ月（本条第6項または第7項の申出にあっては2歳）に達する日までに労働契約期間が満了し、更新されないことが明らかでない者に限り育児休業をすることができる。

2　本条第1項、第3項から第7項にかかわらず、労使協定により除外された次の従業員からの休業の申出は拒むことができる。

① 入社1年未満の従業員

② 申出の日から1年（本条第4項から第7項の申出にあっては6ヵ月）以内に雇用関係が終了することが明らかな従業員

③ 1週間の所定労働日数が2日以下の従業員

3　配偶者が従業員と同じ日からまたは従業員より先に育児休業または出生時育児休業をしている場合、従業員は、子が１歳２ヵ月に達するまでの間で、出生日以後の産前・産後休業期間、育児休業期間および出生時育児休業期間との合計が１年を限度として、育児休業をすることができる。

4　次のいずれにも該当する従業員は、子が１歳６ヵ月に達するまでの間で必要な日数について育児休業をすることができる。なお、育児休業を開始しようとする日は、原則として子の１歳の誕生日に限るものとする。ただし、配偶者が育児・介護休業法第５条第３項に基づく休業を子の１歳の誕生日から開始する場合は、配偶者の育児休業終了予定日の翌日以前の日を開始日とすることができる。

①　従業員または配偶者が原則として子の１歳の誕生日の前日に育児休業をしていること

②　次のいずれかの事情があること

ア　保育所等に入所を希望しているが、入所できない場合

イ　従業員の配偶者であって育児休業の対象となる子の親であり、１歳以降育児に当たる予定であった者が、死亡、負傷、疾病等の事情により子を養育することが困難になった場合

③　子の１歳の誕生日以降に本項の休業をしたことがないこと

5　前項にかかわらず、産前・産後休業、出生時育児休業、介護休業または新たな育児休業が始まったことにより本条第１項に基づく休業（配偶者の死亡等特別な事情による３回目以降の休業を含む）が終了し、終了事由である産前・産後休業等に係る子または介護休業に係る対象家族が死亡

等した従業員は、子が1歳6ヵ月に達するまでの間で必要な日数について育児休業をすることができる。

6　次のいずれにも該当する従業員は、子が2歳に達するまでの間で必要な日数について育児休業をすることができる。なお、育児休業を開始しようとする日は、原則として子の1歳6ヵ月の誕生日応当日に限るものとする。ただし、配偶者が育児・介護休業法第5条第4項に基づく休業を子の1歳6ヵ月の誕生日応当日から開始する場合は、配偶者の育児休業終了予定日の翌日以前の日を開始日とすることができる。

①　従業員または配偶者が子の1歳6ヵ月の誕生日応当日の前日に育児休業をしていること

②　次のいずれかの事情があること

ア　保育所等に入所を希望しているが、入所できない場合

イ　従業員の配偶者であって育児休業の対象となる子の親であり、1歳6ヵ月以降育児に当たる予定であった者が、死亡、負傷、疾病等の事情により子を養育することが困難になった場合

③　子の1歳6ヵ月の誕生日応当日以降に本項の休業をしたことがないこと

7　前項にかかわらず、産前・産後休業、出生時育児休業、介護休業または新たな育児休業が始まったことにより本条第4項または第5項に基づく育児休業(再度の休業を含む)が終了し、終了事由である産前・産後休業等に係る子または介護休業に係る対象家族が死亡等した従業員は、子が2歳に達するまでの間で必要な日数について育児休業をすることができる。

（育児休業の申出の手続等）

第３条　育児休業をすることを希望する従業員は、原則として育児休業を開始しようとする日（以下、「育児休業開始予定日」という）の１ヵ月前（第２条第４項から第７項に基づく１歳および１歳６ヵ月を超える休業の場合は、２週間前）までに育児休業申出書を会社に提出することにより申し出るものとする。なお、育児休業中の有期契約従業員が労働契約を更新するに当たり、引き続き休業を希望する場合には、更新された労働契約期間の初日を育児休業開始予定日として、育児休業申出書により再度の申出を行うものとする。

2　第２条第１項に基づく休業の申出は、次のいずれかに該当する場合を除き、一子につき２回までとする。

①　第２条第１項に基づく休業をした者が本条第１項後段の申出をしようとする場合

②　配偶者の死亡等特別の事情がある場合

3　第２条第４項または第５項に基づく休業の申出は、次のいずれかに該当する場合を除き、一子につき１回限りとする。

①　第２条第４項または第５項に基づく休業をした者が本条第１項後段の申出をしようとする場合

②　産前・産後休業、出生時育児休業、介護休業または新たな育児休業が始まったことにより第２条第４項または第５項に基づく育児休業が終了したが、終了事由である産前・産後休業等に係る子または介護休業に係る対象家族が死亡等した場合

4　第２条第６項または第７項に基づく休業の申出は、次のいずれかに該当する場合を除き、一子につき１回限りとす

る。
① 第２条第６項または第７項に基づく休業をした者が本条第１項後段の申出をしようとする場合
② 産前・産後休業、出生時育児休業、介護休業または新たな育児休業が始まったことにより第２条第６項または第７項に基づく育児休業が終了したが、終了事由である産前・産後休業等に係る子または介護休業に係る対象家族が死亡等した場合

5 会社は、育児休業申出書を受け取るに当たり、必要最小限度の各種証明書の提出を求めることがある。

6 育児休業申出書が提出されたときは、会社は速やかに当該育児休業申出書を提出した者（以下、この章において「育休申出者」という）に対し、育児休業取扱通知書を交付する。

7 申出の日後に申出に係る子が出生したときは、育休申出者は、出生後２週間以内に会社に育児休業対象児出生届を提出しなければならない。

（育児休業の申出の撤回等）

第４条 育休申出者は、育児休業開始予定日の前日までは、育児休業申出撤回届を会社に提出することにより、育児休業の申出を撤回することができる。

2 育児休業申出撤回届が提出されたときは、会社は速やかに当該育児休業申出撤回届を提出した者に対し、育児休業取扱通知書を交付する。

3 第２条第１項に基づく休業の申出の撤回は、撤回１回につき１回休業したものとみなす。第２条第４項または第５項および第６項または第７項に基づく休業の申出を撤回した者は、特別の事情がない限り同一の子については再度申出をすることができない。ただし、第２条第１項に基づく

休業の申出を撤回した者であっても、同条第４項または第５項および第６項または第７項に基づく休業の申出をすることができ、第２条第４項または第５項に基づく休業の申出を撤回した者であっても、同条第６項または第７項に基づく休業の申出をすることができる。

4　育児休業開始予定日の前日までに、子の死亡等により育休申出者が休業申出に係る子を養育しないこととなった場合には、育児休業の申出はされなかったものとみなす。この場合において、育休申出者は、原則として当該事由が発生した日に、会社にその旨を通知しなければならない。

（育児休業の期間等）

第５条　育児休業の期間は、原則として、子が１歳に達するまで（第２条第３項から第７項に基づく休業の場合は、それぞれ定められた時期まで）を限度として育児休業申出書に記載された期間とする。

2　本条第１項にかかわらず、会社は、育児・介護休業法の定めるところにより育児休業開始予定日の指定を行うことができる。

3　従業員は、育児休業期間変更申出書により会社に、育児休業開始予定日の１週間前までに申し出ることにより、育児休業開始予定日の繰上げ変更を、また、育児休業を終了しようとする日（以下、「育児休業終了予定日」という）の１ヵ月前（第２条第４項から第７項に基づく休業をしている場合は、２週間前）までに申し出ることにより、育児休業終了予定日の繰下げ変更を行うことができる。

育児休業開始予定日の繰上げ変更および育児休業終了予定日の繰下げ変更とも、原則として第２条第１項に基づく休業１回につき１回に限り行うことができるが、第２条第

４項から第７項に基づく休業の場合には、第２条第１項に基づく休業とは別に、子が１歳から１歳６ヵ月に達するまでおよび１歳６ヵ月から２歳に達するまでの期間内で、それぞれ１回、育児休業終了予定日の繰り下げ変更を行うことができる。

4　育児休業期間変更申出書が提出されたときは、会社は速やかに当該育児休業期間変更申出書を提出した者に対し、育児休業取扱通知書を交付する。

5　次の各号に掲げるいずれかの事由が生じた場合には、育児休業は終了するものとし、当該育児休業の終了日は当該各号に掲げる日とする。

①　子の死亡等育児休業に係る子を養育しないこととなった場合

当該事由が発生した日（なお、この場合において本人が出勤する日は、事由発生の日から２週間以内であって、会社と本人が話合いの上決定した日とする。）

②　育児休業に係る子が１歳に達した場合等

子が１歳に達した日（第２条第３項に基づく休業の場合を除く。第２条第４項または第５項に基づく休業の場合は、子が１歳６ヵ月に達した日。第２条第６項または第７項に基づく休業の場合は、子が２歳に達した日。）

③　育休申出者について、産前・産後休業、出生時育児休業、介護休業または新たな育児休業期間が始まった場合

産前・産後休業、出生時育児休業、介護休業または新たな育児休業の開始日の前日

④　第２条第３項に基づく休業において、出生日以後の産前・産後休業期間と育児休業（出生時育児休業含む）期間との合計が１年に達した場合

当該1年に達した日

6　本条第5項第1号の事由が生じた場合には、育休申出者は原則として当該事由が生じた日に会社にその旨を通知しなければならない。

（出生時育児休業の対象者）

第6条　育児のために休業することを希望する従業員（日雇従業員を除く）であって、産後休業をしておらず、子の出生日または出産予定日のいずれか遅いほうから8週間以内の子と同居し、養育する者は、この規則に定めるところにより出生時育児休業をすることができる。ただし、有期契約従業員にあっては、申出時点において、子の出生日または出産予定日のいずれか遅いほうから起算して8週間を経過する日の翌日から6ヵ月を経過する日までに労働契約期間が満了し、更新されないことが明らかでない者に限り、出生時育児休業をすることができる。

2　前項にかかわらず、労使協定により除外された次の従業員からの休業の申出は拒むことができる。

①　入社1年未満の従業員

②　申出の日から8週間以内に雇用関係が終了することが明らかな従業員

③　1週間の所定労働日数が2日以下の従業員

（出生時育児休業の申出の手続等）

第7条　出生時育児休業をすることを希望する従業員は、原則として出生時育児休業を開始しようとする日（以下、「出生時育児休業開始予定日」という）の2週間前までに出生時育児休業申出書を会社に提出することにより申し出るものとする。なお、出生時育児休業中の有期契約従業員が労働契約を更新するに当たり、引き続き休業を希望する場合には、更新された労働契約期間の初日を出生時育児休業開始予定日として、出生時育児休業申出書により再度の申出を行うものとする。

2　前項に基づく休業の申出は、一子につき２回まで分割できる。ただし、２回に分割する場合は２回分まとめて申し出ることとし、まとめて申し出なかった場合は後の申出を拒む場合がある。

3　会社は、出生時育児休業申出書を受け取るに当たり、必要最小限度の各種証明書の提出を求めることがある。

4　出生時育児休業申出書が提出されたときは、会社は速やかに当該出生時育児休業申出書を提出した者（以下、この章において「出生時育休申出者」という）に対し、出生時育児休業取扱通知書を交付する。

5　申出の日後に申出に係る子が出生したときは、出生時育休申出者は、出生後２週間以内に会社に出生時育児休業対象児出生届を提出しなければならない。

(出生時育児休業の申出の撤回等)

第8条　出生時育休申出者は、出生時育児休業開始予定日の前日までは、出生時育児休業申出撤回届を会社に提出することにより、出生時育児休業の申出を撤回することができる。

2　出生時育児休業申出撤回届が提出されたときは、会社は速やかに当該出生時育児休業申出撤回届を提出した者に対し、出生時育児休業取扱通知書を交付する。

3　第７条第１項に基づく休業の申出の撤回は、撤回１回につき１回休業したものとみなし、みなし含め２回休業した場合は同一の子について再度申出をすることができない。

4　出生時育児休業開始予定日の前日までに、子の死亡等により出生時育休申出者が休業申出に係る子を養育しないこととなった場合には、出生時育児休業の申出はされなかったものとみなす。この場合において、出生時育休申出者は、原則として当該事由が発生した日に、会社にその旨を通知しなければならない。

（出生時育児休業の期間等）

第９条　出生時育児休業の期間は、原則として、子の出生後８週間以内のうち４週間（28 日）を限度として出生時育児休業申出書に記載された期間とする。

２　本条第１項にかかわらず、会社は、育児・介護休業法の定めるところにより出生時育児休業開始予定日の指定を行うことができる。

３　従業員は、出生時育児休業期間変更申出書により会社に、出生時育児休業開始予定日の１週間前までに申し出ることにより、出生時育児休業開始予定日の繰上げ変更を休業１回につき１回、また、出生時育児休業を終了しようとする日（以下、「出生時育児休業終了予定日」という）の２週間前までに申し出ることにより、出生時育児休業終了予定日の繰下げ変更を休業１回につき１回行うことができる。

４　出生時育児休業期間変更申出書が提出されたときは、会社は速やかに当該出生時育児休業期間変更申出書を提出した者に対し、出生時育児休業取扱通知書を交付する。

５　次の各号に掲げるいずれかの事由が生じた場合には、出生時育児休業は終了するものとし、当該出生時育児休業の終了日は当該各号に掲げる日とする。

①　子の死亡等出生時育児休業に係る子を養育しないこととなった場合

当該事由が発生した日（なお、この場合において本人

が出勤する日は、事由発生の日から２週間以内であって、会社と本人が話合いの上決定した日とする）

② 子の出生日の翌日または出産予定日の翌日のいずれか遅いほうから起算して８週間を経過した場合

子の出生日の翌日または出産予定日の翌日のいずれか遅いほうから起算して８週間を経過した日

③ 子の出生日（出産予定日後に出生した場合は、出産予定日）以後に出生時育児休業の日数が 28 日に達した場合

子の出生日（出産予定日後に出生した場合は、出産予定日）以後に出生時育児休業の日数が 28 日に達した日

④ 出生時育休申出者について、産前・産後休業、育児休業、介護休業または新たな出生時育児休業期間が始まった場合

産前・産後休業、育児休業、介護休業または新たな出生時育児休業の開始日の前日

6 前項第１号の事由が生じた場合には、出生時育休申出者は原則として当該事由が生じた日に会社にその旨を通知しなければならない。

（出生時育児休業中の就業）

第９条の２ 出生時育児休業中に就業することを希望する従業員は、出生時育児休業中の就業可能日等申出書を、原則として、休業開始予定日の１週間前までに会社に提出しなければならない。

2 会社は、前項の申出があった場合は、申出の範囲内の就業日等を申出書を提出した従業員に対して提示しなければならない。就業日がない場合もその旨通知しなければならない。従業員は提示された就業日等について、出生時育児

休業中の就業日等の同意・不同意書を会社に提出しなければならず、休業前日までに同意した場合に限り、休業中に就業することができる。会社と従業員の双方が就業日等に合意したときは、会社は速やかに出生時育児休業中の就業日等通知書を交付しなければならない。

3　出生時育児休業中の就業上限は、次のとおりとする。

①　就業日数の合計は、出生時育児休業期間の所定労働日数の半分以下（1日未満の端数切捨て）

②　就業日の労働時間の合計は、出生時育児休業期間の所定労働時間の合計の半分以下

③　出生時育児休業開始予定日または出生時育児休業終了予定日に就業する場合は、当該日の所定労働時間数に満たない時間

4　従業員は、本条第1項の申出を変更する場合は出生時育児休業中の就業可能日等変更申出書を、撤回する場合は出生時育児休業中の就業可能日等申出撤回届を、休業前日までに会社に提出しなければならない。就業可能日等申出撤回届が提出された場合は、会社は速やかに申出が撤回されたことを通知しなければならない。

5　従業員は、本条第2項で同意した就業日等を全部または一部撤回する場合、出生時育児休業中の就業日等撤回届を休業前日までに会社に提出しなければならない。従業員は、出生時育児休業開始後は、次に該当する場合に限り、同意した就業日等の全部または一部を撤回することができる。出生時育児休業中の就業日等撤回届が提出されたときは、会社は速やかに出生時育児休業中の就業日等通知書を交付しなければならない。

① 出生時育児休業申出に係る子の親である配偶者の死亡
② 配偶者が負傷、疾病または身体上もしくは精神上の障害その他これらに準ずる心身の状況により出生時育児休業申出に係る子を養育することが困難な状態になったこと
③ 婚姻の解消その他の事情により配偶者が出生時育児休業申出に係る子と同居しないこととなったこと
④ 出生時育児休業申出に係る子が負傷、疾病または身体上もしくは精神上の障害その他これらに準ずる心身の状況により、2週間以上の期間にわたり世話を必要とする状態になったとき

第3章　介護休業制度

(介護休業の対象者)

第10条　要介護状態にある家族を介護する従業員（日雇従業員を除く）は、この規則に定めるところにより介護休業をすることができる。ただし、有期契約従業員にあっては、申出時点において、介護休業を開始しようとする日（以下、「介護休業開始予定日」という）から93日経過日から6ヵ月を経過する日までに労働契約期間が満了し、更新されないことが明らかでない者に限り介護休業をすることができる。

2　本条第1項にかかわらず、労使協定により除外された次の従業員からの休業の申出は拒むことができる。
① 入社1年未満の従業員
② 申出の日から93日以内に雇用関係が終了することが明らかな従業員

③　１週間の所定労働日数が２日以下の従業員

3　第１項の要介護状態にある家族とは、負傷、疾病または身体上もしくは精神上の障害により、２週間以上の期間にわたり常時介護を必要とする状態にある次の者をいう。

①　配偶者

②　父母

③　子

④　配偶者の父母

⑤　祖父母、兄弟姉妹または孫

⑥　上記以外の家族で会社が認めた者

（介護休業の申出の手続き等）

第11条　介護休業をすることを希望する従業員は、原則として介護休業開始予定日の２週間前までに、介護休業申出書を会社に提出することにより申し出るものとする。なお、介護休業中の有期契約従業員が労働契約を更新するに当たり、引き続き休業を希望する場合には、更新された労働契約期間の初日を介護休業開始予定日として、介護休業申出書により再度の申出を行うものとする。

2　申出は、対象家族１人につき３回までとする。ただし、本条第１項の後段の申出をしようとする場合にあっては、この限りでない。

3　会社は、介護休業申出書を受け取るに当たり、必要最小限度の各種証明書の提出を求めることがある。

4　介護休業申出書が提出されたときは、会社は当該介護休業申出書を提出した者（以下、この章において「申出者」という）に対し、速やかに介護休業取扱通知書を交付する。

（介護休業の申出の撤回等）

第12条　申出者は、介護休業開始予定日の前日までは、介護休業申出撤回届を会社に提出することにより、介護休業の申出を撤回することができる。

2　介護休業申出撤回届が提出されたときは、会社は当該介護休業申出撤回届を提出した者に対し、速やかに介護休業取扱通知書を交付する。

3　同一対象家族について２回連続して介護休業の申出を撤回した者について、当該家族について再度の申出はすることができない。

4　介護休業開始予定日の前日までに、申出に係る家族の死亡等により申出者が家族を介護しないこととなった場合には、介護休業の申出はされなかったものとみなす。この場合において、申出者は、原則として当該事由が発生した日に、会社にその旨を通知しなければならない。

（介護休業の期間等）

第13条　介護休業の期間は、対象家族１人につき、原則として、通算93日の範囲内で、介護休業申出書に記載された期間とする。

2　本条第１項にかかわらず、会社は、育児・介護休業法の定めるところにより介護休業開始予定日の指定を行うことができる。

3　従業員は、介護休業期間変更申出書により、介護休業を終了しようとする日（以下､「介護休業終了予定日」という）の２週間前までに会社に申し出ることにより、介護休業終了予定日の繰下げ変更を行うことができる。この場合において、介護休業開始予定日から変更後の介護休業終了予定日までの期間は通算93日の範囲を超えないことを原則とする。

4　介護休業期間変更申出書が提出されたときは、会社は、当該介護休業期間変更申出書を提出した者に対し、速やかに介護休業取扱通知書を交付する。

5　次の各号に掲げるいずれかの事由が生じた場合には、介護休業は終了するものとし、当該介護休業の終了日は当該各号に掲げる日とする。

①　家族の死亡等介護休業に係る家族を介護しないこととなった場合

当該事由が発生した日（なお、この場合において本人が出勤する日は、事由発生の日から２週間以内であって、会社と本人が話合いの上決定した日とする）

②　申出者について、産前産後休業、育児休業、出生時育児休業または新たな介護休業が始まった場合

産前産後休業、育児休業、出生時育児休業または新たな介護休業の開始日の前日

6　本条第５項第１号の事由が生じた場合には、申出者は原則として当該事由が生じた日に会社にその旨を通知しなければならない。

第４章　子の看護休暇

（子の看護休暇）

第 14 条　小学校就学の始期に達するまでの子を養育する従業員（日雇従業員を除く）は、負傷し、または疾病にかかった当該子の世話をするために、または当該子に予防接種や健康診断を受けさせるために、就業規則第 56 条に規定する年次有給休暇とは別に、当該子が１人の場合は１年間につき５日、２人以上の場合は１年間につき 10 日を限度として、子の看護休暇を取得することができる。この場合の

１年間とは、４月１日から翌年３月 31 日までの期間とする。ただし、労使協定によって除外された次の従業員からの子の看護休暇の申出は拒むことができる。

① 入社６ヵ月未満の従業員

② １週間の所定労働日数が２日以下の従業員

2 子の看護休暇は、時間単位で始業時刻から連続または終業時刻まで連続して取得することができる。

3 取得しようとする者は、原則として、子の看護休暇申出書を事前に会社に申し出るものとする。

第５章　介護休暇

（介護休暇）

第 15 条　要介護状態にある家族の介護その他の世話をする従業員（日雇従業員を除く）は、就業規則第 56 条に規定する年次有給休暇とは別に、当該家族が１人の場合は１年間につき５日、２人以上の場合は１年間につき 10 日を限度として、介護休暇を取得することができる。この場合の１年間とは、４月１日から翌年３月 31 日までの期間とする。ただし、労使協定によって除外された次の従業員からの介護休暇の申出は拒むことができる。

① 入社６ヵ月未満の従業員

② １週間の所定労働日数が２日以下の従業員

2 介護休暇は、時間単位で始業時刻から連続または終業時刻まで連続して取得することができる。

3 取得しようとする者は、原則として、介護休暇申出書を事前に会社に申し出るものとする。

第６章　所定外労働の制限

（育児・介護のための所定外労働の制限）

第16条　３歳に満たない子を養育する従業員（日雇従業員を除く）が当該子を養育するため、または要介護状態にある家族を介護する従業員（日雇従業員を除く）が当該家族を介護するために申し出た場合には、事業の正常な運営に支障がある場合を除き、所定労働時間を超えて労働をさせることはない。

2　本条第１項にかかわらず、労使協定によって除外された次の従業員からの所定外労働の制限の申出は拒むことができる。

①　入社１年未満の従業員

②　１週間の所定労働日数が２日以下の従業員

3　申出をしようとする者は、１回につき、１ヵ月以上１年以内の期間（以下、この条において「制限期間」という）について、制限を開始しようとする日（以下、この条において「制限開始予定日」という）および制限を終了しようとする日を明らかにして、原則として、制限開始予定日の１ヵ月前までに、育児・介護のための所定外労働制限申出書を会社に提出するものとする。この場合において、制限期間は、次条第３項に規定する制限期間と重複しないようにしなければならない。

4　会社は、所定外労働制限申出書を受け取るに当たり、必要最小限度の各種証明書の提出を求めることがある。

5　申出の日後に申出に係る子が出生したときは、所定外労働制限申出書を提出した者（以下、この条において「申出者」という）は、出生後２週間以内に会社に所定外労働制限対象児出生届を提出しなければならない。

6　制限開始予定日の前日までに、申出に係る子または家族の死亡等により申出者が子を養育または家族を介護しないこととなった場合には、申出はされなかったものとみなす。この場合において、申出者は、原則として当該事由が発生した日に、会社にその旨を通知しなければならない。

7　次の各号に掲げるいずれかの事由が生じた場合には、制限期間は終了するものとし、当該制限期間の終了日は当該各号に掲げる日とする。

①　子または家族の死亡等制限に係る子を養育または家族を介護しないこととなった場合

当該事由が発生した日

②　制限に係る子が３歳に達した場合

当該３歳に達した日

③　申出者について、産前産後休業、育児休業または介護休業が始まった場合

産前産後休業、育児休業または介護休業の開始日の前日

8　本条第６項第１号の事由が生じた場合には、申出者は原則として当該事由が生じた日に、会社にその旨を通知しなければならない。

第７章　時間外労働の制限

（育児・介護のための時間外労働の制限）

第 17 条　小学校就学の始期に達するまでの子を養育する従業員が当該子を養育するためまたは要介護状態にある家族を介護する従業員が当該家族を介護するために申し出た場

合には、就業規則第53条の規定および時間外労働に関する協定にかかわらず、事業の正常な運営に支障がある場合を除き、1ヵ月について24時間、1年について150時間を超えて時間外労働をさせることはない。

2　本条第1項にかかわらず、次の①から③のいずれかに該当する従業員からの時間外労働の制限の申出は拒むことができる。

①　日雇従業員

②　入社1年未満の従業員

③　1週間の所定労働日数が2日以下の従業員

3　申出をしようとする者は、1回につき、1ヵ月以上1年以内の期間（以下、この条において「制限期間」という）について、制限を開始しようとする日（以下、この条において「制限開始予定日」という）および制限を終了しようとする日を明らかにして、原則として、制限開始予定日の1ヵ月前までに、育児・介護のための時間外労働制限申出書を会社に提出するものとする。この場合において、制限期間は、前条第2項に規定する制限期間と重複しないようにしなければならない。

4　会社は、時間外労働制限申出書を受け取るに当たり、必要最小限度の各種証明書の提出を求めることがある。

5　申出の日後に申出に係る子が出生したときは、時間外労働制限申出書を提出した者（以下、この条において「申出者」という）は、出生後2週間以内に会社に時間外労働制限対象児出生届を提出しなければならない。

6　制限開始予定日の前日までに、申出に係る子または家族の死亡等により申出者が子を養育または家族を介護しないこととなった場合には、申出されなかったものとみなす。

この場合において、申出者は、原則として当該事由が発生した日に、会社にその旨を通知しなければならない。

7　次の各号に掲げるいずれかの事由が生じた場合には、制限期間は終了するものとし、当該制限期間の終了日は当該各号に掲げる日とする。

①　子または家族の死亡等制限に係る子を養育または家族を介護しないこととなった場合

当該事由が発生した日

②　制限に係る子が小学校就学の始期に達した場合

子が6歳に達する日の属する年度の3月31日

③　申出者について、産前産後休業、育児休業または介護休業が始まった場合

産前産後休業、育児休業または介護休業の開始日の前日

8　本条第7項第1号の事由が生じた場合には、申出者は原則として当該事由が生じた日に、会社にその旨を通知しなければならない。

第8章　深夜業の制限

（育児・介護のための深夜業の制限）

第18条　小学校就学の始期に達するまでの子を養育する従業員が当該子を養育するためまたは要介護状態にある家族を介護する従業員が当該家族を介護するために申し出た場合には、就業規則第53条の規定にかかわらず、事業の正常な運営に支障がある場合を除き、午後10時から午前5時までの間（以下、「深夜」という）に労働させることはない。

2　本条第１項にかかわらず、次のいずれかに該当する従業員からの深夜業の制限の申出は拒むことができる。

①　日雇従業員

②　入社１年未満の従業員

③　申出に係る子または家族の 16 歳以上の同居の家族が次のいずれにも該当する従業員

ア　深夜において就業していない者（1ヵ月について深夜における就業が３日以下の者を含む。）であること

イ　心身の状況が申出に係る子の保育または家族の介護をすることができる者であること

ウ　６週間（多胎妊娠の場合にあっては、14 週間）以内に出産予定でなく、かつ産後８週間以内でない者であること

④　１週間の所定労働日数が２日以下の従業員

⑤　所定労働時間の全部が深夜にある従業員

3　申出をしようとする者は、１回につき、１ヵ月以上６ヵ月以内の期間（以下、この条において「制限期間」という）について、制限を開始しようとする日（以下、この条において「制限開始予定日」という）および制限を終了しようとする日を明らかにして、原則として、制限開始予定日の１ヵ月前までに、育児・介護のための深夜業制限申出書を会社に提出するものとする。

4　会社は、深夜業制限申出書を受け取るに当たり、必要最小限度の各種証明書の提出を求めることがある。

5　申出の日後に申出に係る子が出生したときは、深夜業制限申出書を提出した者（以下、この条において「申出者」という）は、出生後２週間以内に会社に深夜業制限対象児出生届を提出しなければならない。

6　制限開始予定日の前日までに、申出に係る子または家族の死亡等により申出者が子を養育または家族を介護しないこととなった場合には、申出されなかったものとみなす。この場合において、申出者は、原則として当該事由が発生した日に、会社にその旨を通知しなければならない。

7　次の各号に掲げるいずれかの事由が生じた場合には、制限期間は終了するものとし、当該制限期間の終了日は当該各号に掲げる日とする。

①　子または家族の死亡等制限に係る子を養育または家族を介護しないこととなった場合
　当該事由が発生した日

②　制限に係る子が小学校就学の始期に達した場合
　子が６歳に達する日の属する年度の３月 31 日

③　申出者について、産前産後休業、育児休業または介護休業が始まった場合
　産前産後休業、育児休業または介護休業の開始日の前日

8　本条第７項第１号の事由が生じた場合には、申出者は原則として当該事由が生じた日に、会社にその旨を通知しなければならない。

第９章　所定労働時間の短縮措置等

（育児短時間勤務）

第 19 条　３歳に満たない子を養育する従業員は、申し出ることにより、就業規則第 39 条の所定労働時間について、以下のように変更することができる。

　所定労働時間を午前９時から午後４時まで（うち休憩時

間は、午前12時から午後1時までの1時間とする）の6時間とする（1歳に満たない子を育てる女性従業員はさらに別途30分ずつ2回の育児時間を請求することができる）。

2　本条第1項にかかわらず、次のいずれかに該当する従業員からの育児短時間勤務の申出は拒むことができる。

①　日雇従業員

②　1日の所定労働時間が6時間以下である従業員

③　労使協定によって除外された次の従業員

ア　入社1年未満の従業員

イ　1週間の所定労働日数が2日以下の従業員

3　申出をしようとする者は、1回につき、1ヵ月以上1年以内の期間について、短縮を開始しようとする日および短縮を終了しようとする日を明らかにして、原則として、短縮開始予定日の1ヵ月前までに、育児短時間勤務申出書により会社に申し出なければならない。申出書が提出されたときは、会社は速やかに申出者に対し、育児短時間勤務取扱通知書を交付する。その他適用のための手続き等については、第3条から第5条までの規定（第3条第2項および第4条第3項を除く）を準用する。

4　育児短時間勤務の措置を適用している期間の給与については、基本給を時給換算した額を基礎とし、実労働時間に応じて支給する。

5　賞与については、その算定対象期間に本制度の適用を受ける期間がある場合においては、短縮した時間に対応する賞与は支給しない。

（介護短時間勤務）

第 20 条　要介護状態にある家族を介護する従業員は、申し出ることにより、当該家族１人当たり利用開始の日から３年の間で２回までの範囲内で、就業規則第 39 条の所定労働時間について、以下のように変更することができる。

所定労働時間を午前９時から午後４時まで（うち休憩時間は、午前 12 時から午後１時までの１時間とする）の６時間とする。

2　本条第１項にかかわらず、次のいずれかに該当する従業員からの介護短時間勤務の申出は拒むことができる。

①　日雇従業員

②　労使協定によって除外された次の従業員

ア　入社１年未満の従業員

イ　１週間の所定労働日数が２日以下の従業員

3　申出をしようとする者は、短縮を開始しようとする日および短縮を終了しようとする日を明らかにして、原則として、短縮開始予定日の２週間前までに、介護短時間勤務申出書により会社に申し出なければならない。申出書が提出されたときは、会社は速やかに申出者に対し、介護短時間勤務取扱通知書を交付する。その他適用のための手続き等については、第７条から第９条までの規定を準用する。

4　介護短時間勤務の措置を適用している期間の給与については、基本給を時給換算した額を基礎とし、実労働時間に応じて支給する。

5　賞与については、その算定対象期間に本制度の適用を受ける期間がある場合においては、短縮した時間に対応する賞与は支給しない。

第10章　その他の事項

（育児・介護休業期間の給与等の取扱い）

第21条　育児・介護休業の期間については、給与（諸手当を含む）は支給しない。

2　賞与については、その算定対象期間に育児・介護休業をした期間が含まれる場合には、出勤日数により日割りで計算した額を支給する。

3　育児・介護休業の期間中、昇給は行わない。

4　退職金の算定に当たっては、育児・介護休業をした期間は勤続年数に算入しない。

（介護休業期間中の社会保険料の取扱い）

第22条　介護休業により給与が支払われない月における社会保険料の被保険者負担分は、各月に会社が納付した額を翌月○日までに従業員に請求するものとし、従業員は会社が指定する日までに支払うものとする。

（円滑な取得および職場復帰支援）

第23条　会社は、従業員から本人または配偶者が妊娠・出産等したことまたは本人が対象家族を介護していることの申出があった場合は、当該従業員に対して、円滑な休業取得および職場復帰を支援するために、以下①の措置を実施する。また、育児休業および出生時育児休業の申出が円滑に行われるようにするため、②の措置を実施する。

①　当該従業員に個別に育児休業に関する制度等（育児休業、出生時育児休業、パパ・ママ育休プラス、その他の両立支援制度、育児休業等の申出先、育児・介護休業給付に関すること、休業期間中の社会保険料の取扱い、育児・介護休業中および休業後の待遇や労働条件など）の

周知および制度利用の意向確認の措置。
② 従業員に対して育児休業（出生時育児休業含む）に係る研修を実施する。

（育児目的休暇）

第24条 小学校就学の始期に達するまでの子を養育する従業員（日雇従業員を除く）は、養育のために就業規則第○条に規定する年次有給休暇とは別に、当該子が１人の場合は１年間につき○日、２人以上の場合は１年間につき○日を限度として、育児目的休暇を取得することができる。この場合の１年間とは、４月１日から翌年３月31日までの期間とする。

２ 取得しようとする者は、原則として、育児目的休暇申出書を事前に会社に申し出るものとする。

（法令との関係）

第25条 育児・介護休業、子の看護休暇、介護休暇、育児・介護のための所定外労働の制限、育児・介護のための時間外労働および深夜業の制限並びに所定労働時間の短縮措置等に関して、本規程に定めのないことについては、育児・介護休業法その他の法令の定めるところによる。

（附則）

本規程は、令和○年○月○日から適用する。

労使協定例

育児介護休業等の適用除外者の範囲等に関する労使協定

◆◆株式会社と過半数代表者は、育児介護休業等の適用対象から除外される者の範囲に関して次のとおり協定する。

（育児休業の申出を拒むことができる従業員）

第１条　会社は、次の従業員から１歳（法定要件に該当する場合は１歳６ヵ月または２歳）に満たない子を養育するための育児休業の申出があったときは、その申出を拒むことができる。

①　入社１年未満の従業員

②　申出の日から１年（法第５条第３項および第４項の申出にあっては６ヵ月）以内に雇用関係が終了することが明らかな従業員

③　１週間の所定労働日数が２日以下の従業員

２　会社は、次の従業員から出生時育児休業の申出があったときは、その申出を拒むことができる。

①　入社１年未満の従業員

②　申出の日から８週間以内に雇用関係が終了することが明らかな従業員

③　１週間の所定労働日数が２日以下の従業員

（介護休業の申出を拒むことができる従業員）

第２条　会社は、次の従業員から介護休業の申出があったときは、その申出を拒むことができる。

① 入社１年未満の従業員

② 申出の日から93日以内に雇用関係が終了することが明らかな従業員

③ １週間の所定労働日数が２日以下の従業員

（子の看護休暇の申出を拒むことができる従業員）

第３条 会社は、次の従業員から子の看護休暇の申出があったときは、その申出を拒むことができる。

① 入社６ヵ月未満の従業員

② １週間の所定労働日数が２日以下の従業員

（介護休暇の申出を拒むことができる従業員）

第４条 会社は、次の従業員から介護休暇の申出があったときは、その申出を拒むことができる。

① 入社６ヵ月未満の従業員

② １週間の所定労働日数が２日以下の従業員

（育児・介護のための所定外労働の制限の請求を拒むことができる従業員）

第５条 会社は、次の従業員から所定外労働の制限の請求があったときは、その請求を拒むことができる。

① 入社１年未満の従業員

② １週間の所定労働日数が２日以下の従業員

（育児短時間勤務の申出を拒むことができる従業員）

第６条 会社は、次の従業員から育児短時間勤務の申出があったときは、その申出を拒むことができる。

① 入社１年未満の従業員

② 週の所定労働日数が２日以下の従業員

③ 業務の性質または業務の実施体制に照らして所定労働時間の短縮措置を講ずることが困難である業務に従事する従業員

（介護短時間勤務の申出を拒むことができる従業員）

第７条　会社は、次の従業員から介護短時間勤務の申出があったときは、その申出を拒むことができる。

①　入社１年未満の従業員

②　１週間の所定労働日数が２日以下の従業員

（出生時育児休業中の就業）

第８条　出生時育児休業中の就業を希望する従業員は、就業可能日等を申し出ることができる。

令和○年○月○日

○○株式会社　　代表取締役　　○○○○㊞

過半数代表者　　○○○○㊞

策定に当たっての留意点

1　育児介護休業法の改正

令和３年に育児介護休業法が改正され、出産・育児等による労働者の離職を防ぎ、希望に応じて男女ともに仕事と育児等を両立できるようにするため、子の出生直後の時期における柔軟な育児休業の枠組みの創設、育児休業を取得しやすい雇用環境整備および労働者に対する個別の周知・意向確認の措置の義務付け、育児休業給付に関する所要の規定の整備等の措置を講ずるとして、以下の改正がなされました。

（1）育児休業を取得しやすい雇用環境整備および妊娠・出産の申出をした労働者に対する個別の周知・意向確認措置の義務化（令和４年４月１日施行）

①　育児休業を取得しやすい雇用環境の整備

→　以下のいずれかの措置を講じることを義務付け

・育児休業・産後パパ育休に関する研修の実施
・育児休業・産後パパ育休に関する相談体制の整備等（相談窓口設置）
・自社の労働者の育児休業・産後パパ育休取得事例の収集・提供
・自社の労働者へ育児休業・産後パパ育休制度と育児休業取得促進に関する方針の周知

②　妊娠・出産（本人または配偶者）の申出をした労働者に対する個別の周知・意向確認の措置

→　以下の事項の周知と休業の取得以降の確認（面談、書面交付、FAX、電子メール等のいずれかによる）を義務化

・育児休業・産後パパ育休に関する制度
・育児休業・産後パパ育休の申出先
・育児休業給付に関すること
・労働者の育児休業・産後パパ育休期間中の社会保険料の取扱い

（2） 有期雇用労働者の育児・介護休業取得要件の緩和（令和４年４月１日施行）

有期雇用労働者の育児休業および介護休業の取得要件のうち「事業主に引き続き雇用された期間が１年以上である者」であることという要件を廃止。ただし、労使協定を締結した場合には、無期雇用労働者と同様に、事業主に引き続き雇用された期間が１年未満である労働者を対象から除外可能。

（3）子の出生後８週間以内に４週間まで取得することができる柔軟な育児休業の枠組み（産後パパ育休）の創設（令和４年10月１日施行）

① 休業の申出期限は、原則休業の２週間前まで（労使協定により１ヵ月前までとすることが可能）
② 初めにまとめて申し出ることで２回に分割して取得可能
③ 労使協定を締結している場合に、労働者と事業主の個別合意により、事前に調整した上で休業中に就業することが可能

（4）育児休業の分割取得（令和４年10月１日施行）

育児休業（**(3)** の休業を除く）について、分割して２回取得可能とする。

（5） 育児休業の取得の状況の公表の義務付け（令和５年４月１日施行）

常時雇用する労働者数が1,000人超の事業主に対し、育児休業の取得の状況について公表を義務付け。

したがって、これらを踏まえた就業規則の改訂が必要になります。厚生労働省の『育児・介護休業等に関する規則の規定例（詳細版）』（以下、「厚労省規定例」という）でも改正を踏まえたものが公表さ

れていますので、適宜、確認しておく必要があるでしょう。

2　育児・介護休業等に関する規則の規定例（詳細版）を参考に策定する

基本的に、育児介護休業規程に関しては、厚生労働省が公表している「育児・介護休業等に関する規則の規定例（詳細版）」を下書きにして策定するのが、漏れがなく良いと考えます。

3　育児・介護休業等に関する規則の規定例（詳細版）に掲載されている規定例で留意すべき条項

（1）子の看護休暇

子の看護休暇については、令和３年１月１日から、時間単位で取得することができるようになりました。そのため、規程の内容もそれに沿った形になっているかを確認しておく必要があります。

なお、法律上は、いわゆる「中抜け」なしの時間単位のみが認められており、もし、企業において、「中抜け」を認めるのであれば、第10条第２項は、「子の看護休暇は、時間単位で取得することができる」という条項にしておく必要があります。

子の看護休暇を取得した場合について、「給与、賞与、定期昇給および退職金の算定に当たっては、取得期間は通常の勤務をしたものとみなす」という定めについては、本当にそれでよいのかどうか、吟味をした上で、導入するかどうかを検討すべきでしょう。

（2）介護休暇

介護休暇を取得した場合について、「給与、賞与、定期昇給および退職金の算定に当たっては、取得期間は通常の勤務をしたものとみなす」という定めについては、本当にそれでよいのかどうか、吟味をした上で、導入するかどうかを検討すべきでしょう。

（3）育児短時間勤務

育児短時間勤務を取得した場合について、「本制度の適用を受ける間の給与については、別途定める給与規定に基づく労務提供のなかった時間分に相当する額を控除した基本給と諸手当の全額を支給する」、「定期昇給および退職金の算定に当たっては、本制度の適用を受ける期間は通常の勤務をしているものとみなす」という定めについては、本当にそれでよいのかどうか、吟味をした上で、導入するかどうかを検討すべきでしょう。

（4）介護短時間勤務

介護短時間勤務を取得した場合について、「本制度の適用を受ける間の給与については、別途定める給与規定に基づく労務提供のなかった時間分に相当する額を控除した基本給と諸手当の全額を支給する」、「定期昇給および退職金の算定に当たっては、本制度の適用を受ける期間は通常の勤務をしているものとみなす」という定めについては、本当にそれでよいのかどうか、吟味をした上で、導入するかどうかを検討すべきでしょう。

（5）育児短時間勤務と介護短時間勤務

育児短時間勤務の場合、短時間勤務は５時間45分～６時間の範囲にしなければならない（短時間勤務のメニューを複数つくり、例えば、４時間、５時間、６時間の３つをつくり、１つを選ばせるのは可能）とされていますが、介護短時間勤務についてはそのような制約はありません。もっとも、行政解釈では、所定労働時間が８時間の場合は２時間以上、７時間の場合は１時間以上の短縮とするのが望ましいとされていますので、それを踏まえて定めるのがよいと考えます。

（6）育児休業・介護休業等に関するハラスメント等の防止

厚生労働省の規程例では、育児休業・介護休業等に関するハラスメントのみを対象としていますが、マタハラ等のところでも記載したとおり（101 ページ参照）、マタハラ防止措置義務は、育児介護休業法だけではなく、男女雇用機会均等法でも新設されています。そのため、別途、妊娠・出産に関するハラスメントの防止措置も定める必要がある点に留意してください。

本書では、育児休業・介護休業等に関するハラスメント等の禁止、妊娠・出産に関するハラスメント等の禁止について、就業規則本則でまとめて規定しています。

（7）円滑な取得および職場復帰支援

改正に伴い、事業主には、育児休業を取得しやすい雇用環境整備および妊娠・出産の申出をした労働者に対する個別の周知・意向確認の措置が義務付けられましたが、厚労省規定例の 27 条の「（2）当該従業員ごとに育休復帰支援プラン又は介護支援プランを作成し、同プランに基づく措置を実施する。なお、同プランに基づく措置は、業務の整理・引継ぎに係る支援、育児休業中又は介護休業中の職場に関する情報及び資料の提供など、育児休業又は介護休業等を取得する従業員との面談により把握したニーズに合わせて定め、これを実施する」とある部分については、努力義務の内容ですので、これを定めるかどうかは吟味して決定したほうがよいかと思います。

4　実務上の取扱い

今般の改正については、厚生労働省から詳細な Q&A（『令和３年改正育児・介護政策法に関する Q&A』）が公表されています。随時更新されているので、実務上の取扱いで疑問点があれば、参照するとよいでしょう。

第5章 テレワーク規程

参考条文

テレワーク規程

第１章　総　　則

（在宅勤務制度の目的）

第１条　本規程は、○○株式会社（以下、「会社」という）の就業規則第○条に基づき、従業員が在宅で勤務する場合の必要な事項について定めたものである。

（在宅勤務の定義）

第２条　在宅勤務とは、従業員の自宅、その他自宅に準じる場所（会社指定の場所に限る）で情報通信機器を利用して業務を行うことをいう。

第２章　在宅勤務の許可・利用

（在宅勤務の対象者）

第３条　在宅勤務の対象者は、就業規則第○条に規定する従業員のうち、会社の許可を得た者および会社から在宅勤務を指示された者とする。

２　在宅勤務を希望する者は、所定の許可申請書に必要事項を記入の上、１週間前までに会社から許可を受けなければならない。

３　会社は、業務上その他の事由により、いつでも在宅勤務の許可・指示を取り消すことができる。

（在宅勤務時の服務規律）

第４条　在宅勤務に従事する者（以下、「在宅勤務者」という）

は、就業規則第○条およびセキュリティガイドラインに定めるもののほか、次に定める事項を遵守しなければならない。

① 在宅勤務の際に所定の手続きに従って持ち出した会社の情報および作成した成果物を第三者が閲覧、コピー等しないよう最大の注意を払うこと。

② 第1号に定める情報および成果物を紛失、毀損しないように丁寧に取り扱い、セキュリティガイドラインに準じた確実な方法で保管・管理すること。

③ 在宅勤務中は自宅以外の場所で業務を行ってはならないこと。

④ 在宅勤務の実施に当たっては、会社情報の取扱いに関し、セキュリティガイドラインおよび関連規程類を遵守すること。

⑤ 在宅勤務中は、職務に専念し、所定労働時間中に、職場離脱等、私的行為を行う場合は、会社の許可を得ること。

第3章　在宅勤務時の労働時間等

（在宅勤務時の労働時間）

第5条　在宅勤務時の労働時間については、就業規則第○条の定めるところによる。

2　前項にかかわらず、会社は、業務上の必要に基づき、始終業時刻を繰り上げ、または繰り下げることがある。

（休憩時間）

第6条　在宅勤務者の休憩時間については、就業規則第○条の定めるところによる。

（所定休日）

第７条　在宅勤務者の休日については、就業規則第○条の定めるところによる。

（時間外および休日労働等）

第８条　在宅勤務者が時間外労働、休日労働および深夜労働をする場合は所定の手続きを経て、事前に所属長の許可を受けなければならない。

２　前項により、在宅勤務者が、時間外労働、休日労働および深夜労働をした場合、所定の様式に基づき、速やかに時間外労働、休日労働および深夜労働の実績を報告しなければならない。

第４章　在宅勤務時の勤務等

（業務の開始および終了の報告）

第９条　在宅勤務者は、勤務の開始および終了について、電話、電子メール、勤怠管理ツールのいずれかの方法により報告しなければならない。

（業務報告）

第10条　在宅勤務者は、定期的または必要に応じて、電話または電子メール等で所属長に対し、所要の業務報告をしなくてはならない。

第5章　在宅勤務時の給与等

（通勤手当）

第11条　在宅勤務者に対しては、原則として通勤手当は支給しない。ただし、出社時の通勤に要する実費相当額は支給する。

（費用の負担）

第12条　会社が貸与する情報通信機器を利用する場合の通信費は在宅勤務者の負担とする。

2　在宅勤務に伴って発生する水道光熱費は在宅勤務者の負担とする。

3　業務に必要な郵送費、事務用品費、消耗品費その他会社が認めた費用は会社負担とする。

4　その他の費用については在宅勤務者の負担とする。

（在宅勤務手当）

第13条　在宅勤務者に対しては、前条の通信費、水道光熱費を賄うための実費相当額として、毎月4,000円を支給する。

本規程は、令和○年○月○日より施行する。

策定に当たっての留意点

令和２年、突如発生した新型コロナウイルスの感染拡大に伴い、労働者の働き方は大きく変わりました。その１つがテレワークであり、多くの企業が暫定的に導入し、今後も、テレワーク勤務を拡大するという方針を打ち出しています。奇しくも、働き方改革の一環として推進されたテレワークが、コロナ禍を契機に大きく進展をしたわけです。

そのため、当初は、緊急避難的に規程を策定せずにテレワークを実施していた企業も多くありましたが、現在では、多くの企業がテレワーク規程を整備しています。テレワーク規程の整備に当たってもっとも参考にされているのが、厚生労働省が公表している「テレワークモデル就業規則～作成の手引き～」であると思われます。もっとも、そこで掲載されているモデルはあくまでひな型であり、不適当と思われる箇所もあります。

そこで、本書ではそれを参考にしつつも、不適当と思われる点等を修正し、１つの標準的なひな形として紹介します。

1　在宅勤務の対象者

在宅勤務の対象者についてですが、コロナ禍よりも前は、全従業員を対象とするケースと育児介護等の必要がある従業員のみに限定するケースとがありましたが、その対象を限定する必要はないと考えます。

そして、在宅勤務の対象者を定めるに当たって重要なのは、会社が許可した者と会社が指示した者の両者を適用対象とするということです。

まず、「会社が許可した者」という点ですが、企業によっては、従業員が届出をすることによって在宅勤務を適用できると定めているところもあります。しかし、届出制とすることで、従業員に在宅勤務か通常の勤務かの選択権を与えるのは好ましくありませんので、許可制とするべきと考えます。これは、私傷病休職中の従業員が、復職に当たり、在宅勤務であれば復職可能という診断書を提出してきたときに顕著に違いが現れます。

つまり、私傷病休職からの復職が認められる場合というのは、治癒したかどうかですが、その治癒したかどうかというのは、従前の業務に従事することが可能かどうか、つまり、債務の本旨に従った履行の提供が可能かどうかという判断になります。従業員に在宅勤務か通常勤務かの選択権を与えてしまった場合、在宅勤務であってもそれは債務の本旨に従った履行の提供となることから、「在宅勤務であれば復職可能」という診断書が提出された場合には、復職を認めなければならないということになるおそれがあります。

したがって、債務の本旨に従った履行の提供を在宅勤務とするのか通常勤務とするのかの決定権は、会社が持っておくべきです。

次に、「会社が指示した者」という点ですが、学者の先生の中には、在宅勤務を命じるためには就業規則に根拠がなければならないという見解を持っている方が多くおり、その点について、実務家からは批判が強いところではありますが、実務家も、就業規則に定めておくことがベターであることは一致しております。

したがって、在宅勤務を命じることがある旨、つまり、在宅勤務の対象者として、会社が指示した者も明記しておくべきと考えます。

2　いつでも在宅勤務を解消できるように

また、実務上よく問題となるのは、一旦在宅勤務を認めたものの、業務効率が極めて悪い従業員が出てくるなど、在宅勤務による不都合が出てくることです。そのような場合に、会社として、いつでも在宅勤務を中止できるように定めておく必要があります。

3　労働時間

在宅勤務の労働時間については、「テレワークの適切な導入及び実施の推進のためのガイドライン」にもあるように、事業場外みなし労働時間制を適用することも考えられます。

この場合、①情報通信機器が、使用者の指示により常時通信可能な状態におくこととされていないこと、②随時使用者の具体的な指示に基づいて業務を行っていないこと、のいずれをも満たす必要がありますが、昨今の情報通信技術の発展等も考えると、これらの要件を本当に満たすのかどうか、疑義もあります。

ですから、事業場外みなし労働時間制を適用せずに通常の労働時間で対応するのが、リスクヘッジの観点から望ましいと考えています。

4　通勤手当

在宅勤務の場合、事業所に通勤する必要がなくなることから、通勤手当を支給する必要がなくなります。本書 291 ページの通勤手当のところにあるとおり、通勤手当として、通勤に要する実費に相当する金額を支給するという定めになっている場合には、在宅勤務によって通勤がなくなると実費も出なくなることから、特段の定めをせずとも通勤手当を支給する必要はない、という対応を取ることが可能ですが、念のため、通勤手当は支給しない旨を定めておいたほうが明確になるので、よいかと思います。

なお、通勤手当として、例えば「1ヵ月定期代相当額を支給する」という定め方になっている場合は、在宅勤務であっても、通勤手当を支給しなければならないと解釈することになると思われることから、在宅勤務の場合は通勤手当を支給しない旨を明確にしておく必要があります。

5　従業員の費用負担

在宅勤務に当たって生じる費用として、情報通信機器の通信回線費用、水道光熱費等がありますが、これらを従業員に負担させる場合には、労働基準法 89 条 5 号に従い、就業規則に明示する必要があります。

6　在宅勤務手当

在宅勤務手当を支給する企業も数多くありますが、その場合、在宅勤務手当を月額で支払うのか、あるいは、1日当たりの手当額を決めて在宅勤務した日数分を支払うのかを、検討する必要があります。

また、この在宅勤務手当は、その趣旨が、従業員の負担する費用の補填ということにあると思われますが、割増賃金算定に当たっての除外賃金にはならないと考えたほうがよいでしょう。

ただし、国税庁が令和３年１月に公表した「在宅勤務に係る費用負担等に関するFAQ」に従い、必要な計算をした上で当該金額を在宅勤務手当とするのであれば、それは、実費の清算ということになりますので、割増賃金算定に当たって考慮する必要はないということになりますが、国税庁の計算が煩瑣すぎて、実務上なかなか使えないという声が強いのが実際のところです。

第6章 契約社員就業規則

参考条文

契約社員就業規則

第1　総　　則

（目的）

第1条　この就業規則（以下、「本規則」という）は、従業員就業規則第2条第3項に基づき、契約社員の服務規律および就業に関する事項その他労働条件について定めたものである。

2　本規則に定めのない事項については、労働基準法その他の法令による。

（適用範囲・定義）

第2条　本規則でいう契約社員とは、本規則第4条の手続きを経て採用され、期間の定めのある労働契約を締結した者をいう。

（従業員の遵守義務）

第3条　契約社員は、本規則およびその他諸規程を遵守し、誠実にその義務を履行し、事業の発展に努めなければならない。

第2　人　　事

（採用基準）

第4条　会社は、採用を希望する者の中から、選考試験に合格し、所定の手続きを経た者を契約社員として採用する。

（採用時の提出書類）

第５条　契約社員は、採用に当たり会社が指示した書類を提出しなければならない。

（異動）

第６条　会社は契約社員に対し、勤務場所の変更や業務内容の変更を命じることがある。

（雇用期間および更新）

第７条　契約社員の雇用期間は、３年以内において個別の労働契約により定める。

２　前項の期間満了後、以下の事項を考慮し、労働契約を更新することがある。

① 労働契約期間満了時の業務量
② 勤務成績、勤務態度
③ 業務遂行能力
④ 健康状態
⑤ 会社の経営状況
⑥ 従事している業務の進捗状況
⑦ その他の事情

（退職）

第８条　契約社員が、次の各号の一に該当するときは退職とする。

① 死亡したとき
② 退職を願い出て承認されたとき
③ 退職を願い出て２週間を経過したとき
④ 契約期間が満了したとき

⑤　会社に連絡なく２週間が経過し、会社が所在を知らないとき

（退職願）

第９条　契約社員が自己の都合により退職しようとするときは、少なくとも30日前までに退職願を提出しなければならない。

（金品の返還等）

第10条　契約社員は、解雇あるいは退職となった際には、必要な引継ぎを行うとともに、身分証明書、名刺、社章、健康保険被保険者証など会社から貸与されたものを速やかに会社に返還しなければならない。

（解雇事由）

第11条　契約社員が次の各号の一に該当するときは解雇する。

①　精神または身体の故障によって、業務の遂行に堪えないと認めたとき
②　業務遂行能力、勤務成績が劣り、または業務に怠慢で向上の見込みがないと認めたとき
③　本規則第37条の懲戒事由に該当するとき
④　事業の廃止・縮小、その他、会社の経営上やむを得ない事由があるとき
⑤　その他、前各号に準ずるやむを得ない事由があるとき

（解雇予告）

第12条　契約社員を解雇するときは、30日前に予告する

か、または平均賃金の30日分の予告手当を支払う。ただし、次の各号の一に該当する場合についてはこの限りでない。

① 日雇従業員で継続使用1ヵ月以内に解雇するとき
② 2ヵ月以内の期間を定めて使用する者で、使用期間が当初の所定期間を超えない期間内に解雇するとき
③ 季節的業務に4ヵ月以内の期間を定めて使用する者で、使用期間が当初の所定期間を超えない期間内に解雇するとき
④ 従業員本人の責に帰すべき事由により解雇する場合で、行政官庁の認定を受けたとき
⑤ 天災事変その他やむを得ない事由のため事業の継続が不可能となった場合で、行政官庁の認定を受けたとき

2 前項の予告期間は、平均賃金を支払った日数だけ短縮する。

第3 服務規律

(服務の原則・服務規律)

第13条 契約社員は、職務を誠実に遂行するとともに、会社の規則、業務上の指示・命令に従い、職場秩序の維持・向上に努めなければならない。

2 契約社員は、以下の事項を遵守しなければならない。

① 正当な理由なく遅刻、早退または欠勤しないこと
② 勤務時間中は、上司の指示・命令に従い、報告を怠らず、同僚と協調して職務に励むこと
③ 勤務に関する手続きその他の届出を怠ったり、偽ったりしないこと
④ 勤務時間中は、職務に専念し、正当な理由なく職場を

離れたり、私用電話、私用メールや業務に関係のないインターネットの閲覧等の私事の用務を行ったり、他の従業員に私用の用務を依頼したりしないこと

⑤　時間を遵守し、業務の確実・迅速な処理に努めること

⑥　自らの職務の権限範囲を超える独断的なことはしないこと

⑦　故意に業務能率を低下させ、または他の従業員の業務を妨害しないこと

⑧　酒気を帯びて勤務しないこと

⑨　会社内で賭博、暴行その他職場秩序を乱す行為をしないこと

⑩　業務に関し私利を図り、または会社の金品を私用に供したりしないこと

⑪　品位を乱し、会社や従業員の名誉を傷つけるような行為をしないこと

⑫　会社の許可なく、業務以外の目的で、会社の施設、車両、機械、器具、工作物その他の物を使用し、または持ち出さないこと

⑬　会社の許可なく、会社の施設内において、組合活動、政治活動、宗教活動など、業務に関係しない活動は行わないこと

⑭　会社の許可なく、会社の業務の範囲に属する事項について、著作・講演などをしないこと

⑮　会社の許可なく、社外の業務に従事し、または自ら事業を行わないこと

⑯　他の従業員の性的指向または性自認にかかわらず、他の従業員に対して、従業員就業規則第28条第1項第1号から第7号に掲げる行為を行わないこと

⑰　職務上の地位や人間関係などの職場内の優位性を背景に、業務の適正な範囲を超えて、精神的・身体的苦痛を与えるまたは職場環境を悪化させる、従業員就業規則第29条第1号から第5号に掲げる行為を行わないこと
⑱　他の従業員の妊娠、出産、介護等に関し、従業員就業規則第30条第1項第1号から第4号に掲げる行為を行わないこと
⑲　日常携帯品以外の私物を事業場内に持ち込まないこと
⑳　職場規律の確保のためなど業務上の必要に基づき、会社が従業員に対して実施する所持品検査を、正当な理由なく拒まないこと
㉑　会社貸与のパソコンを業務遂行以外の目的で使用しないこと
㉒　その他、会社が定める諸規則、会社の通達および通知事項を遵守すること

（秘密保持義務）

第14条　契約社員は、在職中において、職務遂行過程において知り得た以下の業務上の秘密を他に漏らしてはならない。
①　製品の技術や設計、製品の企画、製品の開発に関する事項
②　製品の販売、顧客情報に関する事項
③　人事管理、財務に関する事項
④　その他、会社が業務上秘密としている一切の事項

（出退勤）

第15条　契約社員は、出退勤の際、所定の場所においてタ

イムカードに記録し、出勤および退勤時刻を記録しなければならない。

（遅刻、早退および欠勤）

第16条　契約社員が遅刻、早退、もしくは欠勤をし、または、就業時間中に私用で就業場所を離れるときは、事前に会社に届け出て、承認を受けなければならない。ただし、やむを得ない事由により事前に届け出られない場合は、事後、速やかに届け出て、承認を得なければならない。

2　契約社員は、傷病のために、遅刻、早退、もしくは欠勤をし、または就業時間中に私用で就業場所を離れる場合は、会社の求めに応じて、医師の診断書を提出しなければならない。

3　第1項の場合、不就労分に対応する賃金は支給しない。

（損害賠償）

第17条　契約社員が、故意または過失により、会社に損害を与えた場合には、会社にその損害を賠償しなければならない。

第4　労働時間・休憩・休日

〈就業規則で所定労働時間を定める場合〉

（所定労働時間）

第18条　所定労働時間および休憩時間は、次のとおりとする。

始業時刻　午前9時00分

終業時刻　午後6時00分

休憩時間　午後0時から午後1時まで

2　業務の都合、その他やむを得ない事情により、会社は、始終業時刻を繰り上げ、または繰り下げることがある。この場合、前日までに会社は従業員に通知する。

〈個別の契約で個々に所定労働時間を定める場合〉

（所定労働時間）

第18条　所定労働日および労働時間は、個別の労働契約により定める。

2　始業時刻および終業時刻、休憩時間は個別の労働契約により定める。

3　業務の都合、その他やむを得ない事情により、会社は、始終業時刻を繰り上げ、または繰り下げることがある。この場合、前日までに会社は従業員に通知する。

〈就業規則で休日を定める場合〉

（休日）

第19条　休日は次のとおりとする。

①　土曜日、日曜日

②　国民の祝日・休日

③　その他会社が定める日

2　毎週の休日のうち休日労働のない最後の日または全ての休日を労働した場合の最後の労働した日を法定休日とする。

〈個別の労働契約により定める場合〉

（休日）

第19条　契約社員の勤務日、休日は、個別の労働契約により定める。

（休日の振替）

第20条　会社は、業務の都合などやむを得ない事由のある場合、本規則第19条の休日を他の日に振り替えることができる。

（代休）

第21条　会社は、契約社員が休日に8時間以上、労働した場合には、当該日から1ヵ月以内に代休を与えることがある。

2　前項の代休は無給とする。

（時間外および休日労働）

第22条　会社は、業務上の都合により本規則第18条の所定労働時間を超え、または本規則第19条の休日に労働させることがある。

2　契約社員が、時間外労働、休日労働および深夜労働を行う場合には、あらかじめ上長の許可を受けなければならない。

第5　休暇・休業

（年次有給休暇）

第 23 条　会社は、契約社員に対し、労働基準法第 39 条の定めのとおり年次有給休暇を与える。

2　前項に定める年次有給休暇を取得した場合には、所定労働時間を勤務したものとして給与を支払う。

3　年次有給休暇を請求しようとする者は、取得予定日の 2 日前までに所属長に所定の様式で届け出なければならない。ただし、従業員が請求した時季に年次有給休暇を取得させることが事業の正常な運営を妨げる場合は、会社は時季を変更することがある。

4　会社は、年次有給休暇が 10 日以上与えられた契約社員に対しては、付与日から 1 年以内に、当該従業員の有する年次有給休暇日数のうち 5 日について、当該契約社員から意見を聴取し、その意見を尊重した上であらかじめ時季を指定して取得させる。ただし、契約社員が年次有給休暇を取得した場合においては、当該取得した日数分を 5 日から控除する。

(計画的年次有給休暇)

第 24 条　前条の規定にかかわらず、会社は、従業員の過半数を代表する者との書面による協定により、各従業員の有する年次有給休暇日数のうち 5 日を超える部分については、あらかじめ時季を指定して取得させることができる。

(生理休暇)

第 25 条　生理日の就業が著しく困難な女性従業員から請求があったときは、必要な期間休暇を与える。

2　前項の休暇は、これを無給とする。

（産前産後休業）

第 26 条　6 週間（多胎妊娠の場合は 14 週間）以内に出産予定の女性従業員から、そのことを証明する書面を付して請求があったときは、休業させる。

2　産後 8 週間を経過していない女性従業員は、就業させない。

3　前項の規定にかかわらず、産後 6 週間を経過した女性従業員から請求があった場合には、その者について医師が支障がないと認めた業務に就かせることがある。

4　第 1 項および第 2 項の休業は、無給とする。

5　妊娠中の女性従業員が請求した場合、他の軽易な業務に転換させる。ただし、転換可能な軽易な業務がないときには、その請求に応じないことがある。

（母性健康管理）

第 27 条　妊娠中または出産後 1 年を経過しない女性従業員から、母子健康法に定める健康診査または保健指導を受診するために申出があったときは、次の範囲で時間内通院を認める。

①　産前の場合

妊娠 23 週まで　4 週に 1 回
妊娠 24 週から 35 週まで　2 週に 1 回
妊娠 36 週から出産まで　1 週に 1 回

ただし、医師または助産師（以下、「医師等」という）がこれと異なる指示をしたときには、その指示により必要な時間

②　産後（1 年以内）の場合

医師等の指示により必要な時間

2　妊娠中または出産後1年を経過しない女性従業員から、保健指導または健康診査に基づき、医師等の指導を受けた旨申出があった場合、所定労働時間の短縮、休憩時間の延長および休憩の回数の増加、作業の軽減、休業等の措置をとることとする。
3　第1項および第2項の申出は、原則として3日前までに所定の申請書を所属長に提出して行わなければならない。
4　第1項および第2項の適用を受けた場合、その間の賃金は無給とする。

（育児・介護休業）

第28条　契約社員のうち、必要のある者は、育児・介護休業、子の看護休暇、介護休暇、育児のための所定外労働の免除、育児・介護のための時間外労働および深夜業務の制限、労働時間の短縮措置等（以下、「育児・介護休業等」という）の適用を受けることができる。
2　育児・介護休業等の取扱いについては、「育児介護休業規程」に定めるものとする。
3　第1項の休業および休暇は、これを無給とする。

（育児時間）

第29条　満1歳に達しない子を養育する女性従業員から請求があったときは、休憩時間のほか1日2回、1回について30分の育児時間を与える。
　ただし、1日の労働時間が4時間以内の場合には、育児時間は1日1回とする。
2　前項の育児時間は、これを無給とする。

第6　賃　　金

（賃金）

第30条　給与は時給制とし、その金額は個別の労働契約により定める。

2　契約社員に対し、定期昇給は行わない。

3　給与は、前月16日から当月15日までの分を当月25日に支払う。

（時間外、休日、深夜勤務手当）

第31条　契約社員が法定労働時間を超えて勤務した場合、労働基準法の定めに従い、時間外勤務手当、休日勤務手当、深夜勤務手当を支払う。

第7　賞与・退職金

第32条　会社の業績に応じ、契約社員の勤務成績、勤務態度等を考慮して、賞与を支給することがある。

2　契約社員に対し、退職金は支給しない。

第8　安全衛生・災害補償

（安全衛生）

第33条　従業員就業規則第69条、第71条、第72条、第74条ないし第76条の規定を契約社員に準用する。

（災害補償）

第34条　従業員就業規則第77条、第78条の規定を契約社員に準用する。

第9　表彰・懲戒

（表彰）

第35条　会社は、契約社員が次の各号の一に該当するときは、選考の上、表彰を行うことがある。

① 職務に熱心かつ成績優秀で他の従業員の模範となっていると評価されたとき

② 業務上有益な発明考案を行い、会社の業績に貢献したとき

③ 永年勤続して成績優良と評価されたとき

④ 社会的な功績が認められて、会社の名誉となる行為があったとき

⑤ その他、特に表彰に値する行為があったとき

2　表彰は、賞状および記念品の授与により行う。

（懲戒の種類および程度）

第36条　契約社員が本規則第37条のいずれかに該当する場合には、その軽重に応じ、次の区分に従って懲戒処分を行う。

① 譴責

始末書をとり、将来を戒める。

② 減給

始末書をとり、将来を戒めるとともに賃金を減ずる。ただし、減給の額は、1回の額が平均賃金の1日分の半額を超えることはなく、また、総額が当該賃金支払期間における賃金総額の10分の1を超えないものとする。

③　出勤停止

始末書をとり、将来を戒めるとともに、30日以内の期間を定めて出勤を停止し、その期間の賃金は支払わない。

④　諭旨解雇

退職願の提出を勧告する。会社の定めた期間内に勧告に従わない場合は懲戒解雇とする。

⑤　懲戒解雇

予告期間を設けることなく即時解雇する。所轄労働基準監督署長の認定を受けたときは、解雇予告手当を支給しない。

（懲戒事由）

第37条　次の各号の一に該当する場合は、第36条に定める懲戒処分を行う。

①　経歴を偽り、その他不正の手段を用いて雇用されたとき

②　正当な理由なく無断欠勤したとき

③　正当な理由なく遅刻、早退、欠勤し、あるいは職場離脱したとき

④　職務に不熱心で誠実に勤務しないとき

⑤　会社の諸規程、通達等により遵守すべき事項に違反したとき

⑥　本規定に違反し、または社命もしくは上長の指揮命令に従わないとき

⑦　素行不良で会社の秩序・規律を乱し、または、そのおそれのあったとき

⑧　故意または過失により、業務または就業に関して、会

社に虚偽の事項を述べたとき
⑨　本規則第 13 条に定める服務規律に違反したとき
⑩　会社の業務を妨害し、または妨害しようとしたとき
⑪　火気を粗略に扱い、または所定の場所以外で焚火もしくは喫煙したとき
⑫　性的な言動により、他の従業員に不快な思いをさせ、職場環境を悪化させたとき
⑬　性的な言動に起因する問題により、会社の秩序・規律を乱し、または、そのおそれのあったとき
⑭　職務中の他の従業員の業務に支障を与えるような性的関心を示したり、交際や性的関係を要求したとき
⑮　職務上の地位を利用して、他の従業員に性的な不快感を与え、または性的な強要を行ったとき
⑯　会社内で暴行、脅迫、傷害、暴言またはこれに類する行為をなしたとき
⑰　故意または過失により、会社の秘密を漏らし、または漏らそうとしたとき
⑱　故意または過失により、会社に損害を与え、または会社の信用を失墜させたとき
⑲　会社の金品を盗み、または横領するなど不正行為に及んだとき
⑳　正当な手段によらず私品を修理または作成したとき
㉑　故意または過失により、会社の施設もしくは金品を毀損滅失し、生産の低下もしくは業務の渋滞を惹起し、または労働災害その他の人身事故を発生させたとき
㉒　職務を利用して私利を図ったとき
㉓　取引先に対し、金品等の利益を要求し、または受領するなど職務上の不正行為をなしたとき

㉔　許可を得ないで在籍のまま他に雇用されたとき

㉕　会社の敷地内で、許可なく集会を行い、または文書の配布、掲示、演説、放送を行ったとき

㉖　飲酒運転（酒気帯び運転を含む）、ひき逃げ、その他刑罰法規に違反したとき

㉗　会社外において、会社または役員、従業員の名誉・信用を毀損したとき

㉘　部下の管理監督、業務上の指導、または必要な指示注意を怠ったとき

㉙　前各号に準ずる行為があったとき

第10　教育訓練・福利厚生

（教育・研修）

第38条　会社は、契約社員の職務内容、能力、経験等に応じて必要な教育訓練を行い、契約社員は右教育訓練を受けなければならない。

（福利厚生）

第39条　契約社員は、別に定めるところにより、各種福利厚生制度を受けることができる。

第11　正社員への転換

第40条　会社は、正社員を募集する場合（新規学卒者の募集を除く）、契約社員に対し、その募集内容を周知する。

第12　契約社員からの相談

第41条　会社は、相談担当者を設置し、契約社員の雇用管理の改善等に関する事項に関して、契約社員の相談に応じるものとする。

第13　無期転換

(無期転換の手続き)

第42条　契約社員が労働契約法第18条の要件を満たした場合、無期転換を申し出ることができる。

2　前項の無期転換の申出は、5年を超えた雇用契約期間の始期から雇用契約期間が満了する日の3ヵ月前までに、会社所定の文書を所属長経由で会社に提出することにより行わなければならない。

(無期転換後の労働条件)

第43条　無期転換をした契約社員の労働条件は、原則として無期転換前の労働条件のままとする。ただし、休職、定年については、次項以降に定めるとおりとする。

2　休　　職

①　無期転換後の契約社員が従業員就業規則第11条第1項のいずれかに該当したときは、休職とする。休職期間中は無給とする。

②　休職に当たっては、従業員就業規則第12条(休職期間)から第16条（休職期間満了による退職）までの各規定を適用する。休職期間算定に当たっての勤続年数の起算点は、無期転換時点とする。

3　定年および定年退職後再雇用

① 無期転換後の契約社員の定年は、満60歳とし、60歳に達した日（60歳の誕生日の前日）の属する月末を定年退職日として退職とする。ただし、満60歳を超えて有期雇用契約から無期雇用契約に転換した場合は、65歳に到達する日の属する月末を定年として取り扱い、再雇用はしない。

② 定年退職する従業員が定年退職後の再雇用を希望する場合は、定年の時点で、解雇事由または退職事由に該当する場合を除き、再雇用し、原則として65歳まで、雇用を更新する。

③ 定年後に再雇用を希望する従業員は、定年退職の3ヵ月前までに、所定の様式により再雇用の申出をしなければならない。

④ 再雇用の対象者については、雇用期間1年の有期雇用契約で再雇用する。

⑤ 会社は、①契約期間満了時の業務量、②勤務成績、勤務態度、③本人の能力、④健康状態、⑤会社の経営状況等を勘案し、再雇用後の契約更新の有無を判断する。

⑥ 定年退職後再雇用者の賃金、就業時間、休憩、休日、休暇等の労働条件については、同人の能力、担当職務、勤務形態等を踏まえ、契約の都度個別に決定する。

第14　正社員への転換

第44条　会社は、正社員を募集する場合（新規学卒者の募集を除く）、契約社員に対し、その募集内容を周知する。

第15　契約社員からの相談

第45条　会社は、相談担当者を設置し、契約社員の雇用管理の改善等に関する事項に関して、契約社員の相談に応じるものとする。

（附則）

本規則は、令和○年○月○日から適用する。

策定に当たっての留意点

1　契約社員就業規則策定の必要性

実務上、正社員就業規則の中に、契約社員については、「性質に反しない限度で正社員就業規則を準用する」という趣旨の定めがあったりもしますが、そうだとすると、具体的にどの条文が適用されて、どの条文が適用されないのかが不明確になるので、別途、契約社員就業規則を策定すべきです。

2　契約社員とは

契約社員の定義は必ずしも一義的なものではありませんが、正社員とは異なり、専門的な業務あるいは一定期間のみ発生する業務を行わせるために、期間の定めのある労働契約を締結して雇い入れる社員のことを指します（パートタイマーは、1週間の所定労働時間が正社員と比べて短い社員を指すが、契約社員は所定労働時間が正社員と変わらず、単に期間の定めの有無が異なる場合を指すことが多いといえる）。

そのため、特定の業務に限定して雇用する場合が多く、当該業務が終われば（もともと一定期間で終わるものであったり、経営の縮小等により業務が消滅した場合等）、その契約の期間満了を待って終了することになります。

3　契約期間および更新の規定について

（1）契約期間

有期労働契約を締結する場合、その期間の長さについて、労基法14条は上限を「3年」と定めています。

ただし、高度の専門的知識等を有する労働者との間に締結される労働契約、満60歳以上の労働者との間に締結される労働契約については上限を5年としています。

そのため、契約社員の契約期間については、原則として上限3年となります。

また、平成24年の労契法改正により、有期労働契約が繰り返し更新されて通算5年を超えたときは、労働者の申込みにより、期間の定めのない労働契約に転換されることとなりました（無期転換）。事業主として、無期転換をあらかじめ防ぎたいという意向があれば、就業規則および個別の労働契約上において、更新をしない旨明記するか、更新の回数あるいは通算年数を限定し、労働契約が通算5年以上とならないように規定しておく必要があります。

また、無期転換を認容する場合には、無期転換後の労働条件がどうなるのかも定めておく必要があります。

（2）更　新

有期雇用の労働契約で、更新する場合があるものについては、更新する場合の基準に関する事項を明示する必要があります（労基則5条1項1号の2）。

そのため、就業規則上でも、更新する場合の基準に関する事項を規定しています（更新しないこととする場合には不要）。

4　契約社員の処遇について

（1）パート・有期法の定め

令和2年4月1日に施行された短時間労働者及び有期雇用労働者の雇用管理の改善等に関する法律（以下､「パート･有期法」という）（中小企業における適用は令和3年4月1日）では、9条で差別禁止（均等待遇）が定められ、8条で均衡待遇が定められています。

具体的には、次のように規定されています。

（不合理な待遇の禁止）

第8条　事業主は、その雇用する短時間･有期雇用労働者の基本給、賞与その他の待遇のそれぞれについて、当該待遇に対応する通常の労働者の待遇との間において、当該短時間・有期雇用労働者及び通常の労働者の業務の内容及び当該業務に伴う責任の程度（以下「職務の内容」という。）、当該職務の内容及び配置の変更の範囲その他の事情のうち、当該待遇の性質及び当該待遇を行う目的に照らして適切と認められるものを考慮して、不合理と認められる相違を設けてはならない。

（通常の労働者と同視すべき短時間・有期雇用労働者に対する差別的取扱いの禁止）

第9条　事業主は、職務の内容が通常の労働者と同一の短時間・有期雇用労働者（第11条第1項において､「職務内容同一短時間･有期雇用労働者」という。）であって、当該事業所における慣行その他の事情からみて、当該事業主との雇用関係が終了するまでの全期間において、その職務の内容及び配置が当該通常の労働者の職務の内容及び配置の変更の範囲と同一の範囲で変更されることが見込まれるもの（次条及び同項において「通常の労働者と同視すべき短時間・有期雇用労働者」という。）については、短時間・有期雇用労働者であることを理由として、基本給、賞与その他の待遇のそれぞれについて、差別的取扱いをしてはならない。

これらを整理すれば、正社員と契約社員・パートタイマーとの間で、①職務内容、②職務内容・配置の変更の範囲が同じ場合は、差別的取扱いが禁止される、つまり、処遇は同じにしなければならないということであり、①職務内容、②職務内容・配置の変更の範囲、③その他の事情の内容を考慮して、不合理な待遇差が禁止されるということです。

（2）まず雇用形態と労働条件の現状を把握する

したがって、企業においてまず対応しなければならないのは、現状の把握です。すなわち、企業内の雇用形態と労働条件を全て洗い出し、一覧表などで整理をすることです。企業によっては、非正規労働者については、パートタイマーであったり、契約社員であったり、嘱託社員であったりと、その呼称は様々ですが、数多くの雇用形態があると思いますので、まずはそれを全てピックアップします。

次に、雇用形態ごとの労働条件をピックアップします。中小企業特有の問題としては、賃金規程等には明示されていない手当が支給されているというケースが多いこともあるので、労働条件をピックアップする際には、給与明細も参照するほうがよいと考えます。労働条件をピックアップする際には、手当等の賃金だけではなく、特別休暇なども全て網羅する必要があるという点に留意してください。

（3）次に労働条件と処遇の差の有無を確認し、説明できる待遇差か検討する

このように現状を整理した後に、正社員と契約社員・パートタイマーとの間で、職務の内容に違いがあるのかどうか、職務の内容・

配置の変更の範囲に違いがあるのかどうかを確認し、処遇に差があるのかどうかを確認します。そして、処遇に差があるということであれば、その理由を説明することができるのかどうかを検討します。

その結果、理由を説明することが困難ということになれば、何かを変えなければなりません。何を変えるかという点ですが、まずは、職務の内容、職務の内容・配置の変更の範囲を変更することで、待遇差の説明がつけば、それらを変更することで対応すればよいということになります。それらの変更では待遇差の説明がつかないということであれば、処遇の変更に手を付ける必要があります。

正社員と契約社員・パートタイマーの処遇については、以上の点を踏まえて、制定あるいは改定を行っていく必要があるでしょう。

また、パート・有期法14条2項で次のように規定していますので、契約社員・パートタイマーの処遇については、一度、整理をして変更の必要がないかどうかを検討する必要があります。

> **（事業主が講ずる措置の内容等の説明）**
>
> **第14条**　（中略）
>
> **2**　事業主は、その雇用する短時間・有期雇用労働者から求めがあったときは、当該短時間・有期雇用労働者と通常の労働者との間の待遇の相違の内容及び理由並びに第6条から前条までの規定により措置を講ずべきこととされている事項に関する決定をするに当たって考慮した事項について、当該短時間・有期雇用労働者に説明しなければならない。

参考規程例では、契約社員について、退職金は支給しないとしていますが、上述の検討を経た上で、退職金を支給するとする必要がある場合もありますし、支給するとしても、正社員とは異なる金額にするということも十分に考えられます。

5　試用期間は設けない（パートタイマーと同じ）

試用期間は、期間の定めのない労働契約を締結する正社員に対して、長期雇用を行うに当たってその適格性を判定する目的で設けるものですが、有期雇用の場合には契約期間の満了により雇用が終了するため、試用期間を設けて慎重に適格性を判断する必要性はないといえます。

試用期間を設けることにより、長期雇用（契約の更新）を前提としているようにも捉えられるため、契約社員については試用期間を設けないほうがよいでしょう。ましてや、試用期間満了で解雇としても、期中での解雇となるため有効となるハードルは高く、実効的ではありません。

6　休職制度は設けない（パートタイマーと同じ）

休職制度は長期雇用を前提としたものであり、有期雇用の従業員に対してはなじみません。特に私傷病休職の制度は、解雇の猶予措置の意味であることから、有期雇用の従業員には設けるべきでないでしょう。

7　無期転換の定め

労契法 18 条の定めによる契約社員の無期転換について、法律上は、原則として契約社員時の労働条件がそのまま無期転換後も継続するということになっています。もっとも、「別段の定め」をすることによって、労働条件を変更することも可能です。無期転換することによって、期間の定めがなくなり長期雇用が見込まれることになるので、休職などの長期雇用を前提とした制度は入れておくべきかと思います。また、定年についても、それを新たに定めなければ、無期転換後は定年がない無期雇用になってしまいますので、定年も定めておくべきでしょう。

第7章 パートタイマー就業規則

参考条文

パートタイマー就業規則

第1　総　　則

（目的）

第1条　この就業規則（以下、「本規則」という）は、従業員就業規則第2条第3項に基づき、パートタイマーの服務規律および就業に関する事項その他労働条件について定めたものである。

2　本規則に定めのない事項については、労働基準法その他の法令による。

（適用範囲・定義）

第2条　本規則でいうパートタイマーとは、本規則第4条の手続きを経て採用され、1年以内の期間を定めて労働契約を締結し、1日の所定労働時間が6時間未満の者をいう。

（従業員の遵守義務）

第3条　従業員は、本規則およびその他諸規程を遵守し、誠実にその義務を履行し、事業の発展に努めなければならない。

第2　人　　事

（採用基準）

第4条　会社は、採用を希望する者の中から、選考試験に合格し、所定の手続きを経た者をパートタイマーとして採用する。

（採用時の提出書類）

第５条　パートタイマーは採用に当たり、会社が指示した書類を提出しなければならない。

（職務の変更）

第６条　会社は、業務の都合により、パートタイマーの担当職務を変更することがある。ただし、変更後の職務は同一事業場内のものに限る。

（雇用期間および更新）

第７条　パートタイマーの雇用期間は、１年以内において個別の労働契約により定める。

２　前項の期間満了後、以下の事項を考慮し、労働契約を更新することがある。

①　労働契約期間満了時の業務量

②　勤務成績、勤務態度

③　業務遂行能力

④　健康状態

⑤　会社の経営状況

⑥　従事している業務の進捗状況

⑦　その他の事情

（退職）

第８条　パートタイマーが、次の各号の一に該当するときは退職とする。

①　死亡したとき

②　退職を願い出て承認されたとき

③　退職を願い出て２週間を経過したとき

④　契約期間が満了したとき
⑤　会社に連絡なく2週間が経過し、会社が所在を知らないとき

（退職願）

第9条　パートタイマーが自己の都合により退職しようとするときは、少なくとも30日前までに退職願を提出しなければならない。

（金品の返還）

第10条　パートタイマーは、解雇あるいは退職となった際には、身分証明書、名刺、社章、健康保険被保険者証など会社から貸与されたものを速やかに会社に返還しなければならない。

（解雇事由）

第11条　パートタイマーが次の各号の一に該当するときは解雇する。

①　精神または身体の故障によって、業務の遂行に堪えないと認めたとき
②　業務遂行能力、勤務成績が劣り、または業務に怠慢で向上の見込みがないと認めたとき
③　本規則第37条の懲戒事由に該当するとき
④　事業の廃止・縮小、その他、会社の経営上やむを得ない事由があるとき
⑤　その他、前各号に準ずるやむを得ない事由があるとき

（解雇予告）

第12条　パートタイマーを解雇するときは、30日前に予告するか、または平均賃金の30日分の予告手当を支払う。ただし、次の各号の一に該当する場合についてはこの限りでない。

①　日雇従業員で継続使用1ヵ月以内に解雇するとき

②　2ヵ月以内の期間を定めて使用する者で、使用期間が当初の所定期間を超えない期間内に解雇するとき

③　季節的業務に4ヵ月以内の期間を定めて使用する者で、使用期間が当初の所定期間を超えない期間内に解雇するとき

④　従業員本人の責に帰すべき事由により解雇する場合で、行政官庁の認定を受けたとき

⑤　天災事変その他やむを得ない事由のため事業の継続が不可能となった場合で、行政官庁の認定を受けたとき

2　前項の予告期間は、平均賃金を支払った日数だけ短縮する。

第3　服務規律

（服務の原則・服務規律）

第13条　パートタイマーは、職務を誠実に遂行するとともに、会社の規則、業務上の指示・命令に従い、職場秩序の維持・向上に努めなければならない。

2　パートタイマーは、以下の事項を遵守しなければならない。

①　正当な理由なく遅刻、早退または欠勤しないこと

②　勤務時間中は、上司の指示・命令に従い、報告を怠ら

ず、同僚と協調して職務に励むこと

③　勤務に関する手続きその他の届出を怠ったり、偽ったりしないこと

④　勤務時間中は、職務に専念し、正当な理由なく職場を離れたり、私用電話、私用メールや業務に関係のないインターネットの閲覧等の私事の用務を行ったり、他の従業員に私用の用務を依頼したりしないこと

⑤　時間を遵守し、業務の確実・迅速な処理に努めること

⑥　自らの職務の権限範囲を超える独断的なことはしないこと

⑦　故意に業務能率を低下させ、または他の従業員の業務を妨害しないこと

⑧　酒気を帯びて勤務しないこと

⑨　会社内で賭博、暴行その他職場秩序を乱す行為をしないこと

⑩　業務に関し私利を図り、または会社の金品を私用に供したりしないこと

⑪　品位を乱し、会社や従業員の名誉を傷つけるような行為をしないこと

⑫　会社の許可なく、業務以外の目的で、会社の施設、車両、機械、器具、工作物その他の物を使用し、または持ち出さないこと

⑬　会社の許可なく、会社の施設内において、組合活動、政治活動、宗教活動など、業務に関係しない活動は行わないこと

⑭　会社の許可なく、会社の業務の範囲に属する事項について、著作・講演などをしないこと

⑮　会社の許可なく、社外の業務に従事し、または自ら事

業を行わないこと

⑯　他の従業員の性的指向または性自認にかかわらず、他の従業員に対して、従業員就業規則第28条第1項第1号から第7号に掲げる行為を行わないこと

⑰　職務上の地位や人間関係などの職場内の優位性を背景に、業務の適正な範囲を超えて、精神的・身体的苦痛を与えるまたは職場環境を悪化させる、従業員就業規則第29条第1号から第5号に掲げる行為を行わないこと

⑱　他の従業員の妊娠、出産、介護等に関し、従業員就業規則第30条第1項第1号から第4号に掲げる行為を行わないこと

⑲　日常携帯品以外の私物を事業場内に持ち込まないこと

⑳　職場規律の確保のためなど業務上の必要に基づき、会社が従業員に対して実施する所持品検査を、正当な理由なく拒まないこと

㉑　会社貸与のパソコンを業務遂行以外の目的で使用しないこと

㉒　その他、会社が定める諸規則、会社の通達および通知事項を遵守すること

（秘密保持義務）

第14条　パートタイマーは、在職中において、職務遂行過程において知り得た以下の業務上の秘密を他に漏らしてはならない。

①　製品の技術や設計、製品の企画、製品の開発に関する事項

②　製品の販売、顧客情報に関する事項

③　人事管理、財務に関する事項

④　その他、会社が業務上秘密としている一切の事項

（出退勤）

第 15 条　パートタイマーは、出退勤の際、所定の場所においてタイムカードに記録し、出勤および退勤時刻を記録しなければならない。

（遅刻、早退および欠勤）

第 16 条　パートタイマーが遅刻、早退、もしくは欠勤をし、または、就業時間中に私用で就業場所を離れるときは、事前に会社に届け出て、承認を受けなければならない。ただし、やむを得ない事由により事前に届け出られない場合は、事後、速やかに届け出て、承認を得なければならない。

2　パートタイマーは、傷病のために、遅刻、早退、もしくは欠勤をし、または就業時間中に私用で就業場所を離れる場合は、会社の求めに応じて、医師の診断書を提出しなければならない。

3　第 1 項の場合、不就労分に対応する賃金は支給しない。

（損害賠償）

第 17 条　パートタイマーが、故意または過失により、会社に損害を与えた場合には、会社にその損害を賠償しなければならない。

第 4　労働時間・休憩・休日

〈就業規則で所定労働時間を定める場合〉

（所定労働時間）

第18条　所定労働時間および休憩時間は、次のとおりとする。

始業時刻　午前9時00分

終業時刻　午後3時00分

休憩時間　午後0時から午後1時まで

2　業務の都合、その他やむを得ない事情により、会社は、始終業時刻を繰り上げ、または繰り下げることがある。この場合、前日までに会社は従業員に通知する。

〈個別の契約で個々に所定労働時間を定める場合〉

（所定労働時間）

第18条　所定労働日および労働時間は、1日6時間以内、週30時間以内とし、個別の労働契約により定める。

2　始業および終業時刻、休憩時間は個別の労働契約により定める。

3　業務の都合、その他やむを得ない事情により、会社は、始終業時刻を繰り上げ、または繰り下げることがある。この場合、前日までに会社は従業員に通知する。

〈就業規則で休日を定める場合〉

（休日）

第19条　休日は次のとおりとする。

①　土曜日、日曜日

②　国民の祝日・休日

③　その他会社が定める日

2　毎週の休日のうち休日労働のない最後の日または全ての休日を労働した場合の最後の労働した日を法定休日とする。

〈個別の労働契約により定める場合〉

（休日）
第19条　パートタイマーの勤務日、休日は、個別の労働契約により定める。

（休日の振替）
第20条　会社は、業務の都合などやむを得ない事由のある場合、本規則第19条の休日を他の日に振り替えることができる。

（代休）
第21条　会社は、パートタイマーが休日に8時間以上、労働した場合には、当該日から1ヵ月以内に代休を与えることがある。
2　前項の代休は無給とする。

（時間外および休日労働）
第22条　会社は、業務上の都合により本規則第18条の所定労働時間を超え、または本規則第19条の休日に労働させることがある。
2　パートタイマーが、時間外労働、休日労働および深夜労働を行う場合には、あらかじめ上長の許可を受けなければならない。

第5　休暇・休業

（年次有給休暇）

第23条　会社は、パートタイマーに対し、労働基準法第39条の定めのとおり年次有給休暇を与える。

2　前項に定める年次有給休暇を取得した場合には、所定労働時間を勤務したものとして給与を支払う。

3　年次有給休暇を請求しようとする者は、取得予定日の2日前までに所属長に所定の様式で届け出なければならない。ただし、従業員が請求した時季に年次有給休暇を取得させることが事業の正常な運営を妨げる場合は、会社は時季を変更することがある。

4　会社は、年次有給休暇が10日以上与えられたパートタイマーに対しては、付与日から1年以内に、当該パートタイマーの有する年次有給休暇日数のうち5日について、当該パートタイマーから意見を聴取し、その意見を尊重した上であらかじめ時季を指定して取得させる。ただし、パートタイマーが年次有給休暇を取得した場合においては、当該取得した日数分を5日から控除する。

（計画的年次有給休暇）

第24条　前条の規定にかかわらず、会社は、従業員の過半数を代表する者との書面による協定により、各従業員の有する年次有給休暇日数のうち5日を超える部分については、あらかじめ時季を指定して取得させることができる。

（生理休暇）

第 25 条　生理日の就業が著しく困難な女性従業員から請求があったときは、必要な期間休暇を与える。

2　前項の休暇は、これを無給とする。

（産前産後休業）

第 26 条　6 週間（多胎妊娠の場合は 14 週間）以内に出産予定の女性従業員から、そのことを証明する書面を付して請求があったときは、休業させる。

2　産後 8 週間を経過していない女性従業員は、就業させない。

3　前項の規定にかかわらず、産後 6 週間を経過した女性従業員から請求があった場合には、その者について医師が支障がないと認めた業務に就かせることがある。

4　第 1 項および第 2 項の休業は、無給とする。

5　妊娠中の女性従業員が請求した場合、他の軽易な業務に転換させる。ただし、転換可能な軽易な業務がないときには、その請求に応じないことがある。

（母性健康管理）

第 27 条　妊娠中または出産後 1 年を経過しない女性従業員から、母子健康法に定める健康診査または保健指導を受診するために申出があったときは、次の範囲で時間内通院を認める。

①　産前の場合

妊娠 23 週まで	4 週に 1 回
妊娠 24 週から 35 週まで	2 週に 1 回
妊娠 36 週から出産まで	1 週に 1 回

ただし、医師または助産師（以下、「医師等」という）がこれと異なる指示をしたときには、その指示により必要な時間

② 産後（１年以内）の場合

医師等の指示により必要な時間

2 妊娠中または出産後１年を経過しない女性従業員から、保健指導または健康診査に基づき、医師等の指導を受けた旨申出があった場合、所定労働時間の短縮、休憩時間の延長および休憩の回数の増加、作業の軽減、休業等の措置をとることとする。

3 第１項および第２項の申出は、原則として３日前までに所定の申請書を所属長に提出して行わなければならない。

4 第１項および第２項の適用を受けた場合、その間の賃金は無給とする。

（育児・介護休業）

第28条 パートタイマーのうち、必要のある者は、育児・介護休業、子の看護休暇、介護休暇、育児のための所定外労働の免除、育児・介護のための時間外労働および深夜業務の制限、労働時間の短縮措置等（以下、「育児・介護休業等」という）の適用を受けることができる。

2 育児・介護休業等の取扱いについては、「育児介護休業規程」に定めるものとする。

3 第１項の休業および休暇は、これを無給とする。

（育児時間）

第29条 満１歳に達しない子を養育する女性従業員から請求があったときは、休憩時間のほか１日２回、１回につい

て30分の育児時間を与える。

ただし、1日の労働時間が4時間以内の場合には、育児時間は1日1回とする。

2　前項の育児時間は、これを無給とする。

第6　賃　　金

（賃金）

第30条　給与は時給制とし、その金額は個別の労働契約により定める。

2　パートタイマーに対し、定期昇給は行わない。

3　給与は前月16日から当月15日までの分を、当月25日に支払う。

（時間外、休日、深夜勤務手当）

第31条　パートタイマーが法定労働時間を超えて勤務した場合、労働基準法の定めに従い、時間外勤務手当、休日勤務手当、深夜勤務手当を支払う。

第7　賞与・退職金

第32条　パートタイマーに対し、賞与および退職金は支給しない。

第8　安全衛生・災害補償

（安全衛生）

第33条　従業員就業規則第69条、第71条、第72条、第

74条ないし第76条の規定をパートタイマーに準用する。

(災害補償)

第34条　従業員就業規則第77条、第78条の規定をパートタイマーに準用する。

第9　表彰・懲戒

(表彰)

第35条　会社は、パートタイマーが次の各号の一に該当するときは、選考の上、表彰を行うことがある。

①　職務に熱心かつ成績優秀で他の従業員の模範となっていると評価されたとき

②　業務上有益な発明考案を行い、会社の業績に貢献したとき

③　永年勤続して成績優良と評価されたとき

④　社会的な功績が認められて、会社の名誉となる行為があったとき

⑤　その他、特に表彰に値する行為があったとき

2　表彰は、賞状および記念品の授与により行う。

(懲戒の種類および程度)

第36条　パートタイマーが本規則第37条のいずれかに該当する場合には、その軽重に応じ、次の区分に従って懲戒処分を行う。

①　譴責

始末書をとり、将来を戒める。

②　減給

始末書をとり、将来を戒めるとともに賃金を減ずる。ただし、減給の額は、1回の額が平均賃金の1日分の半額を超えることはなく、また、総額が当該賃金支払期間における賃金総額の10分の1を超えないものとする。

③　出勤停止

始末書をとり、将来を戒めるとともに、30日以内の期間を定めて出勤を停止し、その期間の賃金は支払わない。

④　諭旨解雇

退職願の提出を勧告する。会社の定めた期間内に勧告に従わない場合は懲戒解雇とする。

⑤　懲戒解雇

予告期間を設けることなく即時解雇する。所轄労働基準監督署長の認定を受けたときは、解雇予告手当を支給しない。

（懲戒事由）

第37条　次の各号の一に該当する場合は、第36条に定める懲戒処分を行う。

①　経歴を偽り、その他不正の手段を用いて雇用されたとき

②　正当な理由なく無断欠勤したとき

③　正当な理由なく遅刻、早退、欠勤し、あるいは職場離脱したとき

④　職務に不熱心で誠実に勤務しないとき

⑤　会社の諸規程、通達等により遵守すべき事項に違反したとき

⑥　本規定に違反し、または社命もしくは上長の指揮命令

に従わないとき
⑦　素行不良で会社の秩序・規律を乱し、または、そのおそれのあったとき
⑧　故意または過失により、業務または就業に関して、会社に虚偽の事項を述べたとき
⑨　本規則第 13 条に定める服務規律に違反したとき
⑩　会社の業務を妨害し、または妨害しようとしたとき
⑪　火気を粗略に扱い、または所定の場所以外で焚火もしくは喫煙したとき
⑫　性的な言動により、他の従業員に不快な思いをさせ、職場環境を悪化させたとき
⑬　性的な言動に起因する問題により、会社の秩序・規律を乱し、または、そのおそれのあったとき
⑭　職務中の他の従業員の業務に支障を与えるような性的関心を示したり、交際や性的関係を要求したとき
⑮　職務上の地位を利用して、他の従業員に性的な不快感を与え、または性的な強要を行ったとき
⑯　会社内で暴行、脅迫、傷害、暴言またはこれに類する行為をなしたとき
⑰　故意または過失により、会社の秘密を漏らし、または漏らそうとしたとき
⑱　故意または過失により、会社に損害を与え、または会社の信用を失墜させたとき
⑲　会社の金品を盗み、または横領するなど不正行為に及んだとき
⑳　正当な手段によらず私品を修理または作成したとき
㉑　故意または過失により、会社の施設もしくは金品を毀損滅失し、生産の低下もしくは業務の渋滞を惹起し、ま

たは労働災害その他の人身事故を発生させたとき
㉒　職務を利用して私利を図ったとき
㉓　取引先に対し、金品等の利益を要求し、または受領するなど職務上の不正行為をなしたとき
㉔　許可を得ないで在籍のまま他に雇用されたとき
㉕　会社の敷地内で、許可なく集会を行い、または文書の配布、掲示、演説、放送を行ったとき
㉖　飲酒運転（酒気帯び運転を含む）、ひき逃げ、その他刑罰法規に違反したとき
㉗　会社外において、会社または役員、従業員の名誉・信用を毀損したとき
㉘　前各号に準ずる行為があったとき

第10　教育訓練・福利厚生

（教育・研修）

第38条　会社は、パートタイマーの職務内容、能力、経験等に応じて必要な教育訓練を行い、パートタイマーは右教育訓練を受けなければならない。

（福利厚生）

第39条　パートタイマーは、別に定めるところにより、各種福利厚生制度を受けることができる。

第11　正社員への転換

第40条　会社は、正社員を募集する場合（新規学卒者の募集を除く）、契約社員に対し、その募集内容を周知する。

第 12　パートタイマーからの相談

第 41 条　会社は、相談担当者を設置し、パートタイマーの雇用管理の改善等に関する事項に関して、パートタイマーの相談に応じるものとする。

第 13　無期転換

（無期転換の手続き）

第 42 条　パートタイマーが労働契約法第 18 条の要件を満たした場合、無期転換を申し出ることができる。

2　前項の無期転換の申出は、5 年を超えた雇用契約期間の始期から雇用契約期間が満了する日の 3 ヵ月前までに、会社所定の文書を所属長経由で会社に提出することにより行わなければならない。

（無期転換後の労働条件）

第 43 条　無期転換をしたパートタイマーの労働条件は、原則として無期転換前の労働条件のままとする。ただし、休職、定年については、次項以降に定めるとおりとする。

2　休　　職

①　無期転換後のパートタイマーが従業員就業規則 11 条第 1 項のいずれかに該当したときは、休職とする。休職期間中は無給とする。

②　休職にあたっては、従業員就業規則第 12 条（休職期間）から第 16 条（休職期間満了による退職）までの各規定を適用する。休職期間算定に当たっての勤続年数の起算点は、無期転換時点とする。

3　定年および定年退職後再雇用

①　無期転換後のパートタイマーの定年は、満60歳とし、60歳に達した日（60歳の誕生日の前日）の属する月末を定年退職日として退職とする。ただし、満60歳を超えて有期雇用契約から無期雇用契約に転換した場合は、65歳に到達する日の属する月末を定年として取り扱い、再雇用はしない。

②　定年退職する従業員が定年退職後の再雇用を希望する場合は、定年の時点で、解雇事由または退職事由に該当する場合を除き、再雇用し、原則として65歳まで、雇用を更新する。

③　定年後に再雇用を希望する従業員は、定年退職の3ヵ月前までに、所定の様式により再雇用の申出をしなければならない。

④　再雇用の対象者については、雇用期間1年の有期雇用契約で再雇用する。

⑤　会社は、①契約期間満了時の業務量、②勤務成績、勤務態度、③本人の能力、④健康状態、⑤会社の経営状況等を勘案し、再雇用後の契約更新の有無を判断する。

⑥　定年退職後再雇用者の賃金、就業時間、休憩、休日、休暇等の労働条件については、同人の能力、担当職務、勤務形態等を踏まえ、契約の都度、個別に決定する。

（附則）

本規則は、令和○年○月○日から適用する。

策定に当たっての留意点

1 「パートタイマー」とは

「パートタイマー」とは、１週間の所定労働時間が同一の事業所に雇用される通常の労働者の１週間の所定労働時間に比べて短い労働者とされており、パートタイム労働法（令和２年４月１日以降はパート・有期法）が適用されます。

パートタイム労働法では、パートタイマーの雇用について種々の規定をしており、中には罰則を設けているものもありますので、法に則った適正な雇用管理をしていくことが必要です。特に、次の規定については事業主として確認しておくことが必要です。

①　労働条件の文書等による交付
②　待遇の決定についての説明義務
③　均等、均衡待遇の確保
④　通常の労働者への転換の推進
⑤　苦情処理・紛争解決の援助

パートタイマー就業規則では、上記②④⑤に関する規定を設けています。

以下、パートタイマー就業規則において特に注意すべき点についてご説明します。

2 パートタイマーの処遇について

これは、契約社員就業規則で説明したとおりです。

3 試用期間は設けない

試用期間は、期間の定めのない労働契約を締結する正社員に対して、長期雇用を行うに当たってその適格性を判定する目的で設けるものですが、有期雇用の場合には契約期間の満了により雇用が終了するため、試用期間を設けて慎重に的確性を判断する必要性はないといえます。

試用期間を設けることにより、長期雇用（契約の更新）を前提としているようにも捉えられるため、パートタイマーについては試用期間を設けないほうがよいでしょう。

4　担当職務、職場の変更

パートタイマーの場合、遠隔地への転勤をさせる例はほとんどありませんが、担当職務、職場が変わることがあります。そのための規定として設計しています。

5　休職制度は設けない

休職制度は長期雇用を前提としたものであり、有期雇用の従業員に対しては適用しない例が多いといえます。特に私傷病休職の制度では、休職期間が１年を超えることもあるため、有期雇用の従業員には設けるべきでないでしょう。

6　正社員への転換

パートタイム労働法13条では、使用者は通常の労働者（正社員）への転換を推進するために、下記のいずれかの措置を講じなければならないと定めています。

なお、パート・有期法により、契約社員もこの措置の対象となった点に留意する必要があります。

①　通常の労働者の募集を行う場合において、当該募集に係る事業所に掲示すること等により、その者が従事すべき業務の内容、賃金、労働時間その他の当該募集に係る事項を当該事業所において雇用する短時間労働者に周知すること

② 通常の労働者の配置を新たに行う場合において、当該配置の希望を申し出る機会を当該配置に係る事業所において雇用する短時間労働者に対して与えること
③ 一定の資格を有する短時間労働者を対象とした通常の労働者への転換のための試験制度を設けること
④ その他の通常の労働者への転換を推進するための措置を講ずること

参考条文第40条は、上記①の例を定めたものですが、会社の実情等に合わせて①から④までの措置のいずれかを定めておくとよいでしょう。

7 相談のための体制の整備

平成27年のパートタイム労働法改正により、パートタイム労働者からの相談に対応するための体制整備の義務の新設（16条）、相談窓口の周知（施行規則2条）が規定されました。

この改正により、事業主は、パートタイム労働者からの相談に応じ、適切に対応するために必要な体制を整備しなければならず（例えば、相談担当者を決めるなど）、パートタイマー採用時に交付する労働条件通知書（6条1項）等の中で相談窓口を明示することが必要となります。

参考条文第41条は、この改正のうち、法16条を反映した規定となります。

パート・有期法では、契約社員も対象となっています。

8 無期転換の定め

これは契約社員就業規則で説明したとおりです。

【著者略歴】

（改訂版・３訂版）

岡崎　教行（おかざき　のりゆき）

寺前総合法律事務所パートナー。

（初版）

寺前　隆（てらまえ　たかし）

寺前総合法律事務所パートナー。1978年九州大学法学部卒業、1985年弁護士登録、和田良一法律事務所入所。1994年牛嶋・寺前法律事務所開設。2005年牛嶋・寺前・和田法律事務所と改称。第一東京弁護士会所属。経営法曹会議会員。
専門は人事労務を中心とした企業法務。著書に、『Q&A労働法実務シリーズ９　企業再編に伴う労働契約等の承継』（単著、中央経済社）『最高裁労働判例７』（共著、日本経営者団体連盟）、『最高裁労働判例－問題点とその解説①』（共著、日本経営者団体連盟）、『労働法実務ハンドブック（第３版）』（共著、中央経済社）、『親子会社の税務・法律判断』（共著、ぎょうせい）、『就業規則改訂の手引』（共著、新日本法規出版）等。

岡崎　教行（おかざき　のりゆき）

寺前総合法律事務所パートナー。2000年法政大学法学部卒業、2002年法政大学大学院卒業、2003年弁護士登録。第一東京弁護士会所属。経営法曹会議会員。2015年中小企業診断士試験合格。2017年中小企業診断士登録。
専門は人事労務を中心とした企業法務。著書に、『社労士のためのわかりやすい補佐人制度の解説』（労働新聞社）、『現代労務管理要覧（改訂版）』（共著、新日本法規出版）、『Q&A労働法実務シリーズ９　企業再編に伴う労働契約等の承継』（執筆協力、中央経済社）、『Q&A人事労務規程変更マニュアル』（共著、新日本法規出版）等。

宮島　朝子（みやじま　あさこ）

安西法律事務所。2006年早稲田大学法学部法律学科卒業、2009年早稲田大学大学院法務研究科卒業、2010年弁護士登録。第一東京弁護士会所属。経営法曹会議会員。
専門は人事労務を中心とした企業法務。

3訂版 使用者側弁護士からみた
標準 中小企業のモデル就業規則
策定マニュアル

平成 27 年 11 月 20 日　初版発行
令和 4 年 2 月 10 日　3 訂初版
令和 5 年 2 月 20 日　3 訂 2 刷

検印省略

日本法令®

〒 101-0032
東京都千代田区岩本町 1 丁目 2 番 19 号
https://www.horei.co.jp/

著　者	岡　崎　教　行
発行者	青　木　健　次
編集者	岩　倉　春　光
印刷所	日 本 ハ イ コ ム
製本所	国　宝　社

（営　業）	TEL	03-6858-6967	E メール	syuppan@horei.co.jp
（通　販）	TEL	03-6858-6966	E メール	book.order@horei.co.jp
（編　集）	FAX	03-6858-6957	E メール	tankoubon@horei.co.jp

（バーチャルショップ）　https://www.horei.co.jp/iec/
（お 詫 び と 訂 正）　https://www.horei.co.jp/book/owabi.shtml
（書 籍 の 追 加 情 報）　https://www.horei.co.jp/book/osirasebook.shtml

※万一、本書の内容に誤記等が判明した場合には、上記「お詫びと訂正」に最新情報を掲載しております。ホームページに掲載されていない内容につきましては、FAXまたはEメールで編集までお問合せください。

ISBN 978-4-539-72891-8

続々リニューアル！ 主要

SJS 1

ビジネス書式・文例集

随時更新

社労士業務，人事・労務管理業務に必要な各種申請・届出様式や，ビジネス文書・契約書・内容証明等をダウンロードできます（Word, Exce, PDF形式。収録書式：2,000以上）。キーワード検索のほか，提出先別・事例別・申請月別でも検索可能です。

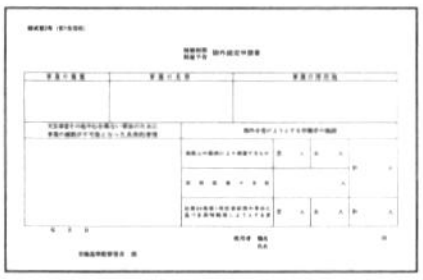

Wordファイル版

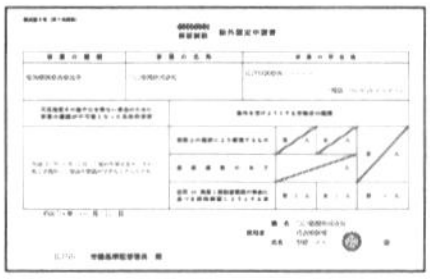

PDFファイル版

未払い残業代リスク簡易診断システム

これまでの未払い残業代請求訴訟の傾向を踏まえた4大リスクに着目した質問に答えると，自動的に発生していると考えられる未払い残業代が算出されます。印刷・保存が可能なので，そのままコンサルツールとして利用できます。

社労士業務必携シート

2022年4月新項目追加！

６訂版まで版を重ねた名著『社労士業務必携マニュアル』をデータ化！１項目ごとにWordファイルでまとめたため，必要項目を刷りだしてファイリングしたり，タブレット等を利用して顧客に説明したりする際にとても便利です。全104シート，使い方解説動画付き。（監修・制作　ご存知平八会）

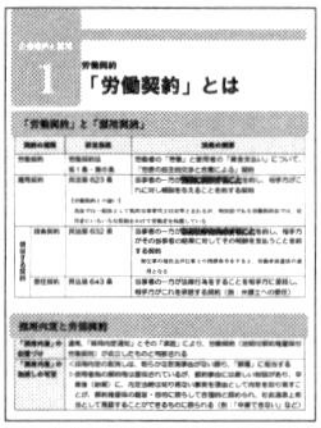

業務関連ニュースを満載したメールマガジン「SJS Express」

毎週配信

社労士業務や人事・労務関連業務に影響のある最新ニュース，法改正情報，厚労省関連情報，当社の新商品，セミナーのご案内等をいち早くお届けします（原則として週一回配信）。

SJS Hot Topics

毎日更新

①法律・政省令・通達等改正動向や手続きの最新報，②労務関連施策の動やパブコメ情報，③パンレット・リーフレット等の新情報を，コンパクトなニュース記事としてほぼ毎日提供しているSJSオリジナルコンテンツです。

厚生労働省最新資料（労働・雇用・派遣・年金・医療保険等）

毎週更新

厚労省から毎日のように公表される莫大な資料のうち，社会保険労務士の実務に影響の大きなものを抽出して掲示しています。

社労士事務所だより（記事・ひな形）の配信

毎月更新

季節にあわせた数種類の事務所だよりのひな形と，タイムリーな記事10本を更新しています。ひな形と記事を選んだら，あとはお好みで貴事務所の案内を載せる等ご自由に作成いただけます。（A4判・B5判のWord文書形式）

就業規則・労務書式バンク

2022年7月新規程＆書式追加

写真の各書籍の就業規則・各種規程の条文データおよび，労務書式（労働条件通知書，社内書式，契約書）がダウンロードできます（労務書式は順次追加予定）。

私がSJSをお薦めする理由

畑中 義雄　先生（有限会社人事・労務）

利用頻度が高いのは，やはり書式や規程のひな形です。人事の基本的な書式などは自分のストックの中にありますが，社内告知文書や社外への要望書など，人事や管理部門で必要な文書などが，シンプルな形で多くあるので，アレンジしてすぐに使うことができます。労働判例のデータベースで過去の判例が検索できるのも助かっています。

さらに！！ 会員特典

★書籍・雑誌の割引販売

弊社発行の書籍、雑誌のすべて（在庫のあるものに限ります）を２割引でご購読いただけます。

★様式・CD-ROM の割引販売

弊社が発売している様式、CD-ROM 等を原則として２割引でご購入いただけます。

★弊社主催・共催セミナーの割引受講

弊社主催または共催のセミナーを特別価格にて受講いただけます。

★「社労士市場」における割引販売

弊社と提携している各メーカーの業務関連ソフト等を、特別価格にてご購入いただけます。

★プロフィール掲載（希望者のみ）

当サイト内の「社労士紹介ページ」にご自分のプロフィール等を掲載することができます（掲載期間は会員期間と同じ１年間。開業社労士の方のみ掲載可能）。会員専用ページ（マイページ）内で随時更新することができます。

会員期間中は無制限に利用できます。

年会費

ベーシック会員　税抜 **27,500** 円（税込 30,250 円）

プレミアム会員　税抜 **76,500** 円（税込 84,150 円）

会員加入資格

どなたでもお申し込みいただけます。ただし、「社労士紹介ページ」への掲載は、開業社会保険労務士の方に限らせていただきます。なお、法人にてご利用いただく場合は、ご担当者様個人とのご契約とさせていただきます。

申込方法

新規申込の場合

SJS ホームページ（https://www.horei.co.jp/sjs/）からお申し込みください。

ビジネスガイド定期購読会員から SJS 会員に変更する場合

ビジネスガイド定期購読料金と SJS サイト年会費の相殺を行いますので、SJS 会員担当にご連絡ください。

お問合せ先　㈱日本法令 SJS会員担当
✉ sjs@horei.co.jp　☎ 03-6858-6965 平日 9:00〜12:00　13:00〜17: